2021年版 イチから身につく

宅建士 合格の トリセツ

基本テキスト

LEC東京リーガルマインド 編著

巻頭特集

イラストで見る
用途地域と標識

宅建士試験を学習していくうえで、具体的なイメージを持ちながら学習を進めることは、より深い知識の定着へとつながります。本書（第3分冊）で学習する「用途地域」と「標識」も、そんなイメージが大事なテーマの一つですが、ペン太とツンツン、コーチが何やらトークしているようです。ちょっとのぞいてみましょう。

 宅建トーク
 ペン太
 ツンツン
 コーチ

用途地域

 用途地域って難しいよね…

 言葉じゃイメージわかないもんな…

このイラストを見てごらん！

閑静な住宅街って感じだね！

第一種低層住居専用地域

ここはコンビニも建てられないよ。

じゃ、俺には無理だな。

ここはどういう場所?

田園住居地域

野菜直売

最近、新しくできた用途地域って聞いたぜ!

農地を守りながら住居の環境も守っていこうという趣旨でつくられたんだよ!

今、どこに指定されているの?

まだ、現在は指定されていないんだよ。だから、このイラストもあくまで想像図なんだ。

ふ〜ん

近隣商業地域

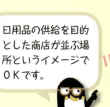
日用品の供給を目的とした商店が並ぶ場所というイメージでOKです。

近くの商店街って感じだね!

商業地域

店舗だらけって感じだけど、住宅も大丈夫なの?

渋谷とか新宿とか、大きな駅の周辺はだいたい商業地域だよ!

ここが一番通勤に便利そうだ!

最近、駅直結のタワーマンションとか建ちはじめているね。

さっきから言ってるけど、ツンツン仕事してたっけ?

……。

5

標識

宅建業法の「事務所」の項目で「標識を設置する」って書かれていたけれど、どういうもの？

こういうものです！

宅地建物取引業者票	
免許証番号	東京都知事（1）第5000号
免許有効期間	令和2年4月01日から 令和7年3月31日まで
商号又は名称	リーガル不動産
代表者氏名	LEC太郎
この事務所に置かれている 専任の宅地建物取引士の氏名	LEC太郎
主たる事務所の所在地	東京都中野区中野4-11-10 電話番号　（　　　）

標識（事務所）

文字だけで学ぶのとは全く違うな！

イメージがわかないと覚えにくいよね…

これって業者が作るの？

そうだよ。各業者が自分で作って掲示するんだよ。

専任の宅建士になると、ここに名前が書かれるのか！

人数が多い場合「別紙に掲載」と書いて宅建士だけ別に掲示したりもするよ！

そうなんだ！

ちなみに、事務所の標識と案内所の標識は微妙に違います。今のは事務所に掲示する標識です。そして次のページのものが案内所に設置する標識だよ。

売主に関する情報を記載する欄があるね。

たしかに、売主が誰かわからないと契約するのも怖いもんな。

標識（案内所）

でも、それだとお客さんが売主が、わからなくて不便だから、案内所の標識に売主の情報を書くってことか！

売主の知らない所で設置されるかもしれないから、案内所に売主の設置は義務にしていません。知らない所で業法違反になったらかわいそうだからね。

なるほどな！

これも事務所に設置するやつだよね。たしか「報酬額の掲示」ってやつ！

その通り！

報酬額

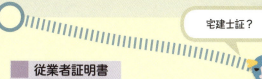

従業者証明書

従業員全員持っていないといけないものだよね！

おおーっ！！

宅建士証

手に入れられるように頑張ろう！

さあ、では、テキストをめくって勉強開始一っ♪

はじめに

　『2021年版 宅建士 合格のトリセツ 基本テキスト』を手にとっていただき、ありがとうございます。
　本書は、「宅地建物取引士（通称：宅建士）」の試験合格に向けて初めて学習する方、特に法律の勉強をしたことがない方が、基本から勉強できるようにと作ったテキストです。

　まず、ご存じない方もいらっしゃるかもしれませんので、私たちLECをかんたんに紹介します。私たち東京リーガルマインド（LEC）は、1979年に司法試験の受験指導予備校として誕生し、現在は、公務員試験や公認会計士試験など、さまざまな国家試験の対策を行う"資格の総合スクール"です。資格試験対策書籍も『出る順宅建士シリーズ』や『どこでも宅建士 とらの巻』など、これまで多数発刊してきました。

　さて、宅建士試験の受験を決意した皆さまは、いろいろな試験対策本を前に、「どの本で勉強すれば合格できるのか？」と思い悩んでいるのではないでしょうか。そこで、これまでLECが発刊してきた書籍へ寄せられた、特に初めて法律を勉強したという読者の皆さまからの声（一部）を紹介したいと思います。

A「法律の文章（条文）を全部覚えないと合格できないの？」
B「初めて法律を勉強するからイラストや図表を増やしてほしい」
C「パッと見て覚えればいいポイントをもっとわかりやすくしてほしい」
D「本当にこんな細かい部分まで勉強しないと合格できないの？」
　他にも、
E「重くて持ち運びしにくい」

　……など、さまざまな疑問や悩み、要望が寄せられました。

そして、こういった皆さまの声から生まれたのが、本書『**2021年版 宅建士 合格のトリセツ 基本テキスト**』なのです。

> A → 初めて勉強する場合は、条文から入るより、**わかりやすい文章から入った方がイメージをつかみやすい！**
>
> B → このテキストは初めて学習する方向けなので、**イラストなどを多用して読みやすさを優先！**
>   ただし、法律はあくまで文章なので、図だけでは意味がぼやけてしまい、かえって理解しにくいところもある。効率よく理解し、かつ本番の試験にも対応できるように、**理解すべき部分はしっかり説明**しています！
>
> C → フルカラーの特長を活かし、**暗記してほしいところをわかりやすく**しました！
>
> D → 重要度が低く試験であまり問われない箇所は思い切ってカット！　**合格に必要な内容のみに絞り込み**ました！
>
> E → **分野ごとに取り外して持ち運びできる**ようにしました！

　この本には、合格するために必要なエッセンスが盛り込まれているのはもちろん、**読みやすく、見やすく、わかりやすく**、そして最後まで楽しく宅建士試験の学習ができるような工夫がたくさん詰まっています。

　この本を活用して、皆さまが、2021年度 宅建士試験に合格されることを心よりお祈りいたします。

2020年10月吉日

友次　正浩

株式会社　東京リーガルマインド

LEC総合研究所　宅建士試験部

※本書は、2020年9月1日時点で施行されている法令、および同日時点で判明している2021年4月1日施行の法改正を基準に作成しました。法令の改正、または宅建士試験の基準・内容・傾向の大幅な変更が試験実施団体より発表された場合は、インターネットで随時、最新情報を提供いたします。なお、アクセス方法につきましては、26ページの「インターネット情報提供サービス」をご確認ください。

イントロダクション
立派なペンギンをめざして

ペンギンのペン太が住む町では、
資格を取ることが大流行！
資格を持っている大人のペンギンは、
立派なペンギンとしてみんなの憧れのまと。
ペン太もそんな一人になりたかったのですが・・・。

キャラクター紹介

宅建士の資格を持つ、立派な大人ペンギン

コーチ

立派なペンギンを夢見るおとこのこ。少しお調子ものだけど、すなおでがんばり屋

ペン太

お役立ち情報を伝えてくれるシロクマ

キャスター

ちょっと意地悪なペン太のライバル

ツンツン

どこからともなくあらわれる、なぞの妖精(?)たち

アクターズ

がんばるみんなを応援する、仲良しのアザラシたち

あざらし団

給水所で水を配るアルバイトのペンギン

キューベー

出逢えたらラッキー！？みんなの健康と合格を願う、なぞの妖怪

本書の使い方

本書は、宅建士試験初学者の方や法律知識のない方でも、わかりやすく効率的に学習できるよう、初学者目線での編集を心がけました。また、ビジュアル面でも、最後まで飽きずに読み進められるよう、「マラソン」をモチーフに、動物キャラクターを「ランナー」や「コーチ」役として登場させているほか、内容の大きな固まりを「コース」として、各コースの中で各項目を「ポイント」で区分しました。

まずは、コース全体のイメージをつかみましょう。どのポイントを重点的に学習すればよいのか、しっかり準備してからスタートしましょう。

コースマップ

コース全体の中で、現在、学習している地点がわかります。

コースメーター

ライバルに差をつける関連知識

「余裕があるので、もう少し細かいことまで学びたい」という人のためのコーナー。初心者は無理をしないで。

覚えよう！

試験に出やすい覚えるべき要点をわかりやすく解説しています。

このコースの特徴

コース全体で、まず知っておいてほしい特徴や知識をまとめてあります。

重要度を3段階で表示しました。A=最重要、B=まあまあ重要、C=参考程度の内容です。

本文を理解するうえで欠かせない攻略のヒントです。

第❶ポイント 重要度 A

債務不履行

攻略メモ
約束は守らなければならないということを最初に学びました。その約束を破ったわけですから、当然ペナルティーはあるはずです。

注釈や補足など、本文を理解するために必要なものをまとめたコーナー。

1 債務不履行とは

債務不履行とは簡単にいえば約束違反のことをいい
〜〜〜または過失（うっかり）によって約束の日にやるべきことをやらなかったことをいいます。

債務不履行には次の2種類を覚えておきましょう。

ライバルに差をつける 関連知識
履行不能と履行遅滞のほか、不完全履行というのもあります。

覚えよう！

1 履行不能（履行することができない）
「家を引き渡して！」　「家が焼けてしまったからムリ…」

2 履行遅滞（履行できるのにしない）
「家を引き渡して！」　「まだもう少し住みたいからムリ…」

売主が引き渡すと買主が代金を支払うのは同時履行の関係にたちます。だから、相手方が履行の提供をしていなければ、自分も履行を拒むことができます。これを**同時履行の抗弁権**といいます。相手方を履行遅滞だとい

つまずき注意の前提知識

つまずき注意の前提知識
受取証書
領収証のこと。それに対して債権証書とは借用書のことです。

 ちょこっとトレーニング

過去問題を解きながら、学習した内容をチェックしよう！
(1993-6-4) は、1993年本試験、問6、第4肢の意味です。

ちょこっとトレーニング 本試験過去問に挑戦！

問 AのBからの借入金100万円の弁済に当たり、Aは、Bに対して領収証を請求し、Bがこれを交付しないときは、その交付がなされるまで弁済を拒むことができる。(1993-6-4)

解答 ○：弁済と受取証書の交付は同時履行。

友次講師が説明！
本書の使い方動画！

登録不要・視聴無料で、
いつでもアクセスできます。

QRコードからのアクセスはこちら！

※動画の視聴開始日・終了日については、専用サイトにてご案内いたします。
※スマートフォン等による視聴の場合、パケット通信料はお客様負担となります。

※QRコードを読み込めない方は下記URLにアクセスして下さい。
lec-jp.com/takken/book/member/torisetsu/

図表などで重要ポイントをまとめました。ここで頭の中をしっかり整理しましょう。

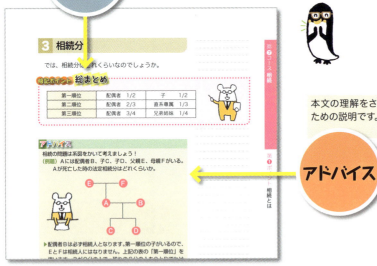

本文の理解をさらに深めるための説明です。

アドバイス

ちょっとした息抜きのコーナーです。読み飛ばしてもかまいませんが、読むとトクすることがあるかも…。

給水コラム

登場キャラクターのふせん付き

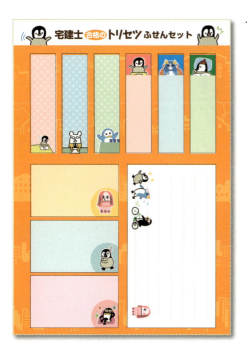

本書の登場キャラクターたちが、
10種類のかわいいふせんになって、
あなたの学習を応援します！

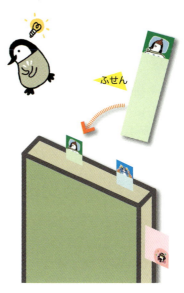

インデックスシール

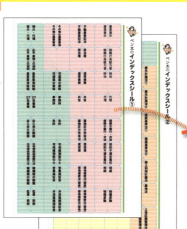

編ごとに色分けした
テーマ別インデックスシールです！
学習したいテーマが
すぐに見つかります！

宅地建物取引士資格試験について

宅建士試験 とは

　「宅地建物取引士資格試験」（宅建士試験）は、2019年度では27万6,019人の申込みがあり、そのうち22万0,797人が受験した非常に人気のある資格です。では、なぜ宅建士試験がこれほど多くの人に受験されているのか、その秘密を探ってみましょう。

1 受験しやすい出題形式

　宅建士試験は、4つある選択肢の中から正しいもの、あるいは誤っているものなどを1つ選ぶ「4肢択一」式の問題が50問出題されています。記述式の問題や論述式の問題と違って、時間配分さえ注意すれば、後は正解肢を選択することに専念できますので、比較的受験しやすい出題形式といえます。

2 誰でも受験できる

　宅建士試験を受験するにあたっては、学歴や年齢といった制約がありませんので、誰でも受験することができます。たとえば、過去には、最年長で90歳、最年少で12歳の人が合格を勝ち取っています。

3 就職や転職の武器となる

　宅建士試験は、不動産を取引するにあたって必要な基礎知識が身に付いているかどうかを試す試験です。このような知識は不動産会社のみならず、金融機関や建築関係、また、店舗の取得を必要とする企業など、さまざまな業種で必要とされています。このため、就職や転職にあたって宅建士の資格を持っていることは、自分をアピールするための強い武器となります。

4 科目別出題数

　権利関係、宅建業法、法令上の制限、税・価格の評定、5問免除対象科目の5科目から、4肢択一形式で50問出題されます。各科目の出題数は下記のとおりです。

科目	出題内訳	出題数
権利関係	民法・借地借家法・建物区分所有法・不動産登記法	14問
宅建業法	宅建業法・住宅瑕疵担保履行法	20問
法令上の制限	都市計画法・建築基準法・国土利用計画法・農地法・土地区画整理法・宅地造成等規制法・その他の法令	8問
税・価格の評定	地方税・所得税・その他の国税：2問 不動産鑑定評価基準・地価公示法：1問	3問
5問免除対象科目	独立行政法人住宅金融支援機構法：1問 不当景品類及び不当表示防止法：1問 統計・不動産の需給：1問 土地：1問 建物：1問	5問

試験情報

1 試験概要

〔受験資格〕　年齢、性別、学歴等に関係なく、誰でも受験することができる
〔願書配布〕　7月上旬（予定）
〔願書受付〕　郵送による申込み：配布日から7月下旬まで（予定）
　　　　　　　インターネットによる申込み：配布日から7月中旬まで（予定）
〔受験手数料〕　7,000円（予定）
〔試験日〕　10月第3日曜日　午後1時～3時（予定）
〔合格発表〕　11月下旬～12月上旬（予定）
〔問い合わせ先〕　（一財）不動産適正取引推進機構　試験部
　　　　　　　　　〒105-0001　東京都港区虎ノ門3-8-21　第33森ビル3階
　　　　　　　　　http://www.retio.or.jp

2 出題形式

(出題数)　50問4肢択一
(解答方法)　マークシート方式
(解答時間)　2時間（午後1時～3時）
　　　　　　ただし登録講習修了者は、午後1時10分～3時
(出題内容)　以下の7つの項目について出題されます
(出題項目)

①土地の形質、地積、地目および種別ならびに建物の形質、構造および種別に関すること（土地・建物）
②土地および建物についての権利および権利の変動に関する法令に関すること 　（民法・借地借家法・建物区分所有法・不動産登記法）
③土地および建物についての法令上の制限に関すること 　（都市計画法・建築基準法・農地法・国土利用計画法・土地区画整理法）
④宅地および建物についての税に関する法令に関すること（固定資産税・不動産取得税・所得税）
⑤宅地および建物の需給に関する法令および実務に関すること 　（統計・需給・独立行政法人住宅金融支援機構法・景品表示法）
⑥宅地および建物の価格の評定に関すること（地価公示法・不動産鑑定評価基準）
⑦宅地建物取引業法および同法の関係法令に関すること（宅建業法・住宅瑕疵担保履行法）

3 受験者数・合格率・合格点

過去10年間の宅建士試験の状況は下記の表のとおりです。

（過去10年間の試験状況）

年度	申込者数（人）	受験者数（人）	合格者数（人）	（受験者数中の）合格率	合格点
'10	228,214	186,542	28,311	15.2%	36点
'11	231,596	188,572	30,391	16.1%	36点
'12	236,350	191,169	32,000	16.7%	33点
'13	234,586	186,304	28,470	15.3%	33点
'14	238,343	192,029	33,670	17.5%	32点
'15	243,199	194,926	30,028	15.4%	31点
'16	245,742	198,463	30,589	15.4%	35点
'17	258,511	209,354	32,644	15.6%	35点
'18	265,444	213,993	33,360	15.6%	37点
'19	276,019	220,797	37,481	17.0%	35点

目次

巻頭特集
イラストで見る
用途地域と標識……2

はじめに……10
イントロダクション……12
キャラクター紹介……17
本書の使い方……18
宅地建物取引士資格試験について……22

第1分冊

第1編 ● 権利関係
第1コース　意思表示……1
第2コース　制限行為能力者……17
第3コース　時効……27
第4コース　代理……37
第5コース　債務不履行・弁済……53
第6コース　契約不適合責任……69
第7コース　相続……75
第8コース　物権変動……85
第9コース　不動産登記法……95
第10コース　抵当権……107
第11コース　保証・連帯債務……127
第12コース　共有……139
第13コース　建物区分所有法……145
第14コース　賃貸借……157
第15コース　借地借家法（借家）……167
第16コース　借地借家法（借地）……177
第17コース　その他の重要事項……185
● 第1分冊　索引……201

第2分冊

第2編 ● 宅建業法
第1コース　宅建業の意味……1
第2コース　事務所……7
第3コース　免許……15
第4コース　宅地建物取引士……25
第5コース　営業保証金……35
第6コース　弁済業務保証金……43
第7コース　媒介・代理……51
第8コース　広告・業務上の規制……57
第9コース　重要事項説明……67
第10コース　37条書面……85
第11コース　自ら売主制限……91
第12コース　住宅瑕疵担保履行法……111
第13コース　報酬額の制限……115
第14コース　監督・罰則……127
● 第2分冊　索引……135

第3分冊

第3編 ● 法令上の制限
第1コース　都市計画法①……1
第2コース　都市計画法②……29
第3コース　建築基準法①……41
第4コース　建築基準法②……69
第5コース　国土利用計画法……77
第6コース　農地法……87
第7コース　土地区画整理法……93
第8コース　その他の法令上の制限……103

第4編 ● 税・その他
第1コース　税……113
第2コース　価格の評定……137
第3コース　免除科目……147
● 第3分冊　索引……163

インターネット情報提供サービス

登録無料

お届けするフォロー内容

- 法改正情報
- 宅建NEWS

アクセスして試験に役立つ最新情報を手にしてください。

登録方法
情報閲覧にはLECのMyページ登録が必要です。

LEC東京リーガルマインドのサイトにアクセス
https://www.lec-jp.com/
↓
Myページ ログイン をクリック
↓

Myページ ID・会員番号をお持ちの方	Myページお持ちでない方 LECで初めてお申込頂く方
Myページログイン	Myページ登録

必須
Myページ内 希望資格として **宅地建物取引士** を選択して、**希望資格を追加** をクリックしてください。

ご選択頂けない場合は、情報提供が受けられません。
また、ご登録情報反映に半日程度時間を要します。しばらく経ってから再度ログインをお願いします(時間は通信環境により異なる可能性がございます)。

※サービス提供方法は変更となる場合がございます。その場合もMyページ上でご案内いたします。
※インターネット環境をお持ちでない方はご利用いただけません。ご了承ください。
※上記の図は、登録の手順を示すものです。Webの実際の画面と異なります。

注目 本書ご購入者のための特典
① 2021年法改正情報(2021年8月末公開予定)
② 2021年「宅建NEWS」(2021年8月末までに2回公開予定)

〈注意〉上記情報提供サービスは、2021年宅建士試験前日までとさせていただきます。予めご了承ください。

MEMO

MEMO

ペン太のインデックスシール①

意思表示	意思表示		
不動産登記法	不動産登記法	制限行為能力者	制限行為能力者 時効
その他の重要事項	その他の重要事項	抵当権	抵当権
媒介・代理	媒介・代理	宅建業の意味	保証・連帯債務 共有	代理
広告・業務上の規制	広告・業務上の規制	事務所		
重要事項説明	重要事項説明			
37条書面	37条書面	免許	建物区分所有法	債務不履行・弁済 契約不適合責任 相続
自ら売主制限	自ら売主制限	宅地建物取引士 営業保証金	賃貸借 借地借家法(借家) 借地借家法(借地)	物権変動
住宅瑕疵担保履行法 報酬額の制限	住宅瑕疵担保履行法 報酬額の制限	弁済業務保証金		
監督・罰則	監督・罰則			

ペン太のインデックスシール②

その他の法令上の制限	都市計画法①
その他の法令上の制限	都市計画法①
税	都市計画法②
税	都市計画法②
価格の評定	建築基準法①
価格の評定	建築基準法①
免除科目	建築基準法②
免除科目	建築基準法②
	国土利用計画法 農地法
	国土利用計画法 農地法
	土地区画整理法
	土地区画整理法

分野別セパレート本の使い方

各分冊を取り外して、
手軽に持ち運びできます！

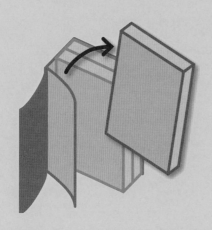

①各冊子を区切っている、うすオレンジ色の厚紙を残し、色表紙のついた冊子をつまんでください。
②冊子をしっかりとつかんで手前に引っ張ってください。

第1編

権利関係

友次講師が丁寧に解説！
書籍購入者限定の
無料講義動画

QRコードからのアクセスはこちら！

※QRコードを読み込めない方は下記URLにアクセスしてください。
lec-jp.com/takken/book/member/torisetsu/

※動画の視聴開始日・終了日については、専用サイトにてご案内いたします。
※スマートフォン等による視聴の場合、パケット通信料はお客様負担となります。

2021年版
宅建士
合格のトリセツ
基本テキスト
分冊 ①

第1編 権利関係　目次

第1コース　意思表示……1
- 第❶ポイント　契約の成立……2
- 第❷ポイント　詐欺・強迫……4
- 第❸ポイント　虚偽表示……9
- 第❹ポイント　錯誤……11
- 第❺ポイント　心裡留保……14
- 第❻ポイント　公序良俗に反する契約……16

第2コース　制限行為能力者……17
- 第❶ポイント　制限行為能力者……18
- 第❷ポイント　制限行為能力者の種類……21

第3コース　時効……27
- 第❶ポイント　時効制度……28
- 第❷ポイント　時効の更新・
  時効の完成猶予……33
- 第❸ポイント　時効の援用・放棄……35

第4コース　代理……37
- 第❶ポイント　代理制度……38
- 第❷ポイント　無権代理……43
- 第❸ポイント　復代理……50

第5コース　債務不履行・弁済……53
- 第❶ポイント　債務不履行……54
- 第❷ポイント　損害賠償請求と解除……58
- 第❸ポイント　手付解除……61
- 第❹ポイント　弁済……64

第6コース　契約不適合責任……69
- 第❶ポイント　契約不適合……70

第7コース　相続……75
- 第❶ポイント　相続……76
- 第❷ポイント　遺言……80
- 第❸ポイント　遺留分……83

第8コース　物権変動……85
- 第❶ポイント　物権変動の基本……86
- 第❷ポイント　対抗問題……89
- 第❸ポイント　第三者への対抗……91

第9コース　不動産登記法……95
- 第❶ポイント　登記の仕組み……96
- 第❷ポイント　登記の手続き……99
- 第❸ポイント　仮登記……103

第10コース　抵当権……107
- 第❶ポイント　抵当権……108
- 第❷ポイント　抵当権の性質……112
- 第❸ポイント　抵当権の効力……114
- 第❹ポイント　第三者との関係……116
- 第❺ポイント　法定地上権と一括競売……119
- 第❻ポイント　根抵当権……122

第11コース　保証・連帯債務……127
- 第❶ポイント　保証債務……128
- 第❷ポイント　保証債務の性質……130
- 第❸ポイント　連帯保証……134
- 第❹ポイント　連帯債務……137

第12コース　共有……139
- 第❶ポイント　共有……140

第13コース　建物区分所有法……145
- 第❶ポイント　建物区分所有法……146
- 第❷ポイント　管理と規約……150
- 第❸ポイント　集会と決議……152

第14コース　賃貸借……157
- 第❶ポイント　賃貸借契約……158
- 第❷ポイント　転貸・賃借権の譲渡……162
- 第❸ポイント　敷金……164

第15コース　借地借家法（借家）……167
- 第❶ポイント　借地借家法（借家）……168
- 第❷ポイント　特殊な建物賃貸借契約……174

第16コース　借地借家法（借地）……177
- 第❶ポイント　借地借家法（借地）……178
- 第❷ポイント　定期借地権等……183

第17コース　その他の重要事項……185
- 第❶ポイント　不法行為……186
- 第❷ポイント　相隣関係……190
- 第❸ポイント　債権譲渡……192
- 第❹ポイント　請負……195
- 第❺ポイント　委任……197

索引……201

第1コース 意思表示

このコースの特徴

● このコースでは、似ているものに混乱しないように気をつけて学習することが大事になります。無効なのか取消しなのか、対抗できるのか対抗できないのか、しっかり確認しながらがんばりましょう！

第 1 ポイント
契約の成立

重要度 C

攻略メモ
● この単元自体はほとんど出題されませんが、ここを理解しておかないと後々の勉強に関わってきます。さあ、がんばりましょう！

1 契約とは何か

　契約とは、一言でいえば約束のことです。コンビニでジュースを買うのも、売買契約という契約です。

覚えよう！

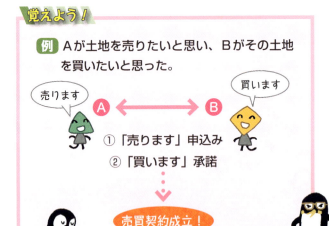

例 Aが土地を売りたいと思い、Bがその土地を買いたいと思った。

① 「売ります」申込み
② 「買います」承諾

→ 売買契約成立！

　契約は両者の意思表示が合致したときに成立します。
　売買契約が成立すると、所有権が売主から買主へ移ります。なお、契約の成立に原則として**書面は必要ありません**。

2 契約の成立

一度決めた契約（約束）は守らなければなりません。 土地を買うという契約をしたら、その代金を支払わなければなりません。土地を売るという契約をしたら、その土地を引き渡さなければなりません。

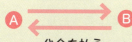

- AはBに土地を渡す義務を負う
- BはAに代金を払う義務を負う

↓ いい方を変えると

- BはAに土地の引渡しを請求する権利がある
- AはBに代金を請求する権利がある

> 相手に対して負う義務のことを**債務**といい、相手に対して請求できる権利を**債権**といいます。

なお、契約はお互い話し合って決めるものなので、お互いが納得していれば、原則としてどのような契約でもよいのです。

ちょこっとトレーニング　本試験過去問に挑戦！

問 売買契約は、書面によらなければならない。（1981-9-1）

解答 ×：契約に書面は必要ない。

3

第 2 ポイント 詐欺・強迫

重要度 A

攻略メモ
- いきなり難しい言葉が登場します。最初はあせらずにゆっくりと！
- 民法の勉強は「いきなり暗記」よりも、まずは理解することです！

1 詐欺

詐欺とはだますことです。だまされて契約した場合もその契約を守らなければならないのでしょうか。

悪徳業者AがBをだまして土地を手に入れようとしています。

意思表示は合致しているため、契約は有効です。しかし、「有効だから約束を守れ」というのは、だまされた人がかわいそうです。そこで、**詐欺の被害に遭った人は契約を取り消すことができるようにしました。**

これによって、Bは、契約の取消しをすれば、だまされて渡してしまった土地を取り返すことができるようになります。

詐欺のことは試験問題では「**欺罔行為**」という言葉で出てくることもあります！

アドバイス

「詐欺による意思表示は無効である」という問題が出たら、答えは×！ 無効と取消しは違います。無効とは**最初から何もない**ということ。それに対して、取消しは、**取り消すまでは一応有効で、取消しをした瞬間に、契約した時にさかのぼってなかったことになる**ということ。しっかり区別しよう！

2 強迫

強迫とは相手をおどすことです。おどされて契約した場合もその契約を守らなければならないのでしょうか。

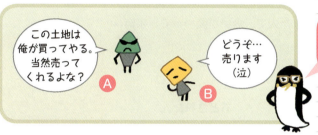

悪徳業者AがBをおどして土地を手に入れようとしています。

詐欺の場合同様、意思表示は合致しているため、契約は有効です。しかし、「有効だから約束を守れ」というのは、おどされた人がかわいそうです。そこで、**強迫の被害に遭った人は契約を取り消すことができるようにしました**。

これによって、Bは、契約の取消しをすれば、おどされて渡してしまった土地を取り返すことができるようになります。

3 詐欺・強迫と第三者との関係

悪徳業者Aが、詐欺や強迫の被害者であるBから買った土地を、事情を何も知らないCに売ってしまいました。ちなみに、法律の世界では、事情を知らないことを**善意**、事情を知っていることを**悪意**といいます。

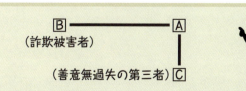

返してもらわないとBがかわいそう…。でも、そのまま返すとなると何も知らずに買ったCさんもかわいそう…。

この場合、詐欺や強迫の被害者もかわいそうですが、何も知らずに買った人も、知らないことに落ち度がない（その人のうっかりミスなどではない）ならかわいそうです。つまり、かわいそうな人が複数いることとなります。
　民法はどちらの味方をするのでしょうか。この場合、だまされた人とおどされた人で、扱いが変わってしまいます。

> だまされた人は、相手の発言が本当かどうか調べたりすればわかるはずなのに、それを怠ったことを落ち度とみなされてしまうのです。

覚えよう！

だまされた人	おどされた人
落ち度あり	落ち度なし
善意無過失の第三者に「自分のものだ」と主張できない	善意無過失の第三者に「自分のものだ」と主張できる

　このようなことを、法律の世界では、**詐欺の被害者は善意無過失の第三者に取消しを対抗できないが、強迫の被害者は善意無過失の第三者に取消しを対抗できる**、といういい方をします。ちなみに、悪意や有過失の第三者は、詐欺や強迫があったことを知り、又は知ることができたのに買ったのだから、何もかわいそうではないため、詐欺の被害者も強迫の被害者も取消しを対抗できます。

つまずき注意の前提知識
過失とは、不注意や怠慢などの「うっかり」のことだと考えてください。

4 第三者による詐欺・強迫

では、詐欺や強迫を第三者が行った場合はどうなるのでしょうか。第三者Cが、Aをだまして、Aが自分の土地をBに売ったとします。

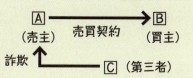

混乱しそうな場合には、必ず図をかきましょう！

この場合でも、先ほどと同じように考えます。Bが悪意又は有過失の場合、悪意者又は有過失の者と詐欺の被害者では詐欺の被害者のほうを保護すべきです。よって、Aは取り消して土地を返せといえます。

Bが善意無過失者の場合、詐欺の被害者よりも善意無過失者のほうを保護すべきです。よって、Aは土地を返せとはいえません。

強迫の場合も先ほどと同じように考えます。Bが善意であれ悪意であれ、強迫の被害者を保護します。よって、Aは取り消して土地を返せということができます。

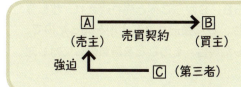

アドバイス

設問では、主語を意識するようにしてください。BがAをだましてAの土地を買い、それを善意無過失のCに売り、その後、Aが取消しをした場合について考えます。
- AはCに対抗できる → ×
- CはAに対抗できる → ○

暗記ポイント 総まとめ

取消を第三者に対抗できるか？

	第三者		
	悪意	善意有過失	善意無過失
詐欺	●	●	×
強迫	●	●	●

●：対抗可　×：対抗不可

ちょこっとトレーニング　本試験過去問に挑戦！

問1 A所有の土地が、AからB、BからCへと売り渡され、移転登記も完了している。Aは、Bにだまされて土地を売ったので、その売買契約を取り消した場合、そのことを善意無過失のCに対し対抗することができる。(1989-3-1 改)

問2 A所有の土地が、AからB、BからCへと売り渡され、移転登記も完了している。Aは、Bに強迫されて土地を売ったので、その売買契約を取り消した場合、そのことを善意のCに対し対抗することができる。(1989-3-4)

解答
1. ×：詐欺による意思表示の取消しは善意無過失の第三者には対抗できない。
2. ○：強迫による意思表示の取消しは善意の第三者にも対抗できる。

第 ③ ポイント

虚偽表示

 重要度 **B**

攻略メモ
- 結局、誰がかわいそうなのかを考えてみると理解できます。
- 民法は、かわいそうな人を保護しようという考えに基づいています。

1 虚偽表示とは何か

相手方と示し合わせて、売買したことにするのを**虚偽表示**といいます。

虚偽表示のことを「**仮装譲渡**」ともいいます。

Aは借金取りから逃れるために（売るつもりはなく）売ったことにしようとしていますし、Bも（買うつもりはなく）自分の名義にしようとしているだけです。つまり、ここには売る意思も買う意思もないので、**この契約は無効**となります。

AB間で仮装譲渡され、B名義になった土地をBがCに売ってしまいました。

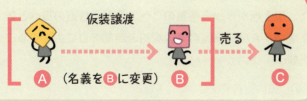

9

Aは借金取りから逃れるために嘘をつこうとした人です。かわいそうではありません。BはAを裏切って売ってしまった人です。かわいそうではありません。しかし、何も知らずに巻き込まれたCは、AB間が無効だと土地を返さなくてはならなくなります。それではCがかわいそうです。よって、Cを守るために、**虚偽表示の無効は善意の第三者には対抗できない**ことにしました。ちなみに、この場合のCは善意でありさえすればよく、**過失があっても、登記（→ 第8コース参照）を備えていなくても、善意でありさえすれば保護されます**。

> DはAに対抗できます。たしかにDは悪意ですが、Cが善意なので、その後に登場したDは善意でも悪意でも保護されます。

2 転売した場合

　一度善意の人間があらわれたら、その後に登場した人間が悪意であっても保護されます。

ちょこっとトレーニング 本試験過去問に挑戦！

問 Aは、その所有する甲土地を譲渡する意思がないのに、Bと通謀して、Aを売主、Bを買主とする甲土地の仮装の売買契約を締結した。甲土地がBから悪意のCへ、Cから善意のDへと譲渡された場合、AはAB間の売買契約の無効をDに主張することができない。（2015-2-4）

解答 ○：善意のDには対抗できない。

第4ポイント 錯誤

重要度 A

攻略メモ
● 以前は「無効主張ができる」というものでしたが、民法改正により取消しとなりました。それ以外にも変更点がありますので注意して学習するようにしてください。

1 錯誤とは何か

錯誤とは、勘違いのことです。**錯誤による意思表示は、取消しができます**。しかし、そのためには、その錯誤が「法律行為の目的及び取引上の社会通念に照らして重要なもの」であることが要件となります。簡単に言うと、その勘違いがなければ、表意者だけでなく、一般の人も通常は意思表示をしないであろうという事情のことです。

錯誤には以下の２つの類型があります。

❶ **表示行為の錯誤**

買う商品を間違えた場合や代金を間違えた場合などが表示行為の錯誤です。この場合には、原則として取消しができます。

❷ **動機の錯誤**

ある土地の近くに地下鉄の駅ができるという噂を信じてしまって、その土地を買おうとしたら、その情報は嘘であったにもかかわらず、「買います」という意思表示

11

をしてしまった場合などが動機の錯誤です。**動機の錯誤の場合には、原則として取消しができません。**

ただし、**その動機を相手方に表示した場合、表示行為の錯誤とすることができ、取消しができます。**なお、表示の方法については、明示的（はっきり言う）でも黙示的（はっきり言ってはいないがそうであるように振る舞う）でも良いとされています。

2 取消しの要件

錯誤による取消しが認められるためには、表意者（＝勘違いをして意思表示をした人）に**重過失がないこと**が必要となります。ただし、次の場合には、表意者に重過失があったとしても、表意者は錯誤による取消しを主張することができます。

❶ **相手方が表意者の錯誤につき悪意もしくは重過失の場合**
相手の錯誤を知っていながら（もしくは重大な過失で知らない）契約をしたのだから、そんな人を保護する必要はありません。間違いを教えてあげない人を保護しようとは思いませんよね。

「地下鉄の駅ができて便利になりそうだからこの土地ください！」

「そんな予定ないけど…黙っていよう！売っちゃえ♪」

❷ **相手方が表意者と同一の錯誤に陥っていたとき**

お互い誤解しているような場合です。たとえば、Aが、地下鉄の駅ができると信じて、それを表示したうえで土地を購入したとします。売主Bもまた、その噂を信じてしまい、少々高値で売却しました。お互いに錯誤に陥っているのですが、Aが重過失で取消しができないとすると、Aが一方的に損をして、Bが儲かることになってしまいます。その場合、Aはたとえ重過失があっても取消しできるようにしました。

3 取消権者

表意者が取り消す意思がない場合、相手方や第三者が取り消すことは原則としてできません。ただし、表意者が意思表示に錯誤があることを（取り消す意思はなくても）認めている場合、第三者は表意者に対する債権を保全するため、取消権を行使することができます。

4 取消しの効果

なお、**錯誤による取消しは、善意無過失の第三者には対抗することができません。**

第5ポイント 心裡留保 重要度 B

攻略メモ
- 冗談を言った人はかわいそうではありません。でも、その冗談を信じてしまった人はかわいそうです。

1 心裡留保とは

心裡留保とは冗談のことです。

　基本的には信じてしまったBがかわいそうなので契約は**有効**です。しかし、Cのように何度も嘘をつかれていて注意すれば防げたような場合（**善意有過失**）や、Dのように嘘だと知っていた場合（**悪意**）に保護する必要はありませんので、その場合は無効となります。しかし、善意の第三者にはその無効を対抗できません。

ちょこっとトレーニング 本試験過去問に挑戦！

問 A所有の甲土地についてのＡＢ間の売買契約において、Aは甲土地を「1,000万円で売却する」という意思表示を行ったが当該意思表示はＡの真意ではなく、Ｂもその旨を知っていた。この場合、Ｂが「1,000万円で購入する」という意思表示をすれば、ＡＢ間の売買契約は有効に成立する。（2007-1-1）

解答 ×：悪意の場合は無効となる。

第6ポイント 公序良俗に反する契約

重要度 C

攻略メモ
● 民法は基本的には契約自由です。当事者間で納得しているなら基本的には認める方向です。しかし、どんな契約でもよいわけではありません。

1 公序良俗に反する契約

　民法は基本的にはどのような契約でもよいとしていますが、何でもかまわないというわけでもありません。反社会的な契約などは当然のことながら守る必要はありません。そのような契約は**最初から無効**だとされています。殺人契約・愛人契約などがそれに該当します。

2 第三者への対抗

　公序良俗に反する内容の契約を守らせるわけにはいきません。ですから、公序良俗に反する契約の無効は、善意の第三者にも対抗できるのです。

第2コース 制限行為能力者

このコースの特徴

● このコースでは、制限行為能力者の保護を中心にみていきましょう。取引の安全よりも弱者保護を優先していることに着目してください。また、制限行為能力者は出題も多いので、しっかりと確認するようにしてください。

第❶ポイント 重要度 B
制限行為能力者

攻略メモ
- 民法では、判断能力が劣っている人は弱者であるから守ってあげようとしています。弱者保護を何よりも優先して考えています。

1 意思能力

契約を結ぶためには「意思能力」が必要です。**意思能力のない人（意思無能力者）がした契約は無効**となります。意思無能力者とは泥酔状態の人や就学前の児童などです。

2 制限行為能力者

単独で有効な法律行為をすることができる能力を「行為能力」といいますが、判断能力が不十分であるため、行為能力が制限されている人を「制限行為能力者」といいます。制限行為能力者には次のような種類があります（➡ 第❷ポイント「制限行為能力者の種類」参照）。

未成年者　　成年被後見人　被保佐人　被補助人

つまずき注意の前提知識
精神上の障害によって判断力の低い人たちを、家庭裁判所の審判により、能力別に「成年被後見人」「被保佐人」「被補助人」にわけました。

このような人を保護するために、次のような制度を設けました。

> **覚えよう！**
> 1. 一定の者を「保護者」として、保護・監督するようにした
> 2. 単独でした契約は取消しができる
> ➡ この取消しは善意の第三者にも悪意の第三者にも対抗できる

ただし、**制限行為能力者が詐術（さじゅつ）を用いた場合には取消しはできません。**

かわいそうだから取消権を与えているのに、だますような人は保護する必要はないからです。

3 追認の催告

制限行為能力者と取引をした人は、いつ契約の取消しをされるかわかりません。そこで、その相手方を保護するため、1カ月以上の期間を定めて、その取引を追認（ついにん）するかどうか催告（さいこく）することができます。

契約の前に許可をとるのが同意、契約の後に許可をとるのが追認です。

覚えよう！

```
         保護者
        ┌─ 行為能力者と ──→ 追認
        │   なった本人
催告 ────┤              確答なし
        │  被保佐人
        └─ 被補助人   ──→ 取消し
```

基本的には保護者に対して催告しますが、被保佐人・被補助人には本人に催告できます。確答がなかった場合、基本的には追認となりますが、被保佐人・被補助人に催告して確答がなかった場合には取消しとなります。

ちょこっとトレーニング　本試験過去問に挑戦！

問1 Aは、自己所有の土地をCに売却した。買主Cが意思無能力者であった場合、Cは、Aとの間で締結した売買契約を取り消せば、当該契約を無効にできる。（2005-1-2）

問2 被補助人が、補助人の同意を得なければならない行為について、同意を得ていないにもかかわらず、詐術を用いて相手方に補助人の同意を得たと信じさせていたときは、被補助人は当該行為を取り消すことができない。（2016-2-4）

解答
1　×：意思無能力者の行った契約は無効。取消しではない。
2　○：詐術を用いた場合、取消しはできなくなる。

第❷ポイント 制限行為能力者の種類

 重要度 A

攻略メモ
- 制限行為能力者は全部で4種類です。そのうち、未成年者と成年被後見人は特に厚く保護しようとしています。

1 未成年者

　未成年者とは **20歳未満の者のことです。しかし、20歳未満であっても婚姻している場合は未成年者として扱われません。**

　婚姻は男性18歳、女性16歳で可能ですから、20歳未満で婚姻することも考えられます。その場合には、もう成年に達した者として扱います。

　未成年者が単独で行った行為は取り消すことができます。 しかし、未成年者であっても、以下の行為は取消しができません。

覚えよう！

1 法定代理人の同意を得ている場合

2 営業の許可を受けている場合

喫茶店をやりたいといった場合、喫茶店の業務に関わるものに対しては取消しできませんが、その他の行為については取消し可能です！

21

3　処分を許された財産を処分する場合

4　単に権利を得、または義務を免れる場合

2　成年被後見人

成年被後見人とは、判断力のない者（＝精神上の障害により事理を弁識する能力を欠く常況にある）のことで、家庭裁判所から後見開始の審判を受けることが必要です。

成年被後見人には成年後見人という法定代理人がつきます。

未成年者の場合と同じように、**成年被後見人が単独で行った契約は取り消すことができます。**

ただし、注意してほしいのがこちらです。

覚えよう！

成年後見人の同意を得て行った行為でも取消しができる

成年後見人には同意権がないので、同意を得て行った行為も取消しができます。

未成年者では、法定代理人の同意を得て行った行為は取消しができませんでした。しかし、成年被後見人は取消しができます。同意を得たとしても、それと違う行為をしてしまう可能性があるからです。
　成年被後見人が取消しできないのは、以下の行為です。

覚えよう！
● 日用品の購入その他日常生活に関する行為

　また、成年後見人が、成年被後見人に代わって成年被後見人が居住している建物を売却したり賃貸するときには、家庭裁判所の許可が必要となります。

3 被保佐人

　被保佐人とは、成年被後見人ほどではないにせよ、精神上の障害によって、事理弁識能力が著しく不十分な者で、家庭裁判所による保佐開始の審判を受けた者のことです。
　被保佐人は、ほとんどの行為は単独でできます。いくつかの重要な行為のみが取消し可能となります。その中で試験上重要なものは以下の２つです。

　　不動産の取引　　　不動産の賃貸借

4 被補助人

　被補助人とは、被保佐人ほどではないにせよ、精神上の障害によって、事理弁識能力が不十分な者で、家庭裁判所による補助開始の審判を受けた者のことです。

　ほぼすべての行為は単独でできます。そして、どの行為に取消権があるのかは、家庭裁判所が選びますので、その人により異なります。

暗記ポイント 総まとめ

保護者	未成年者 親権者（＝親） 未成年後見人	成年被後見人 成年後見人	被保佐人 保佐人	被補助人 補助人
同意権	●	×	●	△
追認権	●	●	●	△
取消権	●	●	●	△
代理権	●	●	△	△

● ：あり
× ：なし
△ ：審判によって特定の法律行為について付与された場合にのみ認められる。

ちょこっとトレーニング　本試験過去問に挑戦！

問1 未成年者は、婚姻をしているときであっても、その法定代理人の同意を得ずに行った法律行為は、取り消すことができる。ただし、単に権利を得、又は義務を免れる法律行為については、この限りではない。（2008-1-2）

問2 成年被後見人が成年後見人の事前の同意を得て土地を売却する意思表示を行った場合、成年後見人は、当該意思表示を取り消すことができる。（2003-1-3）

問3 古着の仕入販売に関する営業を許された未成年者は、成年者と同一の行為能力を有するので、法定代理人の同意を得ないで、自己が居住するために建物を第三者から購入したとしても、その法定代理人は当該売買契約を取り消すことができない。（2016-2-1）

解答
1　×：婚姻したら未成年者として扱わない。
2　○：成年後見人に同意権はないので、取消し可能。
3　×：古着の仕入販売は取消しできないが、その他の行為は取消し可能。

「超える」「未満」「以上」「以下」

「超える」「未満」はピッタリを含まない、「以上」「以下」はピッタリを含みます。「20歳未満はお酒が飲めません」といったら、20歳は含みませんので、20歳の人はお酒を飲めるということです。「身長120cm以下の方はこの乗り物には乗れません」といったら、120cmも含みますので、120cmの人はこの乗り物には乗れないということになります。

第3コース 時効

このコースの特徴

● 時効という言葉そのものには馴染みがあるでしょうが、ちゃんと正確にとらえておかなければ問題に対処することはできません。ここでは取得時効と消滅時効の2種類それぞれについてしっかり理解しましょう。

第 ❶ ポイント
時効制度

 重要度 A

> **攻略メモ**
> ●「もう時効だと思うから話すけれど…」というセリフはよく聞きますね。時効のイメージとしてはそれで大丈夫です。

1 時効制度とは

　時効とは時の経過によって権利関係に変化が生じることだ、と定義されますが、日常でも使っている言葉なので、馴染みはあると思います。
　時効には2種類あります。時間が経つと手に入る**取得時効**と、時間が経つと失う**消滅時効**です。

2 取得時効

　取得時効とは、物を一定期間継続して占有するとその物の権利を取得できるという制度です。

覚えよう！

1 **所有の意思をもって、平穏かつ公然と占有を継続すること**

　　（私のものだよ！）　 （乱暴にしていないしコソコソしていないよ！）

2 占有開始時に
　　善意無過失……………**10年間**占有を継続
　　善意有過失・悪意……**20年間**占有を継続

> 占有開始時に善意無過失であれば、途中で悪意になっても10年間で取得できます！

28

「所有の意思をもって」とは、自分の物として占有する意思をいい、借りて住んでいるという場合は含まれません。マンションを借りて20年間住み続けても、その人のものにはなりません。なぜなら、借りて賃料を払っている時点で「所有の意思」はないからです。

また、必ずしも自分で占有しなければならないというわけではありません。**他人に賃貸していても占有を継続していたことになります。**

一方、途中で売買したり相続したりした場合はどうでしょうか。この場合、占有の承継人（買った人や相続した人）は、**自己の占有のみを主張しても、前主の占有をあわせて主張してもかまわない**のです。

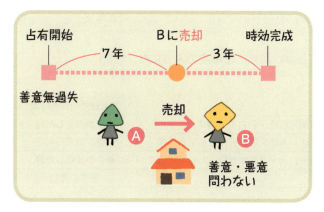

3 消滅時効

消滅時効とは、ある権利が、時間の経過によって消滅してしまうことをいいます。

消滅時効の期間は、権利行使できる時から10年、もしくは知った時から5年のうち、早いほうとなります。

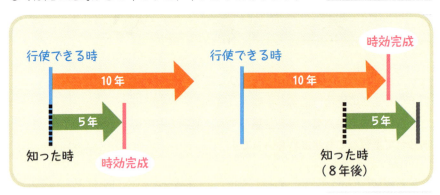

「権利行使できる時」とは、具体的には次のようになります。

		消滅時効の開始時期
確定期限付の債務	（例）4月1日に引き渡す	期限が到来した時
不確定期限付の債務	（例）Aの父親が死んだら引き渡す	期限が到来した時
停止条件付の債務	（例）Aが試験に合格したら引き渡す	条件が成就した時
期限の定めのない債務	—	直ちに進行

期限は必ず来るのに対して、条件は必ず実現するとは

限らないという違いがあります。また、確定期限はその来る日がわかっているのに対して、不確定期限は必ず来るのだがその日がいつかはわからないということです。

　また、**所有権は消滅時効にかからない**ので、何年経過しても消滅しません。たとえば、30年使っていない別荘も、所有者は所有者のままです。「持主なし」とはなりません。

4　時効の遡及効

　時効が完成すると、**時効の効果は、その起算日にさかのぼります**（時効の遡及効）。

　所有権の取得時効では、はじめから所有者であったことにすれば、不法占拠の事実がなくなり、損害賠償などが不要となります。消滅時効では、貸し借りが最初からなかったことにすれば、遅延損害金なども不要となります。

ちょこっとトレーニング　本試験過去問に挑戦！

問1 AがBの所有地を長期間占有している。Aが善意無過失で占有を開始し、所有の意思をもって、平穏かつ公然に7年間占有を続けた後、Cに3年間賃貸した場合、Aは、その土地の所有権を時効取得することはできない。(1992-4-1)

問2 A所有の土地の占有者がAからB、BからCと移った。Bが平穏・公然・善意・無過失に所有の意思をもって8年間占有し、CがBから土地の譲渡を受けて2年間占有した場合、当該土地の真の所有者はBではなかったとCが知っていたとしても、Cは10年の取得時効を主張できる。(2004-5-1)

問3 Bは、A所有の土地をAのものであると知って占有を続け、この土地の所有権を時効により取得した。この場合において、Bが所有権を取得した時点は、時効が完成したときである。(1987-8-1)

解答
1　×：他人に賃貸している期間も占有として扱う。
2　○：占有開始時に善意無過失なので、合計した占有期間が10年あればよい。
3　×：時効の効果は起算日にさかのぼる。

第2ポイント 時効の更新・時効の完成猶予

重要度 A

攻略メモ
- 以前は「時効の中断」「時効の停止」といわれていたものです。

1 時効の更新と完成猶予

時効完成前に、それまでの期間の経過をゼロに戻すことを**時効の更新**といいます。また、一定期間は時効の完成を猶予（一時ストップ）させることを**時効の完成猶予**といいます。

暗記ポイント 総まとめ

時効の更新　　　＝　ゼロに戻す
時効の完成猶予　＝　一時ストップ

2 完成猶予と更新の事由

以下の事由によって、時効の更新や時効の完成猶予が生じます。

1 （裁判上の）請求

訴えの提起をすることによってまずは時効の完成猶予が生じます。これにより、裁判が長引いたとしても時効完成は生じません。その後、勝訴すれば時効は更新します。取り下げや却下の場合には6カ月間の完成猶予が生じます。その期間内に別の方法で時効の完成を生じさせないようにする必要があります。

暗記ポイント 総まとめ

訴えの提起　→　時効の完成猶予
　　↓
　┌ 勝訴　　　　　→　更新
　└ 取り下げ・却下　→　完成猶予（6カ月間）

2　裁判外の請求（催告）

内容証明郵便等を出すなどして債務の履行を求める通知を出すと、6カ月間の時効の完成猶予が生じます。

3　承認

債務者が「私は債務を負っている」と認めた（＝承認した）場合に時効は更新します。具体的には次のようなものが承認にあたります。

1　債務の一部を弁済

1,000円借りているけれど、とりあえず100円返すね！

2　支払いの猶予を求める

来月返すから、ちょっと待っていてください！

ちょこっとトレーニング　本試験過去問に挑戦！

問　Aは、Bに対し建物を賃貸し、月額10万円の賃料債権を有している。Aが、Bに対する賃料債権につき内容証明郵便により支払を請求したときは、その請求により消滅時効は更新する。
（2009-3-3 改）

解答　×：6カ月の完成猶予は生じるが、更新はされない。

第❸ポイント 時効の援用・放棄

重要度 B

> **攻略メモ**
> ● 時効が完成したらすぐに効果が発生するのではなく、その時効を使ってもよいし使わなくてもよいという状態になります。

1 時効の援用と放棄

時効が完成しても、自動的にその効果が発生するのではありません。援用が必要です。

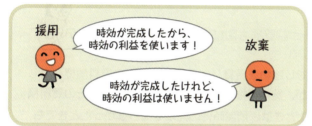

援用「時効が完成したから、時効の利益を使います！」
放棄「時効が完成したけれど、時効の利益は使いません！」

2 時効の援用

「時効の利益を受ける」という意思表示のことを時効の援用といいます。時効は一定の期間が経過すれば自動的に効力が生じるものではありません。当事者が「援用する」という意思表示をしてはじめて効力が生じます。

時効の援用ができる人は、時効によって直接利益を受ける人のみとなります。債務者のほかに、保証人などが援用できます。

> **ライバルに差をつける 関連知識**
> 保証人のほかに、物上保証人や抵当不動産の第三取得者なども時効によって直接利益が生じるので援用することができます。物上保証人や抵当不動産の第三取得者については、第10コース「抵当権」（→P107～参照）の項目で詳しく学習します。

もうひとふんばりだ！

35

3 時効の利益の放棄

「時効の利益を受けない」という意思表示のことを時効の利益の放棄といいます。時効は完成したけれど、その時効の利益を受けないという選択をすることもできるのです。ただし、**時効の利益の放棄は、時効完成前にはすることができません。**

また、**時効完成後に債務者が時効の完成を知らずに承認をした場合、時効援用をすることができません。**

ちょこっとトレーニング　本試験過去問に挑戦！

問 Aは、Bに対し建物を賃貸し、月額10万円の賃料債権を有している。Bが、賃料債権の消滅時効が完成した後にその賃料債権を承認したときは、消滅時効の完成を知らなかったときでも、その完成した消滅時効の援用をすることは許されない。
(2009-3-4)

解答 ○：時効完成後でも承認すれば時効援用することはできない。

第4コース 代理

このコースの特徴

● このコースでは、代理制度と無権代理を中心に学習しましょう。代理はパズルの要素が強く、ちゃんと理解すれば得点できる分野です。出題頻度も高いので、直前期でもしっかりと学習して苦手意識をなくしておくことが大事です。

第❶ポイント
代理制度

重要度 A

攻略メモ
- 代理は出題頻度も高く重要な分野ですが、それだけではなく、宅建業法の学習にも使います。今のうちにしっかり学んでおきましょう！

1 代理とは

　AはCと契約したいと思っていました。本人Aが忙しかったりした場合、Aは代理人BにCとの契約をお願いすることができます。

つまずき注意の 前提知識

メジャーリーガー（A）が球団（C）と契約交渉をする際などにも代理制度がよく利用されます。

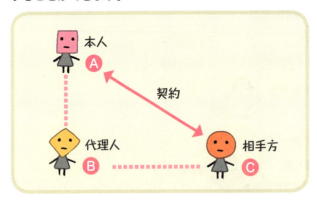

　この場合、BがCと契約をしますが、その契約はAとCがしたことになり、AC間で契約が成立したことになります。**代理人の行ったことは本人に帰属する**、つまり、代理人が行ったことは本人が行ったことになるのです。
　代理といえるためには次の3つが必要です。

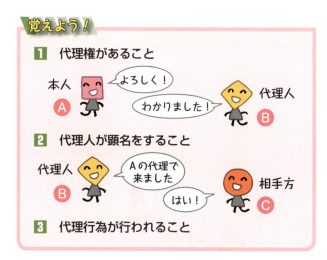

2 顕名

　顕名とは、代理人が「私は本人の代理人です」と相手方に示すことです。もし、代理人の顕名がない場合にはどうなるのでしょうか。

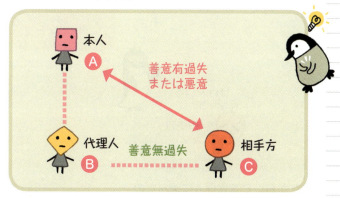

　代理人Ｂが相手方Ｃに対し、顕名をしなかった場合、Ｃが善意無過失であれば、Ｂが代理人であるとは知らないわけですから、契約はＢとＣで結ばれることになります。しかし、Ｃが**悪意、もしくは善意有過失の場合には、通常通りＡＣ間で契約が成立します**。

3 代理行為のトラブル

　代理人がだまされたり、おどされたりした場合にはどうなるのでしょうか。

CがBをおどして契約させようとしています。

　この場合、取消しができます。しかし、**取消しできるのは、おどされたBではなく、本人Aとなります。**

　では、逆に代理人がだましたり、おどしたりした場合にはどうなるのでしょうか。

BがCをおどして契約させようとしています。

　この場合、当然のことながら、Bを代理人に選んだのはAであり、Aはその責任をとらなければなりません。つまり、**Aがこの詐欺や強迫を知っていたか否かにかかわらず（つまり、Aが善意でも悪意でも）、Cは取消しができます。**

4 代理人の行為能力

代理人に選ぶのは制限行為能力者であってもかまいません。

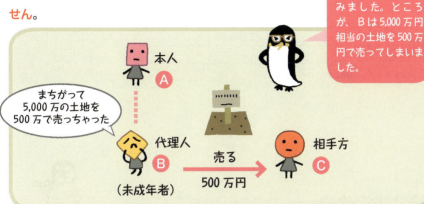

この場合、Bが未成年者であることを理由に取消しはできるのでしょうか。たしかにAは損をしていますが、そもそもBを代理人に選んだのはAです。それに、B自身は損をしていないのだから、Bを守るという必要もありません。ですから、**Bが未成年者であることを理由に取消しはできません。また、Bが代理人となって締結した契約について、法定代理人の同意なども必要ありません。**

5 代理権の種類

代理には法定代理と任意代理の2種類があります。

- **法定代理** = 法律の規定によって代理権が与えられる場合
- **任意代理** = 本人の委任によって代理権が与えられる場合

6 代理権の消滅

次のような場合に代理権は消滅します。

	死亡	破産	後見開始の審判
本人	●	●（任意のみ）	×
代理人	●	●	●

●：消滅する　×：消滅しない

ちょこっとトレーニング　本試験過去問に挑戦！

問1 買主Aが、Bの代理人Cとの間でB所有の甲地の売買契約を締結する場合において、CがBの代理人であることをAに告げていなくても、Aがその旨を知っていれば、当該売買契約によりAは甲地を取得することができる。（2005-3-ア）

問2 未成年者が代理人となって締結した契約の効果は、当該行為を行うにつき当該未成年者の法定代理人による同意がなければ、有効に本人に帰属しない。（2012-2-1）

問3 Aは、Bの代理人として、C所有の土地についてCと売買契約を締結したが、CがAをだまして売買契約をさせた場合は、Aは当該売買契約を取り消すことができるが、Bは取り消すことができない。（1990-5-3）

解答
1　○：顕名はなくても相手が知っていれば有効。
2　×：代理人は制限行為能力者でもよい。
3　×：逆。代理人Aは取消し不可、本人Bは取消し可。

第 ❷ ポイント
無権代理

重要度 A

攻略メモ
● 代理権がないのにもかかわらず代理行為を行う、つまり、無権代理人はあまりよい人ではないですよね。そのイメージをもって学習しましょう。

1 無権代理とは

代理人として代理行為をした人に代理権がなかったら、無権代理となります。

BがAに内緒で、Cに「Aの代理人だ」と偽り、Aの土地を売ろうとしています。

 本人 A
代理権なし ✕
無権代理人 B 相手方 C

代理権がないのですから、**無権代理は効力を生じません**。

しかし、偶然 A はその土地を売りたいと思っていて、B が高い値段で売ってきた場合には、A はその契約を認めたほうがよいと考えることもあるでしょう。その場合、**追認をすれば**その契約は、**契約時にさかのぼって有効**となります。

なお、A は B と C のどちらに追認をしてもかまいません。ただし、無権代理人 B に追認をした場合、相手方 C がそれを知らなければ、相手方に対して追認の効果を主張することはできません。

つまずき注意の 前提知識
早い話が、無権代理が行われると、有効か無効かわからない、モヤモヤした状態になります。

43

2 無権代理の相手方の保護

　無権代理人と契約を結ぶと、基本的には無効ですが、追認されると有効になるという非常に不安定な状態になります。そこで、相手方を保護する制度があります。

1 催告権

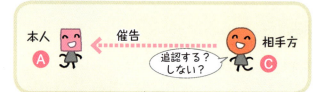

　相手方Cは、本人Aに対して、無権代理人Bとの契約を追認するかどうか、催告することができます。Aの**確答のない場合には追認拒絶**とみなされます。相手方Cが無権代理行為について**悪意でも催告はできます**。

2 取消権

　相手方Cは、不安定な立場を逃れるため、取消しを本人Aに主張することができます。ただし、これは相手方Cが**善意のときのみ**で、なおかつ、本人Aが追認をするとできなくなってしまいます。

❸ 履行請求・損害賠償請求

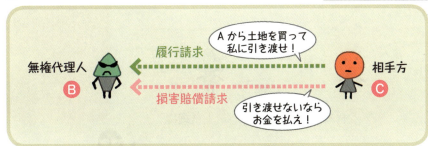

　無権代理行為が無効になり、相手方Cの契約の目的が達成できなかった場合、Cは無権代理人Bに対して、履行請求または損害賠償請求ができます。しかし、これができるのは相手方Cが**善意無過失の場合のみ**です。また、**無権代理人が悪意のときは、相手方は過失があっても、これらの請求をすることができます**。なお、無権代理人が制限行為能力者であるときは、これらの請求をすることができません。

3 自己契約・双方代理

　自己契約とは、代理人自身が契約の相手方（買主）になることです。

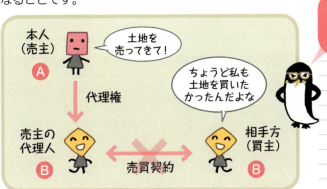

双方代理とは、売主と買主の両方の代理人になることです。

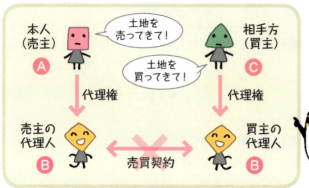

Bは、Aから土地を売るように、Cから土地を買うようにいわれました。BはAとCの両方の代理人となってAとCで契約を結ぶことはできません。

　このように、**自己契約や双方代理は禁止されています**。もし行われた場合には無権代理として扱います。ただし、**本人があらかじめ許諾していた場合（双方代理の場合は当然双方からの許諾が必要）と、登記の申請をするための双方代理は有効となります**。

4 無権代理と相続

　無権代理行為があった後に、相続によって無権代理人と本人が同一になってしまった場合を考えてみましょう。

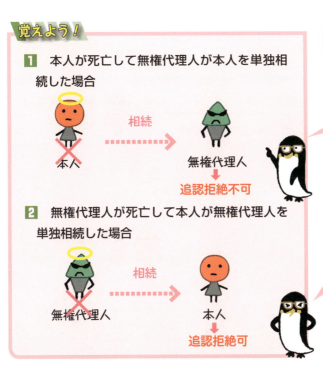

5 表見代理

　無権代理であっても、無権代理人に代理権があるように、相手方からみえてしまい、そのための落ち度が本人にある場合には、本人に責任があることになり、この契約は**有効に成立**することになります。これを表見代理といいます。

　「本人の落ち度」とは次のようなものをいいます。

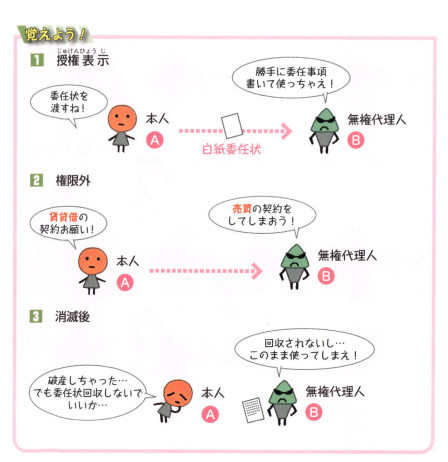

　このいずれかの落ち度だけでは表見代理は成立しません。ここに、**相手方が善意無過失であるという条件も加わります。**

覚えよう！
- 表見代理 ＝
　　本人の落ち度 ＋ 相手方の善意無過失

つまずき注意の前提知識

善意無過失は「信ずべき正当な理由がある」という表現で出題されることもあります。この表現をみたら「善意無過失だ」とわかるようにしておいてください。

ポイント  重要度 B

復代理

> **攻略メモ**
> ● 復代理人のポイントとしては、あくまで代理人のスペアにすぎないのだという感覚をもっておいてください。

1 復代理とは

　復代理とは、代理人に代わって、代理人がすべき仕事をする制度です。もう1人代理人がいてくれればよいのに、というときに役立つ制度です。気をつけてほしいのは、復代理人は「代理人の代理人」ではなくあくまで「本人の代理人」であるということです。つまり、復代理人がした契約は本人が契約したことになります。では、どのようなときに復代理人を選任できるのでしょうか。

- 法定代理 ＝ いつでも選任可能
- 任意代理 ＝ やむを得ない事由があるとき
  　　　　　　　　　　または
  　　　　　　本人の許諾を得たとき

アドバイス
試験では、任意代理の場合の選任について出題されることが多いです。「やむを得ない事由があっても本人の承諾がなければ選任できない」とあれば×です。「やむを得ない事由」「本人の承諾」のどちらかでよいので注意です。

50

ちょこっとトレーニング　本試験過去問に挑戦！

問1 Aは、Bの代理人として、Bの所有地をCに売却したが、Bは抵当権設定の代理権しか与えていなかったにもかかわらず、Aが売買契約を締結した場合、Bは、Cが善意無過失であっても、その売買契約を取り消すことができる。（1994-4-2）

問2 代理権を有しない者がした契約を本人が追認する場合、その契約の効力は、別段の意思表示がない限り、追認をした時から将来に向かって生じる。（2014-2-ア）

解答 1　×：本人に取消権はない。取消権を有するのは相手方。
　　　 2　×：追認の時からではなく、契約の時から有効。

2 復代理の性質

復代理人については次のことにも注意しましょう。

覚えよう！

1. 復代理人は代理人の代理権を超えることはできない

2. 復代理人を選任しても、代理人の代理権は消滅しない

3. 代理人の代理権が消滅すると、復代理人の代理権も消滅する

ちょこっとトレーニング 本試験過去問に挑戦！

問 Aは不動産の売却を妻の父であるBに委任し、売却に関する代理権をBに付与した。この場合、Bは、やむを得ない事由があるときは、Aの許諾を得なくとも、復代理人を選任することができる。(2007-2-1)

解答 ○：復代理人はやむを得ない事由があるときか本人の許諾あるとき。

51

給水 コラム

「今年絶対に合格する」と決めてください！

せっかく本書を購入して意欲のある今だからこそ、ここで決意してください。「合格できればいいな」程度では、今の宅建士試験はなかなか合格できません。仕事をしながら、家事をしながら、大学に行きながら、勉強をするという人も多いと思います。疲れて勉強したくないと思う日も来るでしょう。そういうとき、決意しているかどうかで、勉強できるかどうかが変わります。

第5コース
債務不履行・弁済

このコースの特徴

●このコースでは、債務不履行と、それによる解除や損害賠償請求を中心に学んでいきましょう。特に、履行不能と履行遅滞の解除の条件や、債務不履行解除と手付解除の損害賠償請求の可否など、混乱しそうな分野ですので、しっかり整理して覚えましょう。

①・・・②・・・③・・・④

第❶ポイント 債務不履行

重要度 A

攻略メモ
● 約束は守らなければならないということを最初に学びました。その約束を破ったわけですから、当然ペナルティーはあるはずです。

1 債務不履行とは

債務不履行とは簡単にいえば約束違反のことです。債務不履行には次の２種類を覚えておきましょう。

覚えよう！

１ 履行不能（履行することができない）

 家を引き渡して！　家が焼けてしまったからムリ…

２ 履行遅滞（履行できるのにしない）

 家を引き渡して！　まだもう少し住みたいからムリ…

債務不履行の場合、債権者は債務者に対して**契約の解除**をすることができます。また、債務不履行が債務者の責めに帰すべき事由に基づく場合、**損害賠償の請求**をすることもできます。

	損害賠償	解除
債務者に帰責事由あり	○	○
債務者に帰責事由なし （債権者も帰責事由なし）	×	○

2 同時履行の抗弁権

　売主が引き渡すのと買主が代金を支払うのは同時履行の関係にたちます。だから、相手方が履行の提供をしていなければ、自分も履行を拒むことができます。これを**同時履行の抗弁権**といいます。相手方を履行遅滞だというためには、自分が履行の提供をしていることが必要になります。「自分はやるべきことをやっているのにあなたはやっていない、だからあなたは履行遅滞だね」ということになるのです。

　同時履行についてまとめておきましょう。

受取証書
領収証のこと。それに対して債権証書とは借用書のことです。

＜同時履行の関係が肯定される場合＞
● 解除による原状回復義務の履行
● 弁済と受取証書の交付
● 詐欺・強迫によって契約が取り消された場合の相互の返還義務
● 請負の目的物の引渡しと報酬の支払い

＜同時履行の関係が否定される場合＞
● 被担保債務の弁済と抵当権の登記抹消手続き……（弁済が先）
● 弁済と債権証書の返還……………………………（弁済が先）
● 敷金の返還と建物の明渡し………………………（建物明渡しが先）

3 履行遅滞の時期

債務者は、履行期（約束の期日）が到来するまでは、自己の債務を履行する必要はありません。それでは、いつから履行遅滞となってしまうのでしょうか。

		履行遅滞となる時期
確定期限付の債務	（例）4月1日に引き渡す	期限が到来した時
不確定期限付の債務	（例）Aの父親が死んだら引き渡す	期限到来を債務者が知った時
停止条件付の債務	（例）Aが試験に合格したら引き渡す	条件成就を債務者が知った時
期限の定めのない債務	—	債務者が履行請求を受けた時

基本的に債務者が「履行しなければ」と認識した時から履行遅滞となります。

4 目的物の滅失（危険負担）

契約前に売買の目的物がすでに滅失していた場合には、履行不能となり、買主は解除をすることができます。さらに、売主に帰責事由があれば損害賠償請求ができます。

契約から引渡しの間に売買の目的物が天災などの不可抗力により滅失した場合、買主は、代金の支払いを拒絶することができます。

引渡し後に売買の目的物が当事者双方の責めに帰すことができない事由で滅失した場合、買主は代金の支払いを拒むことはできず、損害賠償請求や解除をすることもできません。

> **つまずき注意の前提知識**
>
> 引渡し後に売買の目的物が当事者双方の責めに帰すことができない事由で滅失した場合、契約不適合（→第6コース）としての追完請求や代金減額請求もすることができません。

5 全部他人物売買

他人のものを売る契約も有効です。仕入れて売ればよいのです。しかし、もし仕入れることができなかった場合には、債務不履行（履行不能）として扱います。

> **ちょこっとトレーニング　本試験過去問に挑戦！**
>
> **問1** AのBからの借入金100万円の弁済に当たり、Aは、Bに対して領収証を請求し、Bがこれを交付しないときは、その交付がなされるまで弁済を拒むことができる。(1993-6-4)
>
> **問2** AはBに建物を売却する契約を締結した。Aの父の死亡後3カ月後に当該建物を引き渡す旨定めた場合は、AはAの父の死亡した日から3カ月経過したことを知った時から遅滞の責任を負う。(1987-6-3)
>
> **解答**　1　○：弁済と受取証書の交付は同時履行。
> 　　　　2　○：債務者が知った時から履行遅滞となる。

第❷ポイント 損害賠償請求と解除

重要度 A

攻略メモ
● 約束違反をされたら損害も出ます。家を引き渡してくれなければホテル暮らしになってしまいます。その出費は請求できるはずですよね。

1 損害賠償の請求

　損害賠償をするためには、損害額を証明しなければなりません。ただ、それでは大変なので、あらかじめ損害賠償額を決めておくこともできるのです。あらかじめ決めた場合には、損害額がそれよりも多くても少なくても、その額になります。これにより、債権者は、損害額等を証明することなく予定賠償額を請求することができます。

　また、違約金を定めた場合、その**違約金を損害賠償額の予定と推定します**。つまり、「違約金は 500 万円とする」と決めたら、それは「損害賠償額は 500 万円とする」と決めたのと同じだということです。

2 金銭債務

　金銭債務とは、代金支払債務のように、金銭の支払いを目的とする債務です。約束した日にお金が払えなければ、その日から履行遅滞になります。世の中からお金自体がなくなることは考えられないので、金銭債務に履行不能は存在しません。常に履行遅滞となります。

　不可抗力が原因であっても、期日にお金を返せなけれ

ば、どのような理由があっても債務不履行となるため、債権者は損害の証明をしなくても損害賠償の請求ができます。不可抗力の場合、本来は過失がないので債務不履行にはならないはずなのですが、金銭債務は容赦なく債務不履行になってしまうのです。

「金銭債務は厳しい」というイメージをもっておきましょう。

ライバルに差をつける 関連知識
損害賠償額は、法定利率（年3％）によるのが原則ですが、それより高い利率の定めがある場合には、それにしたがいます。

3 解除

解除とは、契約しているどちらか一方からの意思表示によって、契約をなかったことにすることです。また、一度解除をすると、それを撤回することはできません。

なお、債務不履行があまりに軽微である場合、解除をすることはできません。

1 履行不能

待ってもできないので、**直ちに**解除することができます。

2 履行遅滞

相当の期間を定めて相手に対して履行を催告し、履行がない場合に解除することができます。

つまずき注意の 前提知識
債務不履行解除は解除をしてさらに損害賠償請求もすることができます。それに対して、後で出てくる手付解除は損害賠償請求はできません。

4 原状回復

解除をしたら、すべて元に戻すことになります。これを原状回復義務といいますが、原状回復というのは、戻せばそれでよいというわけではありません。

もうひとふんばりだ！

- 金銭 ＝ 金銭 ＋ 利息
- 建物 ＝ 建物 ＋ 使用料

　金銭であれば、預かっていた期間にお金を増やすこともできたはずなので、その金額に預かっていた期間の利息をつけて返すことになります。建物の場合、その預かっていた期間に自分が住むこともできるし、誰かに貸して収益を得ることもできたはずです。最初から何もなかったことになるのだから、当然、その預かっていた期間に発生していた利益も手に入らなかったことになるはずです。そのぶんを戻してはじめて原状回復なのです。なお、解除により当事者が負う原状回復義務については同時履行の関係にたちます。

①─②─③···④

第❸ポイント
手付解除

重要度 A

攻略メモ
● ここの内容は、後に学習する「宅建業法」でも重要なものとなります。

1 手付解除とは

手付とは、簡単にいえば、買主が売主に預けておくお金のことです。

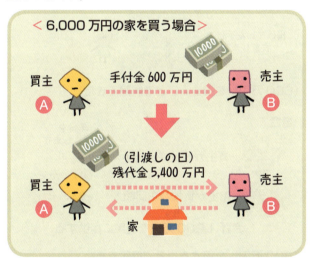

一般的には、手付金を代金の一部として繰り入れられることが多いので、引渡しの日に残りの代金を支払います。

預ける理由としては、もしどちらかが契約をやめたいと思ったら、この手付金を使って契約を解除できるようにしたからです。これを手付解除といいます。ちなみに、手付解除は民法のルールにのっとった正当な解除なので、債務不履行にはなりません。よって、**損害賠償請求などはできない**ことに注意してください。

つまずき注意の前提知識

手付にはいろいろな種類がありますが、宅建士試験で大事なのは解約手付のみですので、ここでいう手付とは「解約手付」のことを指します。

61

暗記ポイント 総まとめ

- 債務不履行解除 ＝ 別途損害賠償請求が可能
- 手付解除 ＝ 別途損害賠償請求は不可

2 手付解除の方法

では、どうやって解除をするのでしょうか。先ほどの例で考えてみましょう。

<買主が解除をしたい場合>

 「預けていた手付を放棄します」 売主 Ⓑ

➡買主が手付の額（600万円）を損することで解除できた

<売主が解除をしたい場合>

買主 Ⓐ ← 買主が預けていた手付 ＋ 売主が負担した同額 ＝ 合計1,200万円を現実に提供する 「手付を倍返しします」 売主 Ⓑ

➡売主が手付の額（600万円）を損することで解除できた

こうすれば、売主も買主も、解除したい場合には、手付の額の負担をすることで解除することができるのです。

暗記ポイント 総まとめ

買主 → 手付放棄
売主 → 手付倍返し

3 手付解除の時期

　相手方が履行に着手する前なら手付解除ができます。「自分が履行に着手していても、相手方が履行に着手していなければ手付解除ができる」とあれば○です。自分が履行に着手しているかどうかは無関係です。

ちょこっとトレーニング　本試験過去問に挑戦！

問1 損害賠償額の予定をした場合、債権者は、実際の損害額が予定額より大きいことを証明しても、予定額を超えて請求することはできない。(1990-2-4)

問2 買主が、売主に対して手付金を支払っていた場合には、売主は、自らが売買契約の履行に着手するまでは、買主が履行に着手していても、手付金の倍額を買主に支払うことによって、売買契約を解除することができる。(2005-9-4)

解答 1　○：損害賠償額の予定をした場合、その額を増額できない。
　　　 2　×：相手方が履行に着手したら手付解除はできない。

第❹ポイント 重要度 B

弁済

攻略メモ
● 債務がコンサートであれば他人が弁済（別の人のコンサートに変更）しても当然無効ですが、お金なら誰から返してもらっても支障ないですよね。

1 弁済とは

弁済とは、債務の履行をして債務を消すことです。債務者がお金を借りているならそれを返すことであり、債務者が土地を売ったのならその土地を引き渡すことです。

2 弁済できる者

お金を貸していた場合、お金を返してくれさえすれば、誰から返されても問題ありません。お金を支払うのは誰でもよいでしょう。ですから、基本的には第三者が弁済することは可能なのです。

しかし、債務者が第三者の弁済を嫌がっている場合は、基本的には弁済できません。しかし、この場合も、債務者に対して**弁済をするについて正当な利益を有する第三者は弁済できます**。たとえば保証人などは、弁済しなければ自分も被害を被ります。そのため、これらの人々は「正当な利益を有する第三者」といえるのです。それに対して、債務者の親・兄弟・友人などは弁済をするについて正当な利益を有する第三者とはみなしませんので注意してください。

ライバルに差をつける 関連知識
自己振出しの小切手の持参は、債務の本旨に従った履行の提供とはなりません。それに対して、銀行振出しの小切手の持参は履行の提供となります。

3 弁済を受ける者

お金を貸していた場合、借りていた人が別の人に返してしまったらどうでしょうか。それは納得できませんね。その場合、この弁済は**基本的には無効**となります。

しかし、全く関係ない人であっても、その人に返せばよいのだと信じてしまった場合はどうでしょうか。

このように、**受領権者としての外観を有する者に対して善意無過失で弁済した場合には有効**としました。

4 弁済による代位

第三者が債務者の代わりに弁済したら、当然のことながら、立て替えたお金は返してほしいでしょう。このように債務者に請求することを**求償**（きゅうしょう）といいます。求償をするときに、元の債権者のもっていた抵当権などを使えるようにしてもらえたら、求償もしやすくなります。このように、抵当権などを代わりに使うことを「弁済による代位」といいます。

債権者の承諾なしに、**当然に**代位できます。

つまずき注意の 前提知識

このような「債権者の代理人だ」と偽る人や、債権証書を持ってきた人や受取証書を持ってきた人など、もらう権利や権限がありそうにみえる人のことを「**受領権者としての外観を有する者**」といいます。

つまずき注意の 前提知識

代位については抵当権の学習後に学ぶと、より理解ができるので、初学者の方はとりあえず後回しにして、後で戻ってくると良いと思います。

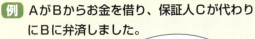

弁済をするにつき正当な利益を有しない者（親、兄弟、友人など）が弁済した場合、弁済者が債権者に代位したことを債務者や第三者に対抗するためには、債務者への通知又は債務者の承諾が必要です。

5 代物弁済

お金の代わりにキャベツで支払うなどのように、本来の給付と異なる他の給付をすることにより本来の債務を消滅させることを代物弁済といいます。代物弁済を行うためには、**債権者の承諾が必要です**。債権が消滅するのは、不動産の場合は所有権移転登記を完了させた時であり、その他の場合は引渡しをした時となります。

6 供託による弁済

相手が金銭の受領を拒絶していても、相手が受け取っていない以上、支払う義務は消滅せず、遅延損害金を払わなければならなくなります。

そのような場合、債務者は供託所にお金を預けること

ができます。預けることによって、支払ったことと同じ効果となります。

ちょこっとトレーニング　本試験過去問に挑戦！

問1 AのBからの借入金について、Aの兄Cは、Aが反対しても、Bの承諾があれば、Bに弁済することができる。(1993-6-1)

問2 AのBからの借入金について、Aの保証人DがBに弁済した場合、Dは、Bの承諾がなくても、Bに代位することができる。(1993-6-2)

解答 1　×：正当な利益のない第三者は債務者の意思に反して弁済不可。

2　○：正当な利益を有する者は当然に代位可。

給水 コラム

宅建士試験勉強法

満点をねらう勉強をしないことが大事です。試験範囲を10とすると、合格に必須の知識は2〜3程度です。本書では、その「合格必須の2〜3の知識」を掲載してあります。「曖昧な100の知識よりも、正確な10の知識のほうが点数をとれる」というのは真実です。本書をご利用のみなさんは、知識を確実なものにするように徹底反復してください。

第6コース 契約不適合責任

このコースの特徴

- 以前は「売主の担保責任」といわれていましたが、民法改正により、名称のみならずルールも大きく変わりました。

第 ❶ ポイント

 重要度 B

契約不適合

> **攻略メモ**
> ● 以前は「売主の担保責任」といわれていた分野です。債務不履行の一種として考えます。

1 契約不適合

売買契約をして引き渡されたものが、契約内容に合っていないものであった場合には、売主は責任をとらなければなりません。では、具体的にはどのようなことが考えられるでしょうか。

2 契約不適合の種類

1 目的物の契約不適合

❶ 種類

引き渡された目的物が別の種類だったことです。たとえば、Aという歌手のCDを引き渡す売買契約をしていたのに、実際に引き渡されたのがBという歌手のCDだった場合です。

❷ 品質

引き渡された目的物が、契約で予定された品質を備えていないことです。たとえば、パソコンを買ったが、契約内容で示された性能を有していなかった場合などです。

❸ 数量

引き渡された目的物が、契約で予定されていた数量

なお、この「品質」には、物質的な欠点のみならず、購入したマンションが契約通りの眺望が望めない場合や、いわゆる事故物件であったにもかかわらず契約内容に明示されていなかった場合なども含まれます。

と異なっていることです。たとえば、「100㎡の土地を3000万円で購入する」と契約したが、購入後に計測したら90㎡しかなかった場合などです。

2 権利に関する契約不適合

❶ **移転した権利の不適合**

売買の目的物に地上権・地役権などが存在している、もしくは当該不動産のために存在するとされていた地役権や敷地利用権が存在していない、もしくは、目的物に対抗力を有する他人の賃借権が存在していることです。

❷ **権利の一部を移転しない場合**

権利の一部が他人に属する場合のことです。たとえば、100㎡の土地を購入したが、その一部が他人の土地であった場合などです。

つまずき注意の
前提知識

地上権
他人の土地を使える権利のこと。
地役権
他人の土地を自分の土地の利益のために利用できる権利のこと。

つまずき注意の
前提知識

移転した権利の不適合とは、利用を妨げるような権利が付いていたり、必要な権利が付いていないなどの状態を指します。

3 買主の救済

売買の目的物に契約不適合がある場合、買主は以下のことをすることができます。ただし、いずれの場合も、買主に帰責事由がある場合にはすることができません。

1 追完請求権

買主は、売主に対して履行の追完を請求することができます。具体的には次の3つができます。

> 1 目的物の修補
> 2 代替物の引渡し
> 3 不足分の引渡し

この3つから買主が選択して請求することができます。

2　代金減額請求権

買主は、代金減額を請求することができます。ただし、代金減額請求をするためには、相当の期間を定めて追完するように催告し、その期間内に追完がない場合のみ行うことができます。なお、以下の場合には催告せずに代金減額請求ができます。

1　履行の追完が不能である場合

現在製造中止になって調達ができない！

2　売主の履行追完拒絶意思が明確である場合

私は絶対に追完しません！

3　契約が定期行為である場合

クリスマスケーキを12/31に持って来られても…

3　損害賠償請求権

この場合の損害賠償請求は、債務不履行に基づくものです。売主に帰責事由がなければすることができません。

4　解除

この場合の解除は、債務不履行に基づくものです。損害賠償請求とは異なり、売主に帰責事由がなくてもすることができます。

暗記ポイント 総まとめ

	追完	代金減額	損害賠償	解除
売主に帰責事由あり	●	●	●	●
売主に帰責事由なし（買主も帰責事由なし）	●	●	×	●

4 買主の期間制限

以上のような権利は、いつまでもできるわけではありません。追及できる期間は以下のようになります。

目的物の契約不適合	種類	知った時から1年以内[※1]に通知
	品質	消滅時効と同一[※2]
	数量	消滅時効と同一[※2]
権利に関する契約不適合		

※1 売主が悪意または善意重過失の場合は1年経過しても失権しない
※2 知った時から5年、権利行使できるようになった時から10年

5 担保責任を負わない特約

担保責任を負わない特約は有効です。たとえば、アウトレットの商品などは、傷があっても責任をとらない代わりに値段を下げることをしています。しかし、担保責任を負わない特約をしたとしても、知りながら告げなかった事実についてはその責任を免れることはできません。

傷があるけど黙って売っちゃえ！

売ったけど、この敷地利用権を別の人に譲ってしまえ！

ちょこっとトレーニング　本試験過去問に挑戦！

問 不動産の売買契約に、売主Ａの契約不適合担保責任を全部免責する旨の特約が規定されていても、Ａが知りながら買主Ｂに告げなかったものについては、Ａは責任を負わなければならない。
（2007-11-1 改）

解答 ○：知りながら告げなかったものに対しては免責されない。

第7コース 相続

このコースの特徴

- このコースでは、まず相続のシステムをしっかりおさえて、それを実際に応用できるかどうかがポイントとなります。簡単な計算も必要になりますので、その部分も含めてしっかり学習しましょう。

第❶ポイント
相続

重要度 A

攻略メモ
- プラス（財産）だけではなく、マイナス（借金）も相続するのだということはしっかり理解しておいてください。

1 相続とは

相続とは、亡くなった人の権利や義務をそのまま継ぐことです。

 財産／借金
被相続人　　　　　　　　　　相続人

財産だけでなく借金も相続しますので気をつけてください。

2 相続人

亡くなったら誰が相続人となるのでしょうか。

覚えよう！
- 法定相続人
 （第一順位）　配偶者＋子
 （第二順位）　配偶者＋直系尊属（親など）
 （第三順位）　配偶者＋兄弟姉妹（けいていしまい）

ちなみに、子は嫡出子でも非嫡出子でも養子でも胎児でも区別はありません。

配偶者は常に相続人です。「配偶者と誰か」が相続人となります。子がいれば子が、子がいなければ直系尊属が、子も直系尊属もいなければ兄弟姉妹が相続人となります。

つまずき注意の
前提知識

嫡出子とは結婚している男女の子供で、非嫡出子とは結婚していない男女の子供のことをいいます。

 76

3 相続分

では、相続分はどれくらいなのでしょうか。

覚えよう！

● 法定相続分

第一順位	配偶者	1/2	子	1/2
第二順位	配偶者	2/3	直系尊属	1/3
第三順位	配偶者	3/4	兄弟姉妹	1/4

アドバイス

相続の問題は系図をかいて考えましょう！
（例題）Aには配偶者B、子C、子D、父親E、母親Fがいる。Aが死亡したときの法定相続分はどれくらいか。

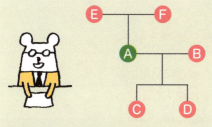

▶配偶者Bは必ず相続人となります。第一順位の子がいるので、EとFは相続人にはなりません。上記の表の「第一順位」を使います。Bが2分の1で、残りの2分の1をCとDでわけますので、CとDは各4分の1となります。

つまずき注意の 前提知識

元配偶者(＝離婚した)や内縁（＝婚姻届を提出していない）は、配偶者として扱われません。

4 相続の承認・放棄

相続人は、次のうちのどの選択をするかを決めなければなりません。

限定承認・相続放棄をする場合には、家庭裁判所に申述しなければなりません。また、**自分が相続人だと知った時から３カ月以内に決定しなかった場合には、単純承認をしたものとみなされます。**

アドバイス
相続開始を知った時から３カ月であり、相続開始の時から３カ月ではないので注意！

5 代襲相続

代襲相続とは、相続が開始したとき、相続人になることのできる人が、死亡や欠格や廃除によって相続人でな

つまずき注意の
前提知識

欠格とは、遺産目当てに親を殺したりした場合などがあたります。廃除とは親を虐待などしていた場合に家庭裁判所に「この人を相続人にさせないで！」と請求された場合などです。

くなっている場合、その人の子が代わりに相続人になることです。

なお、**相続放棄をした場合には代襲相続をしません。**

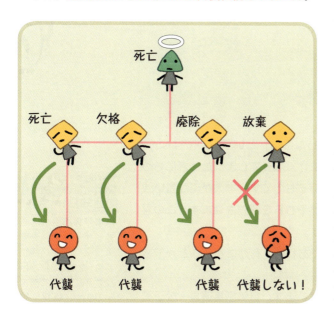

 本試験過去問に挑戦！

問1 被相続人の子が、相続の開始後に相続放棄をした場合、その者の子がこれを代襲して相続人となる。（2002-12-4）

問2 甲建物を所有するAが死亡し、相続人がそれぞれAの子であるB及びCの2名である場合に関して、Cが単純承認をしたときは、Bは限定承認をすることができない。（2016-10-3）

解答 1　×：相続放棄の場合には代襲相続しない。
　　　　2　○：限定承認は相続人全員でしなければならない。

第❷ポイント 遺言

重要度 A

攻略メモ
● 日常では「ゆいごん」といいますが、法律の世界では「いごん」といいます。イメージはわくと思いますので、重要なポイントを覚えましょう。

1 遺言とは

　法定相続分は「こうしなさい」というものではなく、本人が何も言い残さずに亡くなってしまったときにもめないように決められているものです。本人が何か言い残している場合には、当然そちらを優先させます。この言い残しを遺言といいます。

　遺言は<u>満15歳以上</u>であれば、有効にすることができます。

　遺言は形式が決まっています。自筆証書遺言・公正証書遺言・秘密証書遺言などの形式があります。

　遺言書の存在や内容を確認するため、公正証書遺言以外の遺言は家庭裁判所に検認の請求をしなければなりません。しかし、この**検認がなくても遺言書は無効にはなりません**。

ライバルに差をつける 関連知識
自筆証書遺言は、遺言者がその全文を自筆で書く必要があります。ただし、財産目録は自書でなくてもよいですが、毎葉に署名押印が必要です。

2 遺言の特徴

　遺言は1通につき1人であり、2人以上の人間が同じ証書で遺言することはできません。
　また**遺言はいつでも撤回ができます**。次のようなことをしたときには、遺言は撤回したものとみなされます。

1. 遺言と異なる処分を生前にする

2. 新しい遺言書を作成する

抵触する部分はBが有効

遺言書A　　　　　　　遺言書B
日付：　　　　　　　　日付：
2018年10月1日　　　　2018年10月15日

参考

■ 遺言の形式

	自筆証書遺言	公正証書遺言	秘密証書遺言
作成方法	全て自筆（ワープロ不可）ただし、財産目録はワープロ可	本人が口述し、公証人が筆記	本人が署名押印した遺言を封印し、公証役場で住所氏名を記入
場所	自由	公証人役場	公証人役場
証人	不要	証人2人以上	公証人1人　証人2人以上
署名押印	本人	本人・公証人・証人（本人は実印）	本人・公証人・証人
家庭裁判所の検認	必要	不要	必要
費用	不要	必要	必要

問1 満15歳に達した者は、父母の同意を得なくても、遺言をすることができる。(1999-1-4)

問2 夫婦又は血縁関係がある者は、同一の証書で有効に遺言をすることができる。(2010-10-4)

解答 1　○：満15歳で遺言可能。父母の同意は不要。
　　　2　×：遺言書は1通につき1人。

第 ③ ポイント 遺留分

重要度 A

> **攻略メモ**
> ● 当然、配偶者や子は遺産をあてにしていたはずです。年老いた父母も子が死んだら苦労するはず。それがもらえないといろいろ不都合があるはずです。

1 遺留分とは

　相続人の生活保障などの観点から、遺言によっても侵害されない一定額を定めています。それを遺留分といいます。

　遺留分を侵害する遺言も有効になります。上記の例ですと、一度に愛人Ｄに全額渡し、そこから配偶者Ｂと子供Ｃが遺留分侵害額に相当する金銭の支払いを請求するということになります。これを**遺留分侵害額の請求といいます**。

> これでは残された家族Ｂ・Ｃは暮らしていけなくなりますね。

2 遺留分

　遺留分は被相続人の財産の２分の１となります。これを法定相続分でわけますから、上記の例ですと、配偶者

Bが4分の1、子供Cが4分の1となります。ただし、直系尊属のみが相続人の場合、被相続人の財産の3分の1となります。また、**兄弟姉妹には遺留分はありません**。

3 遺留分の放棄

遺留分を放棄することもできます。注意してほしいのは、遺留分の放棄と相続の放棄は全く別のものだということです。まず、大きな違いとしては

- 遺留分の放棄 ＝ 相続開始前にすることができる
- 相続の放棄　＝ 相続開始前にはすることができない

という点があります。また、全くの別物だということは、遺留分を放棄した後、この遺言が破棄されて相続できるようになったときには、ふつうに相続ができるということです。放棄したのは遺留分であり、相続は放棄していないからです。

ちょこっとトレーニング　本試験過去問に挑戦！

問1 Aには、相続人となる子BとCがいる。Aは、Cに老後の面倒をみてもらっているので、「甲土地を含む全資産をCに相続させる」旨の有効な遺言をした。この場合、Bの遺留分を侵害するAの遺言は、その限度で当然に無効である。(2008-12-1)

問2 被相続人Aの配偶者BとAの弟Cのみが相続人であり、Aが他人Dに遺産全部を遺贈したとき、Bの遺留分は遺産の8分の3、Cの遺留分は遺産の8分の1である。(1997-10-1)

解答 1　×：遺留分を侵害する遺言も有効。
　　　　2　×：兄弟姉妹（C）には遺留分はない。

第8コース 物権変動

コースの重要度をチェック！

スタート

第①ポイント
物権変動の基本
重要度 A

合格めざして がんばろう

ゴール

第③ポイント
第三者への対抗
重要度 A

第②ポイント
対抗問題
重要度 A

このコースの特徴

● このコースでは、どういう人が勝てるのかを中心にみていきましょう。民法の制度趣旨を考えて学習しましょう。かわいそうな人を保護する、などということを意識して学習しましょう。

第❶ポイント 重要度 A

物権変動の基本

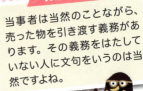

攻略メモ
- 当事者は当然のことながら、売った物を引き渡す義務があります。その義務をはたしていない人に文句をいうのは当然ですよね。

1 対抗要件

　土地や建物の所有権を主張するためには、原則として登記（➡ 第9コース参照）を備える必要があります。登記を備えるとは、法務局にある登記簿に一定事項を記録することを言います。簡単に言えば、持ち物に名前が書いてあれば自分のものだと主張できるように、登記簿に名前を書くことで、自分のものだと主張できるということです。

　しかし、一般的に、自分持っていた本を古本屋に売った場合、たとえその本に自分の名前が書かれていても、「私のものだ」と主張することはできません。同じように、土地や建物を売った人が、たとえ登記を備えていたとしても、自分のものだと買った人に主張できません。ということは、**買った人は登記がなくても、これは自分のものだと売った人に主張できる**ということです。

　また、売主の前主に対しても、買主は登記なく所有権の主張ができます。

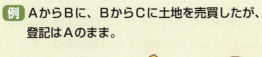

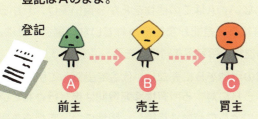

この場合、CはAに対して登記なしで対抗できます。

2 相続人

では、AとBが土地の売買契約を結んだ直後にそのAが死んでしまって、Aから土地を相続したCが、Bに引渡しをしないで、その土地の登記をしてしまった場合はどうでしょうか。

相続人は権利や義務をそのまま引き継ぐので、AとCは同じという扱いになり、Bは登記なしでCに対して所有権の主張をすることができます。

ちょこっとトレーニング　本試験過去問に挑戦！

問1 Aは、自己所有の建物をBに売却したが、Bはまだ所有権移転登記を行っていない。Aはこの建物をFから買い受け、FからAに対する所有権移転登記がまだ行われていない場合、Bは、Fに対し、この建物の所有権を対抗できる。（2004-3-4）

問2 Aは、自己所有の甲地をBに売却し、代金を受領して引渡しを終えたが、AからBに対する所有権移転登記はまだ行われていない。Aの死亡によりCが単独相続し、甲地について相続を原因とするAからCへの所有権移転登記がなされた場合、Bは、自らへの登記をしていないので、甲地の所有権をCに対抗できない。（2005-8-1）

解答
1　○：売主の前主には登記なしで対抗可能。
2　×：売主の相続人には登記なしで対抗可能。

第 ❷ ポイント

対抗問題

重要度 A

攻略メモ
- 1つの土地や建物を2人以上の人が争った場合の話です。この場合、何の権利もない人を守る必要はありませんよね。

1 二重譲渡

Aが同じ土地をBとCの2人に売ってしまったため、争っています。

　このような争いのことを対抗問題といいます。
　こういう問題を解決するために登記というものがあります。

　この場合、土地はどちらのものになるかというと、Cのものになります。たしかに契約はBのほうが先ですが、先

89

に登記したほうを民法では勝ちと決めているので、契約の前後は関係なく、登記の先後で勝負をつけることにしました。

2 登記がなくても対抗できる者

以下の者に対しては登記がなくても対抗できます。

覚えよう！

1 無権利者
- 虚偽表示によって登記の移転を受けた者
- 無権利者から登記の移転を受けた者

登記あるから私のものだよね。

無権利者 登記

登記あるから私の土地だ！

2 不法占拠者
- 不法に土地を占拠している者

俺が住んでいるんだから俺の土地だ！ 渡さないぞ！文句があるなら登記を見せろ！

3 背信的悪意者
- 詐欺・強迫により登記の申請を妨げた者

登記所に行ったら恐ろしいめにあうぞ！

強迫している人

……
被害者

ちょこっとトレーニング 本試験過去問に挑戦！

問 Aは、自己所有の建物をBに売却したが、Bはまだ所有権移転登記を行っていない。Cが何らの権原なくこの建物を不法占有している場合、Bは、Cに対し、この建物の所有権を対抗でき、明渡しを請求できる。(2004-3-1)

解答 ○：不法占拠者に対しては登記なしで対抗できる。

第３ポイント 第三者への対抗

重要度 A

攻略メモ
- 「○○後」や「解除」という語が出てきたら、基本的には登記で決着をつけることになります。

1 取消しと第三者

契約の取消し前に第三者があらわれた場合は第１コースで学習しました。その際、登記の有無は関係ありませんでした。

では、取消しをした後に転売をしてしまった場合にはどうなるのでしょうか。

Ａが取り消したのですが、返したくないのでＣに売ってしまいました。

この場合には、**登記の有無で決着をつけます**。Ａに登記があればＡの勝ち、Ｃに登記があればＣの勝ちとなります。

2 取得時効と第三者

取得時効（→ P28 参照）の完成前に売買をした場合、**取得時効を完成させた者が勝つ**ことになります。登記も

91

必要ありません。

では、取得時効の完成後に第三者があらわれた場合はどうなるのでしょうか。この場合には、**登記で決着をつける**ことになります。

3 解除と第三者

契約の解除の場合には、解除前に登記のある第三者があらわれたときは第三者が勝ち、解除後に第三者があらわれたときは、**登記のあるほうが勝つ**ことになります。

4 共同相続と第三者

AとBが土地を共同で相続したのに、Bがこの土地を単独で相続したと登記をして、勝手に第三者Cに売ってしまった場合は、どうなるのでしょうか。

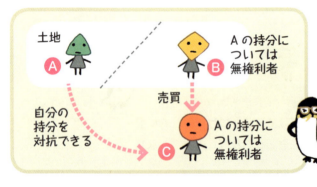

> BはAの持分に関しては無権利者なので、無権利者から譲渡されたCもAの持分に関しては無権利者。なので、Aは**登記がなくてもC**に対抗できます！

5 遺産分割と第三者

AとBが土地を共同相続し、その後「土地はAの単独所有」という遺産分割協議が成立したのに、Bがこの土

もうひとふんばりだ！

地の自己の持分につき登記をして、勝手にCに売ってしまった場合は、どうなるのでしょうか。

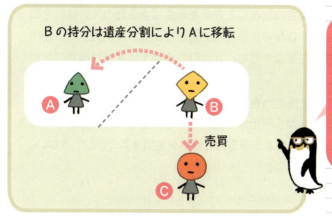

BはAにBの持分を渡さなければいけないし、同時に売ってしまったCにも渡さないといけない状態です。これは二重譲渡と同じ状態なので、登記で勝敗を決めることになります！

6 相続放棄と第三者

　AとBが土地を共同相続し、Bが相続を放棄しました。しかしその後、Bは自分の持分があるかのような登記をして、Cに売ってしまった場合はどうでしょうか。この場合、Bは最初から相続人ではなかったことになります。Bは無権利者なのです。無権利者から譲渡されたCも無権利者です。よって、Aは登記なしでCに対抗することができます。

ちょこっとトレーニング　本試験過去問に挑戦！

問1 A所有の甲土地につき、AとBとの間で売買契約が締結された。AがBにだまされたとして詐欺を理由にAB間の売買契約を取り消した後、Bが甲土地をAに返還せずにDに転売してDが所有権移転登記を備えても、AはDから甲土地を取り戻すことができる。(2011-1-3)

問2 A所有の甲土地につき、時効により所有権を取得したBは、時効完成前にAから甲土地を購入して所有権移転登記を備えたCに対して、時効による所有権の取得を主張することができない。(2012-6-1)

解答 1　×：取消し後の第三者に対抗するためには登記が必要。
　　　 2　×：時効完成前の第三者に対しては時効取得者の勝ち。

第9コース 不動産登記法

このコースの特徴

● このコースでは、登記について学んでいきますが、不動産登記法の問題は難問も多く、あまり深入りしないようにすることがポイントです。このテキストに載っているレベルの問題が解ければ合格点はとれるはずですから、あまり手を広げすぎないように注意しましょう。

①・・・②・・・③

第 ❶ ポイント　重要度 A

登記の仕組み

攻略メモ
- 勉強のコツは実物を見てみること。誰でも請求可能ですので、ぜひ最寄りの法務局で登記事項証明書を請求してみてください。

1 登記とは

　不動産の戸籍のようなものが不動産登記です。どういう不動産で、誰のものであるのか記録してあるのです。土地と建物は別の不動産として扱われているため、土地の登記記録と建物の登記記録の両方が存在します。

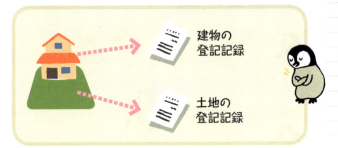

　登記記録は表題部と権利部にわけられていて、その権利部も甲区と乙区にわかれています。

覚えよう！
- 表題部
- 権利部　甲区（所有権に関する事項）
　　　　　乙区（所有権以外に関する事項
　　　　　　　：抵当権など）

2 登記について

表題部と権利部の違いについてです。

覚えよう！

- 表題部＝登記申請義務がある
- 権利部＝登記申請義務がない

　表題部は土地や建物のプロフィールのようなものです。そのため、どこにどういう土地や建物があるか把握しておくために、**土地や建物ができたとき、なくなったときには1カ月以内に申請することが必要です。**また、表題部に関しては、申請がない場合、登記官が職権で登記をすることもできます。

　それに対して、**権利部の申請は義務ではありません。**しかし、対抗要件とするには権利部に登記されていることが必要です。ということは、別に対抗要件として使うことがなければ、無理して登記する必要はないということになります。

3 権利部の登記の仕組み

　最初の1人が「**所有権保存の登記**」を行い、それから売買や相続によって所有者が変わったら「**所有権移転の登記**」を行います。

つまずき注意の 前提知識

表題部は義務なので登記するのにお金はかかりません。しかし、権利部は登記するのにお金がかかります。前に出てきた「登記があるほうが勝ち」などの登記は、表題部ではなく権利部に名前があるかどうかで決まります。

第**9**コース　不動産登記法

第**1**ポイント　登記の仕組み

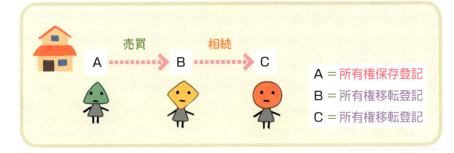

ちょこっとトレーニング　本試験過去問に挑戦！

問 新築した建物又は区分建物以外の表題登記がない建物の所有権を取得した者は、その所有権の取得の日から1月以内に、所有権の保存の登記を申請しなければならない。（2016-14-1）

解答 ×：所有権保存登記は権利部なので義務ではない。

第❷ポイント 登記の手続き

重要度 A

攻略メモ
- 財産に関わることなので、登記についてはきっちりとしたルールが定められています。この申請を代行してくれるのが司法書士です。

1 申請主義

登記は当事者の申請で行うのが原則です。しかし、表題部などは、登記官の職権による登記が認められています。

2 共同申請主義

登記は共同で行うのが原則です。売買によって所有権が移ったときには、売った人と買った人の双方が共同して登記の申請をしなければなりません。

しかし、単独で申請できるものもあります。それが次の場合です。

ライバルに差をつける 関連知識

その他にも「要式主義」などもありますが、重要なのは「申請主義」と「共同申請主義」です。ちなみに、以前は「出頭主義」といって、直接登記所に行かなければ登記できないという規則もあったのですが、現在は廃止されました。よって、今は郵送でもオンライン申請でもできるようになっています。

99

1. 所有権保存の登記
2. 登記名義人の氏名・住所の変更登記
3. 相続または合併による登記
4. 登記すべきことを命じる確定判決による登記
5. 仮登記義務者の承諾がある仮登記

　また、所有権保存の登記ができるのは以下の人に限られます。

1. 表題部所有者
2. 表題部所有者の相続人その他の一般承継人
3. 所有権を有することが確定判決により確認された者
4. 収用により所有権を取得した者

　また、**区分建物（マンション）の場合のみ、表題部所有者から所有権を取得した者も所有権保存登記ができます。**

所有権を与える

･･････▶ 101号室　買主A
･･････▶ 102号室　買主B
･･････▶ 103号室　買主C

分譲業者
（表題部所有者）

いきなり
所有権保存登記
可能

> 分譲業者が全部の部屋の所有権保存登記をして、その後それぞれの買主が所有権移転の登記をするとなると、手間もお金もかかるので、マンションの場合のみ、いきなり買主が所有権保存登記ができることとしました。

ちょこっとトレーニング　本試験過去問に挑戦！

問 表題部に所有者として記録されている者の相続人は、所有権の保存の登記を申請することができる。(2006-15-3)

解答 ○：相続人は所有権保存登記ができる。

参考

■土地の表題部

表題部（土地の表示）	調製	余白	不動産番号	1234567890123
地図番号	A11-1	筆界特定		余白
所在	品川区八潮一丁目			
①地番	②地目	③地積 m²	原因及びその日付〔登記の日付〕	
1番	宅地	532 : 43	昭和29年1月31日公有水面埋立〔昭和29年2月20日〕	
所有者	千代田区三崎町一丁目1番1号　山中五郎			

※　下線のあるものは抹消事項であることを示す。

■建物の表題部

表題部（主である建物の表示）		調製	余白	不動産番号	1234567890124
地図番号	余白				
所在	品川区八潮一丁目1番地				
家屋番号	1番				
①種類	②構造	③床面積 m²		原因及びその日付〔登記の日付〕	
居宅	鉄筋コンクリート造陸屋根2階建	1階　290 : 00　2階　283 : 62		（昭和40年7月1日）	
表題部（附属建物の表示）					
符号	①種類	②構造	③床面積 m²	原因及びその日付〔登記の日付〕	
1	物置	鉄筋スレートぶき平家建	38 : 00	（昭和40年7月1日）	
所有者	千代田区三崎町一丁目1番1号　山中五郎				

※　下線のあるものは抹消事項であることを示す。

■ 建物の権利部（甲区）

権利部（甲区）（所有権に関する事項）			
順位番号	登記の目的	受付年月日・受付番号	権利者その他の事項
1	所有権保存	昭和40年7月1日 第1001号	所有者　千代田区三崎町一丁目1番1号 　　　　山中五郎
付記1号	1番登記名義人氏名変更	昭和41年7月1日 第2001号	原因　昭和41年6月5日氏名変更 氏名　山下五郎
2	所有権移転	昭和50年4月2日 第1302号	原因　昭和50年4月2日売買 所有者　品川区八潮一丁目1番1号 　　　　川上清

※　下線のあるものは抹消事項であることを示す。

■ 建物の権利部（乙区）

権利部（乙区）（所有権以外の権利に関する事項）			
順位番号	登記の目的	受付年月日・受付番号	権利者その他の事項
<u>1</u>	<u>抵当権設定</u>	<u>昭和45年4月2日 第1301号</u>	<u>原因　　昭和45年4月2日金銭消費貸借同日設定</u> <u>債権額　金300万</u> <u>利息　　年4.5％</u> <u>債務者　千代田区三崎町一丁目1番1号 　　　　山下五郎</u> <u>抵当権者　千代田区丸の内三丁目3番3号 　　　　海山銀行株式会社</u>
2	賃借権設定	昭和50年5月28日 第1423号	原因　　昭和50年5月25日設定 賃料　　1月20万円 支払時期　毎月末日 存続期間　10年 敷金　　金100万円 賃借権者　品川区八潮五丁目3番1号 　　　　岡村金次
3	一番抵当権抹消	昭和55年5月25日 第1420号	原因　　昭和55年5月10日弁済

※　下線のあるものは抹消事項であることを示す。

第❸ポイント 仮登記

重要度 A

攻略メモ
- 仮登記には対抗力がないため、比較的簡単な手続きになります。本登記をするときにきっちりとやるので問題はないでしょう。

1 仮登記とは

仮登記は、**本登記をするために必要な書類などがまだそろっていない場合**や、**とりあえず登記の順位を保全したい場合**に行います。

2 仮登記の効力

仮登記に対抗力はありません。仮登記を本登記にしたときに、その仮登記の順位が本登記の順位になります。

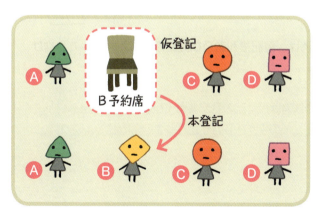

103

3 仮登記の申請

　原則として仮登記も登記権利者と登記義務者の共同申請ですが、**仮登記義務者の承諾がある場合や、仮登記を命ずる処分がある場合には、仮登記権利者が単独で申請することができます。**

　所有権に関する仮登記に基づく本登記をする場合、登記上の利害関係を有する第三者がいるときは、その第三者の承諾があるときに限り申請することができます。

4 仮登記の抹消

　仮登記の抹消は、仮登記の登記名義人が単独ですることができます。 また、仮登記の登記名義人の承諾がある場合には、仮登記の利害関係人も、単独で仮登記の抹消をすることができます。

ちょこっとトレーニング　本試験過去問に挑戦！

> **問** 仮登記の抹消は、登記権利者及び登記義務者が共同してしなければならない。(2011-14-4)
>
> **解答** ×：仮登記の抹消は仮登記の登記名義人が単独でできる。

■ 仮登記

権利部（甲区）（所有権に関する事項）			
順位番号	登記の目的	受付年月日・受付番号	権利者その他の事項
1	所有権保存	平成11年5月20日 第210号	所有者　千代田区三崎町一丁目1番1号 　　　　山下五郎
2	所有権移転 請求権仮登記	平成11年6月21日 第321号	原因　　平成11年6月21日売買予約 権利者　品川区八潮一丁目1番1号 　　　　川上清
	[余白]	[余白]	[余白]
3	所有権移転	平成11年8月21日 第432号	原因　　平成11年8月21日売買 所有者　中野区中野四丁目11番10号 　　　　海野正一

※　下線のあるものは抹消事項であることを示す。

■ 仮登記に基づく本登記

権利部（甲区）（所有権に関する事項）			
順位番号	登記の目的	受付年月日・受付番号	権利者その他の事項
1	所有権保存	平成11年5月20日 第210号	所有者　千代田区三崎町一丁目1番1号 　　　　山下五郎
2	所有権移転 請求権仮登記	平成11年6月21日 第321号	原因　　平成11年6月21日売買予約 権利者　品川区八潮一丁目1番1号 　　　　川上清
	所有権移転	平成12年7月31日 第543号	原因　　平成12年7月31日売買 所有者　品川区八潮一丁目1番1号 　　　　川上清
<u>3</u>	<u>所有権移転</u>	<u>平成11年8月21日</u> <u>第432号</u>	<u>原因　　平成11年8月21日売買</u> <u>所有者　中野区中野四丁目11番10号</u> 　　　　<u>海野正一</u>
4	3番所有権抹消	[余白]	2番仮登記の本登記により 平成12年7月31日登記

※　下線のあるものは抹消事項であることを示す。

給水 コラム

権利関係学習法

権利関係も後半です。順調に学習は進んでいますか？過去問を解けばわかると思いますが、権利関係は暗記したものがそのまま出題されるのではなく、考え方を学ばないと解けない問題が多くなっています。そのため、本書でもなるべく暗記事項だけではなく、考え方も書いてあります。そういった部分にも注意して勉強を進めていってください。結論だけの暗記では、最近の宅建士試験の権利関係には対応できません。

第 10 コース 抵当権

このコースの特徴

● このコースでは、抵当権について学びます。抵当権も毎年出題されますが、第9コースの不動産登記法と同様、難問が多く出題されます。あくまで「基本問題が出題されたときには必ずとる」という程度の気持ちで学習することが大切です。

①・・・②・・・③・・・④・・・⑤・・・⑥

第❶ポイント

重要度 A

抵当権

攻略メモ

● 近年、難しい問題が増えている抵当権ですが、だからこそ、問題が易しかったら得点しなければなりません。しっかりと理解して学習しよう！

1 抵当権とは

　お金を貸した人間としては、必ず返してほしいと思うものです。しかし、借りた人間が返せない状況になってしまう場合もあります。そのときに、借りる人間の土地や建物を競売してそのお金で返済するという契約をしておけば、貸すほうも安心です。

● 払えなかったら
　代わりの人が返す　　　　→　保証契約
　土地や建物を競売して返す　→　抵当権

　まずは、抵当権についての言葉の意味をしっかりと理解しておきましょう。

お金貸してください。
私の土地に抵当権つけて
いいです

抵当権設定者

お金貸してあげます！
ただ、
抵当権つけますよ！

抵当権者

一般的には抵当権者は銀行ですが、もちろん個人や企業が抵当権者になることもあります。

108

もうひと
ふんばりだ！

抵当権とは、目的物を競売にかけてお金にかえて、そのお金から優先的に弁済を受けとることができる権利のことです。

抵当権を設定されるのは債務者だけとは限りません。

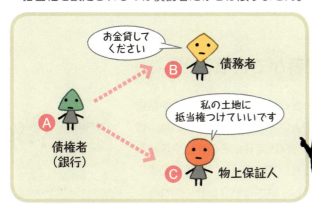

このように、自分の借金ではないのに抵当権を設定された人（ここではC）のことを「物上保証人」といいます。

2 抵当権の仕組み

次に抵当権の仕組みについてです。

1つの物に複数の抵当権を設定した場合、登記の先後で優劣が決まります。 土地や建物を競売したときには、そのお金で1番抵当権者から優先して支払われます。また、1番抵当権の付いた債務を返して抵当権が消滅すると、2番抵当権者が繰り上がって1番抵当権者となります。

3 抵当権の成立

抵当権は合意のみで成立して、書面や登記などは必要ありません。しかし、自己の抵当権を第三者に主張するためには登記が必要です。

109

4　抵当権の目的物

　土地や建物という不動産のみならず、地上権などにも設定することができます。ただし、**賃借権には設定することができません。**

5　抵当権設定者ができること

　抵当権者としては、いざというときにその土地や建物を競売で売れればそれでよいのです。ですから、**抵当権が実行されるまでは、抵当権設定者はその土地や建物を自由に使えるし、他人に貸してもよいし、勝手に売ることもできるのです。**しかし、いざというときに売れなくなると困るので、抵当権設定者が土地や建物の価値を下げる行為（家を壊すなど）をしようとした場合には、抵当権者は妨害排除請求ができます。

> **アドバイス**
> 「抵当権設定者は、抵当権者の同意がなければ抵当権の目的物を自由に売却することができない」とあれば答えは×。自由に売却可能です。

> **つまずき注意の前提知識**
> 抵当権の実行とはその土地や建物を競売にかけることを指します。

ちょこっとトレーニング 本試験過去問に挑戦！

問 Aは、BのCに対する金銭債権を担保するため、Aの所有地にBの抵当権を設定し、その登記をした。Bの抵当権が消滅した場合、後順位の抵当権者の順位が繰り上がる。(1990-10-4)

解答 ○：先の順位の抵当権が消滅したら繰り上がる。

第⑩コース 抵当権

第❶ポイント 抵当権

第❷ポイント
抵当権の性質

攻略メモ
- この性質は後で学習する保証と同じですので、ここでしっかりと学んでおけば、保証の学習が楽になります！ がんばって！

重要度 **A**

1 付従性

被担保債権が成立しないときには、抵当権も成立しません。

お金を貸してください。抵当権も設定します

お金を借りることができなかった…

このときには、当然のことながら
抵当権も成立しません

被担保債権が消滅したときには、抵当権も消滅します。

1,000万円払い終わった！！

このときには、当然のことながら
抵当権も消滅します

つまり、被担保債権があってはじめて抵当権が存在します。これを付従性といいます。

つまずき注意の前提知識

抵当権によって保護される債権を被担保債権といいます。

112

2 随伴性

被担保債権が移動した場合には、抵当権も移動します。
これを随伴性といいます。

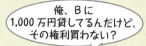

ちょこっとトレーニング 本試験過去問に挑戦！

問 AがBに対する債務の担保のためにA所有建物に抵当権を設定し、登記をした。抵当権の消滅時効の期間は20年であるから、AのBに対する債務の弁済期から10年が経過し、その債務が消滅しても、Aは、Bに対し抵当権の消滅を主張することができない。(1995-6-4)

解答 ×：被担保債権が消滅したとき抵当権も消滅する。

第3ポイント　抵当権の効力　重要度 A

攻略メモ
● 「果実」「物上代位」…難しい言葉が登場しますが、負けないようにしてくださいね！そんなに難しい話ではありません。

1 抵当権の範囲

　土地に抵当権を設定した場合、抵当権はその土地のみならず、庭木のような付加一体物にも及びます。

　建物に抵当権を設定した場合、抵当権はその建物についているエアコンなどの従物にも、抵当権設定時に存在したのであれば及びます。

　しかし、賃料などの果実には抵当権の範囲は及びません。ただし、債務不履行の場合には、その時以降の果実にも抵当権の範囲は及びます。

つまずき注意の前提知識

「果実」とは、物から生じる経済的利益のことです。木から果実が実ります。このようなものを「天然果実」といいます。不動産を貸したら地代や家賃が入ります。こういうものを「法定果実」といいます。

2 優先弁済の範囲

　利息その他の定期金については満期の来た「最後の2年分」に限られます。 これは、後順位抵当権者がいた場合、その人の取り分が少なくなってしまうためです。ということは、**後順位抵当権者がいない場合には、最後の2年分には限られません。**

つまずき注意の前提知識

後順位抵当権者とは、1番抵当権者からみた場合、2番抵当権者や3番抵当権者などのことをいいます。

3 物上代位

　抵当権を設定していた建物が火事になってしまった

いい調子！

114

ら、もう競売にかけることができなくなってしまいます。そういう場合、その建物にかけられていた保険金が建物の代わりとなります。抵当権者はこの保険金を差し押さえてお金を回収できます。これを物上代位といいます。

物上代位は、金銭が抵当権設定者に支払われる前に抵当権者が差し押さえなければなりません。 金銭が抵当権設定者に支払われてしまった場合、物上代位はできなくなります。

ちょこっとトレーニング　本試験過去問に挑戦！

問1 AがBに対する債務の担保のためにA所有建物に抵当権を設定し、登記をした。抵当権の登記に債務の利息に関する定めがあり、他に後順位抵当権者その他の利害関係者がいない場合でもBは、Aに対し、満期のきた最後の2年分を超える利息については抵当権を行うことはできない。(1995-6-2)

問2 Aの抵当権設定登記があるB所有の建物が火災によって焼失してしまった場合、Aは、当該建物に掛けられた火災保険契約に基づく損害保険金請求権に物上代位することができる。(2012-7-3)

解答 1　×：後順位抵当権者がいなければ最後の2年分に限定されない。

2　○：差押えをすることにより物上代位が可能。

第4ポイント 第三者との関係

重要度 A

攻略メモ
- このあたりから難しい話になりますが、しっかりと理解しながら学習しましょう。「わかったふり」では問題は解けません。

1 抵当権のついている土地・建物を借りた場合

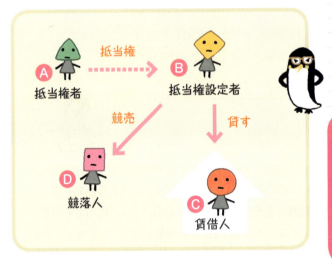

> Aのための抵当権がついているBの建物を、Cが借りて住んでいます。Aが抵当権を実行してDが競落した場合、Cは家を出て行かなければならないのでしょうか？

　この場合、**Aの抵当権とCの賃借権のどちらが先に登記をしたかで決着をつけます**。Aの抵当権が先であれば、Cはこの家を立ち退く必要がありますし、Cの賃借権が先であれば、Cは立ち退く必要はありません。

　なお、建物の賃貸借の場合、立ち退かなければならない場合であっても、直ちにというわけではなく、6カ月の猶予期間があります。

2 抵当権のついている土地・建物を買った場合

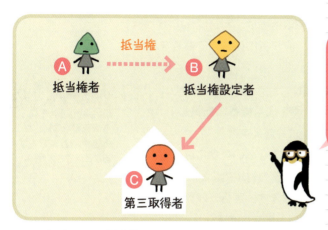

Aのための抵当権がついているBの土地を、Cが購入しました。Aが抵当権を実行した場合、Cはどうなってしまうのでしょうか？

　この場合、**Aの抵当権とCの所有権のどちらが先に登記をしたかで決着をつけます。**Aの抵当権の登記が先であれば、Cは抵当権つきの土地を購入したことになり、Aが抵当権を実行すればCはこの土地の所有権を失います。Cの所有権の登記が先であれば、Aは抵当権の実行ができませんので、Cはこの土地を失う可能性はありません。

3 第三取得者の保護

　上記のように、抵当権のついた土地や建物を買った第三者は、いつ抵当権が実行されて所有権を失うかわかりません。そこで、その第三取得者を保護するための制度があります。

1 第三者弁済

抵当不動産の第三取得者は、利害関係のある第三者なので、債務者に代わって債務を弁済できます。

2 抵当権消滅請求

抵当不動産の代価を抵当権者に提供して、抵当権の消滅を請求できます。

抵当権者は、承諾したくない場合には、書面の送付を受けた後2カ月以内に抵当権を実行する必要があります。実行（競売）しなければ承諾したことになります。

3 自ら競落

抵当権が実行されて競売が行われたら、自分が競落することにより、所有権を保つことができます。

> **つまずき注意の 前提知識**
> 主債務者や保証人は、抵当権消滅請求をすることはできません。

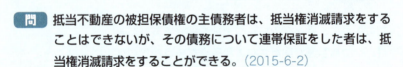

ちょこっとトレーニング　本試験過去問に挑戦！

問 抵当不動産の被担保債権の主債務者は、抵当権消滅請求をすることはできないが、その債務について連帯保証をした者は、抵当権消滅請求をすることができる。(2015-6-2)

解答 ×：第三取得者はできるが、連帯保証人はできない。

第❺ポイント
法定地上権と一括競売

重要度 A

攻略メモ
- 建物は財産だと民法は考えています。なので、なるべく建物を壊さないようにという発想から生まれたのが今回の話です。

1 法定地上権

Aの土地と建物があり、そのうち土地にだけBが抵当権を設定しました。

　抵当権を実行すると、競落した人（仮にCとします）の土地の上にAの建物があるという状態になります。つまり、Cの土地の上に、別人であるAの建物があるわけです。すると、Cは当然のことながら、Aに建物の取壊しを要求するでしょう。そうなると、Aがかわいそうですし、建物がもったいないということになります。

　そこで、こういう場合には、自動的に地上権（土地を使う権利）を設定することにしました。そうすると、AはCの土地を使う権利を自動的に取得するので、Aは建物を取り壊す必要がなくなります。これを**法定地上権**と

あせらず着実にいこう！

119

いいます。

　法定地上権の成立要件は次のとおりです。

> 1　抵当権設定時に土地の上に建物が存在すること
> 2　抵当権設定時に土地と建物の所有者が同一であること
> 3　土地と建物の一方又は両方に抵当権が存在すること
> 4　抵当権が実行されて土地と建物の所有者が別々になること

アドバイス
「更地に抵当権を設定し…法定地上権が成立する」という選択肢があったら答えは×。抵当権設定時に更地であれば法定地上権は成立しません。

2　一括競売

　Aが所有する更地にBが抵当権を設定し、その後Aがその土地に建物を建てました。この場合、抵当権設定時に建物が存在していないので、法定地上権は成立しません。しかし、これでは競売の結果として建物が取壊しとなり、もったいないことになります。そこで、こういう場合、土地と建物を一括して競売にかけることができるようにしました。これが「一括競売」です。

　しかし、あくまで抵当権は土地にしか付いていませんので、優先弁済を受けられるのは土地の代金のみとなります。

ちょこっとトレーニング　本試験過去問に挑戦！

問1 土地及びその地上建物の所有者が同一である状態で、土地に1番抵当権が設定され、その実行により土地と地上建物の所有者が異なるに至ったときは、地上建物について法定地上権が成立する。(2009-7-1)

問2 Aは、Bに対する貸付金債権の担保のために、当該貸付金債権額にほぼ見合う評価額を有するB所有の更地である甲土地に抵当権を設定し、その旨の登記をした。その後、Bはこの土地上に乙建物を築造し、自己所有とした。Aは、乙建物に抵当権を設定していなくても、甲土地とともに乙建物を競売することができるが、優先弁済権は甲土地の代金についてのみ行使できる。(2002-6-4)

解答 1　○：成立要件を満たしており、法定地上権は成立する。
2　○：一括競売である。

第6ポイント 重要度 B

根抵当権

攻略メモ
- ここも言葉が難しいので、そこからマスターしましょう。「被担保債権」「極度額」「元本の確定」など…大丈夫ですか？

1 根抵当権とは

　抵当権には付従性があります（→ P112参照）。つまり、弁済が終わると抵当権が消えてしまうのです。たとえば宝石屋を営もうとして、仕入のため自分の土地に抵当権を設定してお金を借りました。宝石を売ったら借金は返せますので、同時に抵当権も消えます。また次の仕入のためにお金を借りようとする場合、再び抵当権を設定する必要があります。それは手間もお金もかかるので、非常に面倒になってしまいます。

　そこで、「宝石の仕入費用のため」というように、**一定の取引の範囲内の債権**であれば、まとめて担保し、付従性により消滅しない抵当権を設定することにしました。これを「**根抵当権**」といいます。

　根抵当権を設定する際には**極度額**を定めます。極度額というのは、その根抵当権で担保される最高限度額のことです。

ライバルに差をつける 関連知識
「包括根抵当権の設定」はできません。根抵当権は「宝石の仕入のため」などと一定の範囲に限った債権でなければなりません。「どんな債権でもこの根抵当権で担保する」といったことはできないのです。

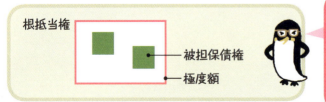

根抵当権は大きな容器、被担保債権は中に入っている物と考えてください。極度額とは容器の大きさだと思ってください。

2 根抵当権の特色

1 付従性なし
根抵当権は将来発生する不特定の債権のために設定することができます。ですから、元本確定前に債権が弁済により消滅しても、根抵当権は消滅しません。

2 随伴性なし
元本の確定前に被担保債権が譲渡されても、債権を譲り受けた者は、根抵当権を取得できません。

中の物を譲り受けても、容器は譲り受けることができません。

根抵当権　被担保債権

3 根抵当権の効力
根抵当権は確定した元本のほか、利息や遅延損害金のすべてを極度額まで担保します。利息もすべて極度額の範囲内になるので、**普通抵当権のように「利息は最後の２年分」という制限もありません。**

3 元本の確定

不特定の債権を担保するとなると、いつまでこの根抵当権は生き続けるのかという疑問が出てきます。「もう終わりにしよう」という日がくるはずです。それを「元本の確定」といいます。元本確定期日を決めていた場合には期日が到来したら元本が確定します。決めていなかった場合には、元本確定請求によって確定します。

> **1 根抵当権設定者から元本の確定を請求する場合**
> 根抵当権設定時から3年経過すれば元本確定の請求ができ、請求から2週間で確定する
> **2 根抵当権者から元本の確定を請求する場合**
> いつでも元本確定の請求ができ、請求時に確定する

4 根抵当権の変更

　元本確定前であれば、根抵当権の内容を変更することができます。極度額については、元本確定後でも変更できます。

　極度額の変更をする際には、利害関係者の承諾が必要となります。

ちょこっとトレーニング　本試験過去問に挑戦！

問1 根抵当権は、債権者が債務者に対して将来有することとなる不特定の貸付金債権であっても、それが一定の種類の取引によって生ずるものに限定されているときは、その極度額の限度において担保するために設定することができる。(1996-7-1)

問2 根抵当権者は、総額が極度額の範囲内であっても、被担保債権の範囲に属する利息の請求権については、その満期となった最後の２年分についてのみ、その根抵当権を行使することができる。(2011-4-1)

解答 1　〇：将来発生する不特定の貸付金債権でもよい。
　　　　2　×：極度額の範囲内であれば最後の２年分に限定されない。

給水コラム

問題を解きながら暗記する

テキストを眺めて重要なポイントに線を引く…、なかなかそれだけでは暗記できません。知識は問題を解くことによって定着します。そうはいっても、問題を解くのはハードルが高いかもしれません。そこで、本書にはなるべく多くの問題を「ちょこっとトレーニング」として入れてあります。実際の本試験の問題です。問題集への橋渡しとしてぜひご利用ください。

コーチ、
昨日の夜は
何食べたんですか？

え？　えーと…
何でもいいだろう！
（まずい、すぐに
思いだせないな…）

第11コース 保証・連帯債務

このコースの特徴

● 保証も、馴染みのある言葉ですが、ちゃんと正確にとらえておかなければ問題に対処することはできません。保証と連帯保証との違い、連帯債務の絶対効など、意外と混乱を招く可能性のある分野です。落ち着いてしっかりと学習しましょう。

①・・・②・・・③・・・④

第❶ポイント
保証債務

重要度 A

攻略メモ
- お金を借りた本人（主たる債務者）が返せなかった場合、保証人に返済を迫ります。そのため、重要な契約になるので必ず書面でします。

1 保証とは

　保証とは、債務者が借金を返せないときに、その人の代わりにお金を払うという約束をすることです。

　重要な契約なので、**書面でする**ことが求められます。

　保証契約は債権者と保証人の間で結ばれる契約なので、債務者が反対していたとしても保証人になることはできます。

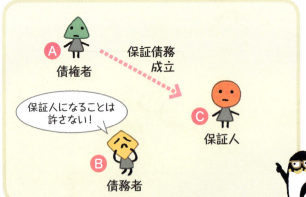

このように、Bが嫌がっていても、AとCで保証契約を結ぶことはできます！

2 保証人になれる人

原則としては、誰でも保証人になることができます。しかし、制限がある場合も出てきます。

> お金を借りる人は、ちゃんとした人を保証人に選ばないといけないけれど、貸す側が自分で選んだ場合には、自己責任となります。

1 主たる債務者が保証人をたてる義務を負う場合

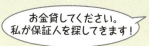
（お金貸してください。私が保証人を探してきます！）

行為能力者で弁済の資力を有する者でなければならない

→ 保証人が途中で破産したりした場合には債権者は主たる債務者に「保証人をかえてください」といえます

2 債権者が保証人を指名した場合

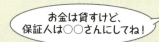
（お金は貸すけど、保証人は○○さんにしてね！）

特に制限はない

→ 保証人が途中で破産したりした場合にも債権者は「保証人をかえてください」とはいえない

ちょこっとトレーニング 本試験過去問に挑戦！

問 保証人となるべき者が、口頭で明確に特定の債務につき保証する旨の意思表示を債権者に対してすれば、その保証契約は有効に成立する。（2010-8-2）

解答 ×：保証契約は書面でしなければならない。

第❷ポイント
保証債務の性質

重要度 A

攻略メモ
● 抵当権で学んだこととほぼ同じですが、絶対効の話はしっかりとおさえておいてください。連帯保証・連帯債務でも重要なテーマとなります。

1 付従性

主たる債務が成立しないときには、保証債務も成立しません。

主たる債務が消滅したときには、保証債務も消滅します。

つまり、主たる債務があってはじめて保証債務が存在します。

また、主たる債務者に生じた事由は保証人に及びますが、保証人に生じた事由は主たる債務者には及びません。

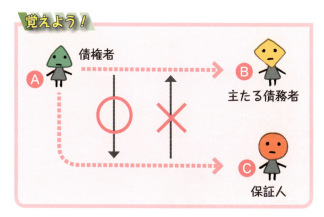

　Bの債務が消滅したらCの債務も消滅します。しかし、Cの債務が消滅したからといってBの債務は消滅しないのが原則です。

　しかし、いくつか例外もあります。それが以下のものです。

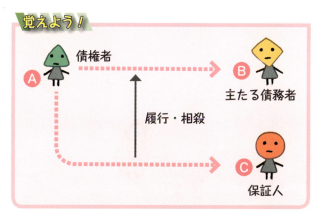

　主たる債務者の債務が軽くなれば、保証人の債務も軽くなります。しかし、主たる債務が重くなったとしても、保証人の債務が重くなることはありません。保証人はあくまで主たる債務者のサブであるからです。

履行
保証人が履行すれば、主たる債務者の債務も消滅します。

相殺
保証人が相殺すれば、主たる債務者の債務も消滅します。相殺とは簡単にいうとチャラにすることです。

これを「**履行と相殺は絶対効である**」といういい方をすることもあります（→P138参照）。

2 随伴性

主たる債務が移動した場合には、保証債務も移動します。

3 補充性

保証人は、あくまで主たる債務者が弁済できなくなったときに登場するものです。

1 催告の抗弁権

主たる債務者に請求せずに保証人に請求したのであれば、保証人は弁済を拒むことができます。

これを催告の抗弁権といいます。

2 検索の抗弁権

主たる債務者に弁済の資力があれば、そこから支払うべきであり、保証人は弁済を拒むことができます。

これを検索の抗弁権といいます。

4 分別の利益

主たる債務が1,000万円で、保証人が2人いる場合、1人の保証債務は500万円ずつとなります。このように、それぞれの保証人は、主たる債務の額を保証人の数で割ることができます。これを**分別の利益**といいます。

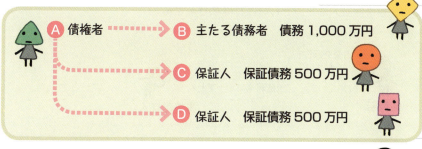

ちょこっとトレーニング　本試験過去問に挑戦！

問 Aは、BのCに対する1,000万円の債務について、保証人となる契約を、Cと締結した。BのCに対する債務が条件不成就のため成立しなかった場合、Aは、Cに対して保証債務を負わない。(1994-9-2)

解答 ○：主たる債務が成立しない場合、保証債務も成立しない。

 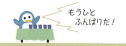

133

第❸ポイント
連帯保証

重要度 A

> **攻略メモ**
> ● みてもらえばわかると思いますが、保証と連帯保証は全く別物です。連帯保証はもはや自分がお金を借りたのとほぼ同じ責任がふりかかります。

1 連帯保証とは

連帯保証も保証債務の一種ですから、基本的には保証と同じになります。違う部分をみていきましょう。

❶ 催告の抗弁権なし

主たる債務者に請求せずに連帯保証人に請求したとしても、連帯保証人は弁済をしなければなりません。

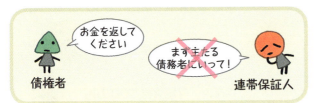

❷ 検索の抗弁権なし

主たる債務者に弁済の資力があったとしても、連帯保証人は弁済を拒むことができません。

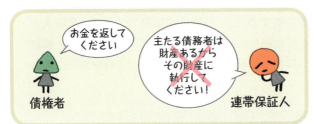

3 分別の利益がない

保証人が複数いる場合でも、債権者はその全員に対して全額請求できます。たとえば、主たる債務が1,000万円で、連帯保証人が2人いる場合でも、1人の保証債務は1,000万円ずつとなります。

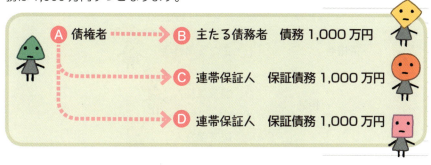

2 絶対効と相対効

連帯保証も、保証と同様に付従性がありますが、いくつか違う点があります。

保証人に生じた事由が主たる債務者にも生じるもの（絶対効）が、保証では履行と相殺だけでしたが、連帯

保証では混同・更改(こうかい)が加わります。

「混同」とは何でしょうか。債権者と連帯保証人の1人（C）が親子で、債権者が亡くなってCが相続をしたという場合です。債権者と連帯保証人が同じ人になっています。

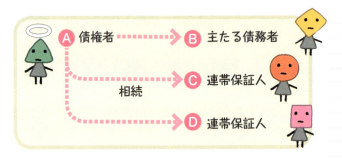

この場合、Cが債務を弁済したという扱いになります。よって、Bの債務も消滅します。

「更改」とは、要は契約内容の書換えです。「1,000万円支払う」という契約を「建物を引き渡す」という契約に変更する場合などがこれにあたります。

ちょこっとトレーニング　本試験過去問に挑戦！

問1　AがBに1,000万円を貸し付け、Cが連帯保証人となった。この場合、Cは、Aからの請求に対して、自分は保証人だから、まず主たる債務者であるBに対して請求するよう主張することができる。(1998-4-2)

問2　連帯保証人が2人いる場合、連帯保証人間に連帯の特約がなくとも、連帯保証人は各自全額につき保証責任を負う。(2010-8-4)

解答　1　×：連帯保証人に催告の抗弁権はない。
　　　　2　○：連帯保証に分別の利益はない。

第 ❹ ポイント

連帯債務

 重要度 A

攻略メモ
- 「連帯」とついているから、連帯保証と似たようなものかと思われていますが、全く別物ですので注意しましょう。

1 連帯債務とは

たとえば、3人でランチを食べにいったとして考えてみましょう。

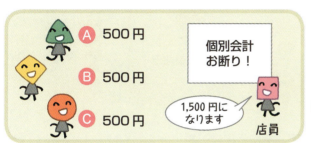

ABCは店員に対して連帯債務を負っています。**全員に全額請求できますし**、誰かが払えば全員の債務が消滅します。

Aさんが3人分をまとめて払ったとします。そうすると債務は消滅したわけですが、Aさんは納得できませんよね。

このようにAさんはBさんとCさんに支払いを要求します。こういうのを**求償**といいます。

137

2 絶対効と相対効

　以下のものに関しては絶対効が認められます。つまり、1人の連帯債務者に生じたものは、他の連帯債務者にも効力が及びます。

つまずき注意の前提知識

相対効と絶対効
連帯債務において各債務者が負う債務は本来別個独立の債務であり、連帯債務者の1人に生じた事由は、他の債務者に影響を与えない（相対効）のが原則です。しかし、例外的に連帯債務者の1人について生じた事由が他の債務者の債務に影響を与える場合（絶対効）があります。

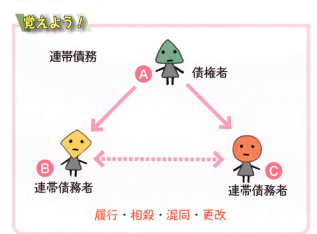

覚えよう！

連帯債務

履行・相殺・混同・更改

ちょこっとトレーニング　本試験過去問に挑戦！

問 A及びBは、Cの所有地を買い受ける契約をCと締結し、連帯して代金を支払う債務を負担している。Aが債務を承認して、Cの代金債権の消滅時効が更新されたときでも、Bの債務については、更新されない。（1991-6-4 改）

解答 ○：承認は絶対効ではない。

第12コース 共有

このコースの特徴

● このコースでは共有について学びます。複数の人で1つの物を所有するという考え方です。まず、民法は共有というものが基本的には好きではないこと、そのためなるべく共有を解消したがるという性質はおさえておいてください。

第❶ポイント

共有

攻略メモ
● 共有は、シェアハウスの考え方で考えないことがポイントとなります。これで考えてしまうと混乱してしまいます。

1 共有とは

共有とは、1つの物を複数人で所有することです。各共有者は**共有物の全部について、持分に応じた使用や収益をすることができます。**

つまずき注意の 前提知識
持分とは所有権の割合のことです。

例 AとBとCが3人で500万円ずつ出して1,500万円の車を買う。

AもBもCも当然、車をすべて使うことができますよね。持分に応じてとは、「車の前半分」とかではなく、4カ月ずつ使えるということです。

共有者の1人が占有している場合、他の共有者は当然には明渡請求をすることはできません。

Aが車を使用中

私たちが使うからその車を渡して！

共有なので、AもBもCも車の持ち主です。

あせらず着実にいこう！

2 持分

持分については、特に決めていない限り、平等であると推定されます。また、**共有者の1人が相続人なくして死亡した場合、もしくは持分を放棄した場合には、その持分は他の共有者に帰属します。**

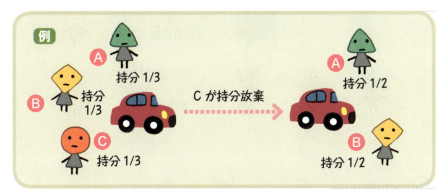

また、**共有者が自己の持分を処分するのは単独ですることができます。**つまり、Cが持分を売却する際にも、AやBの承諾は不要です。

3 共有者ができること

各共有者は次のようなことができます。

- 保存（共有物の修理・**不法占拠者への妨害排除請求**）＝各共有者が**単独**で可能
  → 損害賠償を求める場合、自分の持分を超えて請求することはできない
- 利用・改良（**賃貸借契約の解除**など）＝ **持分の価格の過半数**が必要
- 変更・処分（売却・建物の増改築など）＝ **全員の合意が必要**

4 売却についての注意

　売却については、共有物を売却する場合と、持分を売却する場合で違いがあるので気をつけてください。

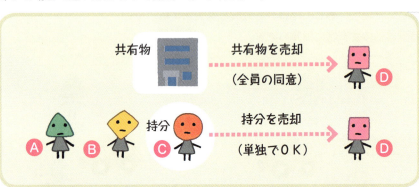

5 分割

　共有は争いを招くことが多いので、なるべく共有関係は解消してもらいたいと民法では考えています。そのため、基本的にいつでも自由に共有関係を解消することができるとしています。ただし、**5年を超えない期間内なら共有物を分割しないという特約をすることも可能です**。特約の更新も可能ですが、それも5年を超えない期間という制限があります。

6 協議が調わない場合

もめてしまった場合には裁判で解決することになります。その場合、共有物を誰か1人のものとして、残りの人にはお金を渡すことで平等に解決させるということもできます。

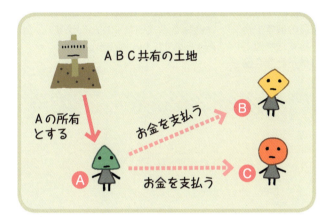

ちょこっとトレーニング　本試験過去問に挑戦！

問1 A、B及びCが、建物を共有している（持分を各3分の1とする。）。この場合、Aは、BとCの同意を得なければ、この建物に関するAの共有持分権を売却することはできない。（2003-4-1）

問2 各共有者は、いつでも共有物の分割を請求することができるが、5年を超えない期間内であれば、分割をしない旨の契約をすることができる。（2011-3-1）

解答 1　×：持分の売却に他の共有者の同意は不要。
2　○：分割しない旨の契約は5年以内であれば可。

給水 コラム

未経験？専門外？ それは全く関係ない！

「法学部ではないので…」「不動産業界に勤めているわけではないので…」などと愚痴をいいたくなる気持ちはわかります。でも、宅建士試験の最年少合格者は12歳。おそらく法学部で勉強もしていなければ不動産会社の社員でもないでしょう。もちろん、法律の学習経験や不動産の実務経験がある人は多少有利かもしれません。しかし、そうではない合格者の人もたくさんいます。あきらめずにがんばりましょう！

第13コース 建物区分所有法

このコースの特徴

● このコースでは、区分所有建物、つまりマンションのための法律を学びます。毎年1問出題されますが、合格者と不合格者の正解率の差が激しい分野でもあります。合格者は建物区分所有法を苦手にはしていません。暗記の負担も多い分野ですが、しっかりがんばりましょう。

第 ❶ ポイント
建物区分所有法

重要度 A

攻略メモ
- 建物区分所有法も使う言葉が難しいために敬遠される分野ですが、苦手意識をなるべくもたないようにしっかりと理解しながら学習しましょう！

1 建物区分所有法とは

　分譲マンションのことを区分所有建物ともいいます。ですから、建物区分所有法とはマンションについての法律だと考えてください。みんなで暮らす建物なので、いろいろ決めておく必要があります。

つまずき注意の前提知識
ワンオーナーの賃貸型アパートなどは区分所有法の適用対象外となります。

2 マンションについて

　まずは、用語を覚えてください。

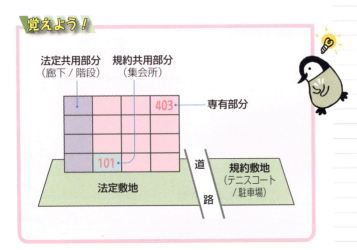

覚えよう！
法定共用部分（廊下／階段）
規約共用部分（集会所）
専有部分　403
101
法定敷地
道路
規約敷地（テニスコート／駐車場）

ファイト！ファイト！

146

区分所有者の部屋を借りている人を占有者といいます。

3 専有部分

専有部分の床面積は、壁その他の区画の**内側線**で測ります。

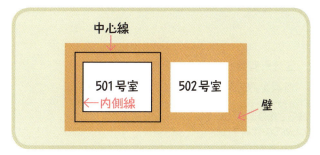

4 共用部分

共用部分は区分所有者全員で使うものなので、共有となります。持分は専有部分の床面積の割合で決定します。

アドバイス
規約で別段の定めをすることはできますが、区分所有者または管理者以外の者が共用部分を所有することはできません。

共用部分の登記に関しては、法定共用部分は登記できませんが、規約共用部分は登記することで第三者に対抗することができます。その際、登記は表題部にすることに注意してください。

共用部分の管理については以下のとおりです。

費用については、規約に別段の定めのない限り、区分所有者が持分に応じて負担することになります。

また、管理行為や変更行為によって特別の影響を受ける区分所有者がいる場合、その者の承諾が必要となります。

つまずき注意の前提知識

重大変更は試験問題では「変更行為（形状または効用の著しい変更を伴わない共用部分の変更行為を除く）」という表現で出題されます。

アドバイス

区分所有者数および議決権の各過半数とは、両方が過半数となることを要求します。
（例）5部屋（すべて同じ広さ）あり、Aが3部屋、B、Cが各1部屋所有

	（議決権）	（区分所有者数）	
A賛成／BC反対	3/5	1/3	→ 否決
BC賛成／A反対	2/5	2/3	→ 否決
AB賛成／C反対	4/5	2/3	→ 可決

> Aが3部屋、BとCが1部屋ずつ（すべて同じ広さの部屋）のマンションで決議を行いました。

5 敷地利用権

建物を建てるためには土地が必要です。そのための権利を敷地利用権といいます。所有権や地上権や賃借権などがこれにあたります。この敷地利用権も共用部分と同じように、各区分所有者が共有します。また、**専有部分と敷地利用権を分離処分することはできません**が、規約で別段の定めをすれば分離処分することもできます。

問 敷地利用権が数人で有する所有権その他の権利である場合には、区分所有者は、規約で別段の定めがあるときを除き、その有する専有部分とその専有部分に係る敷地利用権とを分離して処分することができる。(2010-13-3)

解答 ×：規約で別段の定めがあるときを除き分離処分できない。

149

第2ポイント 管理と規約

 重要度 A

攻略メモ
● 管理組合は全員参加、規約はみんなが守らなければいけない。このようなイメージをもっていれば学習もスムーズにいくと思います。

1 管理組合

　マンションはみんなで暮らしていくものです。そのため、管理組合という自治組織のようなものをつくります。これは任意加入ではなく**全区分所有者が自動的に加入します**。加入するかどうかを選択するのではありません。そして、管理組合には「管理者」を置くことができます。この管理者は集会の決議によって選任・解任をします。なお、区分所有者以外の者が管理者になることもできます。管理者は、区分所有者のために裁判の原告や被告になることもできます。

　管理組合を法人化することもできます。そのためには、**区分所有者および議決権の各4分の3以上**の多数による集会の決議と登記が必要で、理事と監事を置かなければなりません。

2 規約

　規約とは、各マンションで決めた独自のルールのことです。
　規約の設定・変更・廃止は、区分所有者および議決権の各4分の3以上の集会決議によって行います。規約の

設定・変更・廃止によって特別の影響を受ける者がいる場合には、その者の承諾が必要になります。

規約は書面または電磁的記録によって作成しなければなりません。そして、規約は管理者が保管して、**建物内の見やすい場所に保管場所を掲示しておかないといけません。**また、**閲覧したいという者がいた場合には、正当理由がある場合を除いて閲覧させなければなりません。**

最初に建物の専有部分の全部を所有する者（分譲業者など）は、公正証書によって、一定の事項について規約の設定ができます。

> ライバルに差をつける
> **関連知識**
> 規約の保管場所は掲示さえしていればよく、各区分所有者に通知をする必要はありません。

1. 規約共用部分に関する定め
2. 規約敷地に関する定め
3. 専有部分と敷地利用権の分離処分を可能とする定め
4. 敷地利用権の割合の定め

また、規約は区分所有者だけでなく、包括承継人・特定承継人や占有者も守る必要があります。せっかく決めたことなので、決めた当事者以外にも、そこに暮らす全員が守らないと規約としての意味がないからです。

> つまずき注意の
> **前提知識**
> 包括承継人とは相続人、特定承継人とは売買によって購入した者のことです。

ちょこっとトレーニング　本試験過去問に挑戦！

問 他の区分所有者から区分所有権を譲り受け、建物の専有部分の全部を所有することとなった者は、公正証書による規約の設定を行うことができる。（2009-13-4）

解答 ×：できるのは最初に建物の専有部分全部を所有する者のみ。

第❸ポイント 集会と決議

攻略メモ
- 集会で決まったことは守らなくてはなりません。区分所有者も占有者も守る必要があります。引っ越して来た人も守る必要があります。

1 集会の招集

　管理者は**毎年1回**集会を招集しなければなりません。区分所有者の**5分の1**以上で、議決権の**5分の1**以上を有する者は、管理者に対して集会の招集を請求することできます。この定数は規約で**減ずることができます**（増やすことはできません）。

　管理者がいないときは、区分所有者の5分の1以上で、議決権の5分の1以上を有する者は集会を招集することできます。この定数は規約で減ずることができます（増やすことはできません）。

つまずき注意の前提知識

どちらの場合も5分の1以上で、規約で減ずることはできますが増やすことはできません。つまり、集会を開きやすくすることはできますが、集会を開きにくくすることはできないのです。

2 招集通知

　集会の招集通知は、少なくとも開催日の**1週間前**（規約で伸縮できます）に、会議の目的たる事項を示して通知しなければなりません。ただし、**建替え決議の場合には2カ月前**（規約で伸長できます）に通知する必要があります。また、全員の同意があれば、招集手続の省略をすることができます。

3 決議

決議には原則として過半数の賛成が必要です。しかし、以下の事項は例外となります。

3/4 以上	共用部分の重大変更
	規約の設定・変更・廃止
	管理組合法人の設立・解散
	義務違反者に対する専有部分の使用禁止請求訴訟
	義務違反者に対する区分所有権の競売請求訴訟
	義務違反者（占有者）に対する引渡請求訴訟
	大規模滅失の場合の復旧
4/5 以上	建替え

集会で決まったことは、区分所有者だけでなく特定承継人や占有者も守らなければなりません。

占有者は、会議の目的たる事項につき利害関係を有する場合には、集会に参加して意見をいうことができます。しかし、議決権はありません。

つまずき注意の前提知識

左の表に関して、議決権と区分所有者それぞれの規定数（3/4以上または4/5以上）の賛成が必要ですが、重大変更については、区分所有者の定数のみ、過半数まで減じることができます。しかし、その他のものは規約で別段の定めをすることはできません。

4 義務違反者に対する措置

1 行為停止等の請求

単独でできますが、訴訟をする場合には、区分所有者および議決権の各過半数の決議が必要となります。

2 使用禁止請求

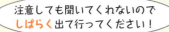

　この請求をするには、区分所有者および議決権の各4分の3以上の決議が必要となります。この決議を経た上で、訴訟をしなければなりません。

3 区分所有権の競売請求

　この請求をするには、区分所有者および議決権の各4分の3以上の決議が必要となります。この決議を経た上で、訴訟をしなければなりません。

5 復旧および建替え

　復旧および建替えをする場合には、以下のような決まりがあります。

小規模滅失 （建物価格の1/2以下）	単独で復旧可 →区分所有者および議決権の各過半数の賛成による（復旧決議がある場合には単独復旧は不可）
大規模滅失 （建物価格の1/2超）	区分所有者および議決権の各3/4以上の決議（決議賛成者以外の区分所有者から買取請求可能）
建替え	区分所有者および議決権の各4/5以上の決議（賛成した区分所有者から売渡請求可能）

前提知識

大規模滅失の場合には、非賛成者から賛成者に対して「出て行きたいから買い取って」と請求ができます。建替えの場合には、賛成者から非賛成者に対して「作業が進まないから出て行って」と請求ができます。

ちょこっとトレーニング 本試験過去問に挑戦！

問 管理者は、少なくとも毎年1回集会を招集しなければならない。また、招集通知は、会日より少なくとも1週間前に、会議の目的たる事項を示し、各区分所有者に発しなければならない。ただし、この期間は、規約で伸縮することができる。(2009-13-1)

解答 ○：管理者は、年1回集会を開かなければならない。

給水コラム

とにかく前へ進もう！

ふと以前のページを見てみると、覚えたはずの内容を忘れているということがあります。しかし、ここで戻ってはいけません。不安かもしれませんが、とにかく先へ進みましょう。完璧主義になってしまうと、全範囲終わらないまま試験突入などということにもなりかねません。一通り全範囲の勉強を終えてから戻ればよいのです。曖昧だった部分が、先の勉強をすることによって理解できることもあります。立ち止まらないで次の単元に進みましょう！

大丈夫！
ちゃんと進んでるよ

うう… 何だかできる気がしないんです

第14コース 賃貸借

このコースの特徴

● このコースでは、賃貸借契約、つまり、お金を払って物の貸し借りをするときのルールを学びます。ここを理解しておかないと、次の借地借家法の理解に支障がありますので、しっかりと理解しておいてください。

第 ❶ ポイント
賃貸借契約

重要度 A

攻略メモ
- お金をもらって貸している以上、ちゃんとした物を貸す必要があります。それが賃貸借の基本的な考え方となります。

1 賃貸借契約とは

　賃貸借契約とは、お金を払って物を貸し借りし、契約が終了したときに引渡しを受けていたものを返還することを約することです。レンタカーやDVDレンタルなども賃貸借契約です。

> 賃貸人は貸す人、不動産だと大家さんや地主さんのことです。賃借人は借りて使う人です。

貸します！　賃貸人（ちんたいにん）
借ります！　賃借人（ちんしゃくにん）

2 賃貸借の存続期間等

最長で50年ですが、**最短期間は定められていません。**

例
DVD　1泊2日 → OK！
レンタカー　2時間 → OK！

3 賃貸人の義務

　賃貸人はお金をもらって貸しているわけですから、ちゃんとした物を貸す義務がありますし、賃借人はふつうの使用をしていて壊れたらなおしてほしいといえる権利があります。

　借りて住んでいる家が雨漏りしてしまった場合、すぐになおしてほしいでしょう。しかし、大家さんと連絡がとれないなどの理由で、自分でなおすこともあります。このときの費用は、大家さんになおす義務がある以上、大家さんが負担するべきです。このような費用のことを「**必要費**」といいます。

　それに対して、借りている家の和室をフローリングに変えるのは、別に大家さんの義務ではありませんから、大家さんがお金を支払う必要はありません。ですが、フローリングになったことで、その家の次の借り手を探しやすくなり、大家さんにも利益があります。このような費用のことを「**有益費**」といいます。

物をただで貸し借りすることを**使用貸借**といいます。

暗記ポイント 総まとめ

- 必要費 ＝ 賃借人が**直ちに**請求できる
- 有益費 ＝ 賃借人が**賃貸借終了時**に請求できる
　　　（工事費または価値上昇分）← 賃貸人が選択する

4 賃借人の義務

　賃借人には、賃料支払義務があります。また、賃借人

は、賃貸している物が修繕を要する場合であることを賃貸人が知らない場合には、賃貸人に通知しなければなりません。また、賃貸人が保存行為（修繕など）をする場合、賃借人はこれを拒むことはできません。

5 賃貸借の対抗力等

　所有者が変わった場合に、自分の借りる権利を主張するためには、対抗力が必要となります。対抗力がない場合、賃借人は新しい所有者に賃借権を対抗することができません。借りている人よりも買った人のほうが強いのです。民法では賃借権の登記が対抗力となります。したがって、借りている人が賃借権の登記をしておけば、賃借権を対抗することができます。

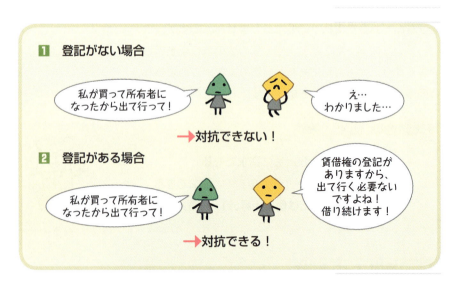

6 更新と解約申し入れ

1 期間の定めのある場合

原則として期間の満了をもって終了します。ただし、期間満了後も、賃借人が使用を続けていて、賃貸人がこれを知りながら異議を述べない場合、従前と同一の条件で更新されたものと推定されます。なお、期間の定めがある場合、その期間内は賃貸借契約を継続させなければならないため、中途解約は双方が合意した場合を除き、することができません。

2 期間の定めのない場合

当事者はいつでも解約の申し入れをすることができます。解約申し入れがあった場合、土地については1年経過後、建物については3カ月経過後に終了します。

ちょこっとトレーニング 本試験過去問に挑戦！

問 AがBからBの所有する建物を賃借している。Aは、Bの負担すべき必要費を支出したときは、直ちに、Bに対しその償還を請求することができる。(1991-13-2)

解答 ○：必要費は全額直ちに請求可能。

第2ポイント 転貸・賃借権の譲渡

重要度 A

攻略メモ
- 賃貸人や賃借人が、自分の権利を譲渡してしまった場合について書かれています。しっかりと整理して理解しましょう!

1 賃貸人の地位の移転

賃貸人が貸しているものを誰かに譲り渡すには、賃借人の承諾は不要です。自分のものなので自由に売ることができます。ただ、それを買った人が、賃貸人(新しい大家)としての地位を主張して、家賃をとるためには所有権の登記が必要となります。

2 賃借権の譲渡・転貸

賃借人は、賃貸人の承諾がなければ、その賃借権を譲り渡したり、賃借物を転貸(又貸し)することはできません。賃借人が賃貸人に無断で賃借物を譲渡・転貸した場合、**賃貸人は契約を解除できます**。しかし、**背信的行為と認めるに足りない特段の事情があるときは解除できません**。

賃借権の譲渡をした場合、賃貸人は新賃借人にのみ賃料を請求することができます。

賃貸人の承諾を得て転貸した場合、賃貸人は賃借人にも転借人にも賃料を請求することができますが、転借人へ請求する場合は、賃借料と転借料のうち**安いほう**です。

つまずき注意の前提知識
「背信的行為と認めるに足りない特段の事情があるとき」というのは、一言でいえば、裏切りとまではいえない事情があるときということです。

どちらも転借人には安いほうの10万円を請求することができます。

 本試験過去問に挑戦！

問 AがBに甲建物を月額10万円で賃貸し、BがAの承諾を得て甲建物をCに適法に月額15万円で転貸している場合において、BがAに対して甲建物の賃料を支払期日になっても支払わない場合、AはCに対して、賃料10万円をAに直接支払うよう請求することができる。(2016-8-2)

解答 ○：比べて安いほうの金額を請求できる。

第 ③ ポイント

敷金

攻略メモ
● これも聞いたことはあると思いますが、この機会にちゃんと正確に理解しておきましょう。

1 敷金

　敷金とは、いかなる名目によるかを問わず、賃料債務その他の賃貸借に基づいて生ずる賃借人の賃貸人に対する金銭の給付を目的とする債務を担保する目的で、賃借人が賃貸人に交付する金銭をいいます。もし、賃借人が家賃を滞納したりした場合に、賃貸人はその額を敷金からもらうことができます。

このように、賃借人からいいだすことはできません。

　敷金の返還債務と目的物の明渡しは、同時履行ではなく、明渡しが先となります。 そのため、賃借人は敷金の返還を受けていないことを理由に目的物の明渡しを拒むことはできません。

2 賃貸人・賃借人の変更と敷金の承継

　賃貸人がかわった場合、敷金は原則として新しい賃貸人に承継されます。

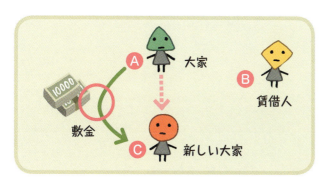

賃借人がかわった場合、敷金は原則として新しい賃借人に承継されません。

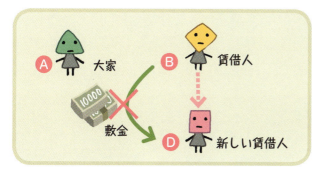

ちょこっとトレーニング 本試験過去問に挑戦！

問 借主Aは、B所有の建物について貸主Bとの間で賃貸借契約を締結し、敷金として賃料2カ月分に相当する金額をBに対して支払ったが、当該敷金についてBによる賃料債権への充当はされていない。賃貸借契約期間中にAがDに対して賃借権を譲渡した場合で、Bがこの賃借権譲渡を承諾したとき、敷金に関する権利義務は当然にDに承継される。(2003-11-3)

解答 ×：賃借人がかわった場合、敷金は当然には承継されない。

第15コース
借地借家法（借家）

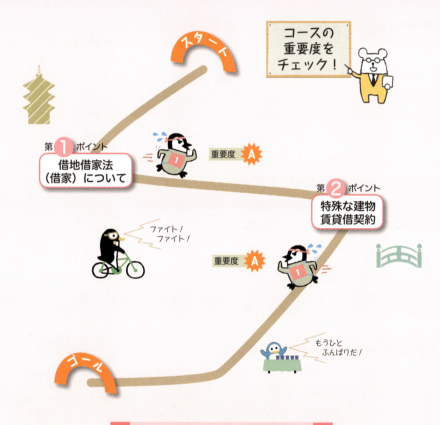

このコースの特徴

● このコースでは、借地借家法の借家についてのルールを学びます。一時使用の場合には前コースの「賃貸借」のルールが適用されますので、まずは借地借家法のルールが適用されるかどうかが大事になります。

第❶ポイント 借地借家法（借家）

 重要度 A

攻略メモ
● 住んでいる家を追い出されてしまったら大変ですよね。下手をすると家がないということにもなってしまいますので守ろうとしました。

1 適用範囲

家を借りるときは、大家さんと借りる人とでは、どうしても大家さんのほうが立場は上になりがちです。そこで、対等な契約を結べるように借地借家法というものを定めました。

ただし、家を借りるときには必ず借地借家法が適用されるとは限りません。貸別荘や選挙事務所として利用するといった**明らかな一時使用の場合には借地借家法は適用されずに、民法のルールが適用されます。**

> **つまずき注意の前提知識**
> 借地借家法は借りる人を守ろうというのが趣旨ですから、迷ったときには「どちらが有利になるか」を考えると正解にたどり着くこともあります。基本的には貸す側が有利な内容はダメで、借りる側が有利な内容はOKだというイメージをもって学習していきましょう。

2 存続期間

借地借家法では、存続期間は次のようになります。

暗記ポイント 総まとめ
- 最長 ＝ 制限なし
- 最短 ＝ 制限なし
  （ただし、1年未満の場合、期間の定めがないものとされる）

> **つまずき注意の前提知識**
> 正当事由については事情や現在の使用状況などを総合的に考慮します。しかし、立退料を払うだけでは正当事由と認められません。

家を2年間借りるという契約をした場合、2年が過ぎても更新するのが原則です。そこで更新したくなければ

更新拒絶の通知をする必要があります。この更新拒絶の通知は、**賃貸人が更新を拒絶するときには正当事由が必要です。**

［期間の定めがある場合］

　定められた期間が経過しても、両者が終わらせる気持ちのない場合、自動的に更新したものとみなされます（法定更新）。具体的には、賃借人が建物の使用を続け、賃貸人が遅滞なく異議を述べない場合、法定更新となります。

　なお、法定更新をした場合、従前と同一の契約で更新したものとみなしますが、**期間だけは、「期間の定めのないもの」とする**点に気をつけてください。

［期間の定めがない場合］

　期間の定めがない場合は、解約申入れをすることによって終了します。大家さんからは6カ月前に、借りている人からは3カ月前に申入れをします。

3 借家権の対抗力

民法では、対抗するためには賃借権の登記が必要でした。しかし、借地借家法では、**建物の引渡しがあれば、賃借人は第三者に賃借権を対抗できます**。

> 住んでいる家が売られ、新しい大家さんが家を自分で使いたいといっています。引渡しで対抗可ですので、この場合、賃借人は出て行く必要がありません。

4 造作買取請求権

賃貸人の承諾を得てエアコンなどの造作を取り付けたときには、出て行くときに借主は貸主に買取請求ができます。これを造作買取請求権といいます。しかし、**造作買取請求権を認めないとする特約は有効**となります。

5 借賃増減請求権

景気の変動などで賃料がまわりと比較して不適当だという場合、増減請求をすることができます。

1 増額について協議が整わない場合

増額が正当だという裁判が確定するまでは相当と認める額を支払う

裁判が確定したら、すでに支払った額に不足がある場合、利息をつけて支払わなければなりません

2 減額について協議が整わない場合

減額が正当だという裁判が確定するまでは相当と認める額を請求可

裁判が確定したら、すでに受けとった額に超過がある場合、利息をつけて返還しなければなりません

ただし、増額しないという特約がある場合にはその特約により増額できませんが、**減額できないという特約をしても、この特約にかかわらず減額請求ができます。**

暗記ポイント 総まとめ

増額しない特約 → 賃借人有利［増額請求ＮＧ］
減額しない特約 → 賃貸人有利［減額請求ＯＫ］

6 賃貸借契約と転貸借の関係

　転借して住んでいる場合、元の契約（賃貸借契約）が終わってしまったらどうなるのでしょうか？　その場合、元の契約がどのように終了するかによって次のような違いがあります。

- 期間満了 → 賃貸人から転借人に通知＋6カ月で退去
- 合意解除 → 転借人は出て行く必要なし
- 債務不履行解除 → 転借人は出て行かなければならない！
（転借人に支払いの機会を与える必要なし）

7 転借人の保護

賃貸人の承諾を得ている転借人には、借地借家法では、原則として賃借人と同様の保護が与えられています。

8 借地上の建物の賃借人の保護

借地権の期間が満了した場合、借地上の建物の賃借人は土地を明け渡さなければなりません。ただし、**建物の賃借人が、1年前までに借地権の期間満了による終了を知らなかった場合、1年を限度として猶予が与えられます。**

ちょこっとトレーニング　本試験過去問に挑戦！

問1 AはBと、B所有の甲建物につき、居住を目的として、期間3年、賃料月額20万円と定めて賃貸借契約を締結した。AもBも相手方に対し、本件契約の期間満了前に何らの通知もしなかった場合、従前の契約と同一の条件で契約を更新したものとみなされるが、その期間は定めがないものとなる。（2016-12-1）

問2 賃貸人Aと賃借人Bとの間で居住用建物の賃貸借契約を締結した。「Aは、Bが建物に造作を付加することに同意するが、Bは、賃貸借の終了時に、Aに対してその造作の買取りを請求しない」旨の特約は有効である。（1999-14-1）

解答
1　○：期間は定めのないものになるが、その他は同一である。
2　○：造作買取を認めないという特約は有効。

第2ポイント 特殊な建物賃貸借契約

攻略メモ
- 特殊な分野はやはり出題されやすいのが特徴です。定期建物賃貸借ですが、不動産サイトなどでは「定期借家」という文字で書かれます。

1 定期建物賃貸借契約

一度借家契約を結ぶと、更新などがあるため、家を返してもらいにくくなってしまう場合もあります。そこで、契約更新のない建物賃貸借契約を結ぶこともできるようにしました。それが定期建物賃貸借契約です。また、この契約では、**期間を1年未満とすることもできます。**この契約を結ぶためには**書面による契約**が必要となります。

ライバルに差をつける 関連知識
定期建物賃貸借契約をする場合、建物の賃貸人は、あらかじめ、建物の賃借人に対して、契約の更新がなく、期間の満了によって終了することを記載した書面を交付して説明しなければなりません。この書面は契約書とは別の書面であることが要求されます。

2 賃貸人からの期間満了の通知

契約期間が1年以上の定期建物賃貸借の場合には、期間満了の通知をする必要があります。ただし、定期建物賃貸借の場合には、賃貸人の正当事由は不要です。

もし、通知を忘れてしまったらどうなるのでしょうか。

その場合には、通知の日から６カ月経過後に終了することになります。

3 賃借人による解約申入れ

床面積 **200㎡未満**の**居住用建物**で、**やむを得ない事情がある場合**には、賃借人から解約申入れができます。この場合、申入れから１カ月で賃貸借契約は終了します。このルールに反する特約で、賃借人に不利なものは無効です。

4 借賃増減請求

特約があれば、借賃増減請求はできません。ふつうの賃貸借と異なり、**定期建物賃貸借では特約があれば減額請求もできない**点に注意してください。

つまずき注意の**前提知識**
つまり、定期借家では増額しない特約も減額しない特約も有効となります。

ちょこっとトレーニング 本試験過去問に挑戦！

問1 定期建物賃貸借契約（契約期間が２年で、更新がないこととする旨を定める建物賃貸借契約）は、公正証書によってしなければ、効力を生じない。(2003-14-2)

問2 定期建物賃貸借契約を締結するときは、期間を１年未満としても、期間の定めがない建物の賃貸借契約とはみなされない。(2014-12-2)

解答 1 ×：書面でする必要はあるが、公正証書までは求められない。
2 ○：１年未満の期間の定めのある契約となる。

判決文問題攻略法

最近の宅建士試験では、判決文を読んで答えるという問題が1題出題されています。判決文を読み取って、内容が合っているもの（または誤っているもの）を選ぶという「国語の問題」です。まずは、判決文を読む前に選択肢を見て知識で判定できる肢があるかどうか確かめてから、判決文を読むとスムーズに解くことができるでしょう。正解率もある程度高くなることが多く、きちんと対策をすれば1点とれる問題です。過去問や模試などでトレーニングしておきましょう。

第16コース
借地借家法（借地）

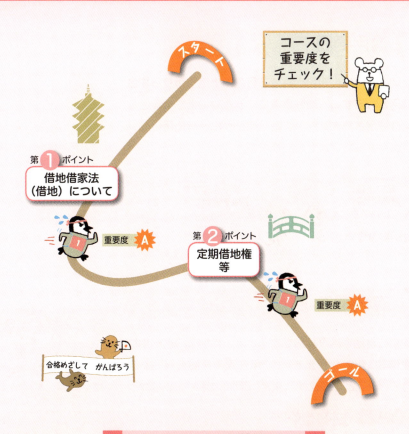

このコースの特徴

● このコースでは、借地借家法の借地についてのルールを学びます。建物所有目的でない場合には、第14コースの「賃貸借」のルールが適用されますので、まずは借地借家法のルールが適用されるかどうかが大事になります。

第❶ポイント 借地借家法（借地）

 重要度 A

攻略メモ
- これも基本的には建物を壊すことを防ぐのが目的です。建物は国の財産なのです。なるべく長く使えるようにしたいのです。

1 適用範囲

借地借家法は、**建物を建てる目的で土地を借りる場合に適用されます**。青空駐車場にするために借りた場合などには適用されません。また、明らかに一時使用の場合には適用されないこともあります。

私の土地に借地権つけていいです　借地権設定者
建物を建てたいので土地を使わせてください　借地権者

2 存続期間

最初に借地権設定契約をするとき、借地権の**存続期間は最低30年**となります。30年未満の期間を設定した場合も30年となります。また、期間の定めをしなかっ

つまずき注意の前提知識
借地借家法上、期間の定めのない借地権は存在しません。

暗記ポイント 総まとめ
- 30年以上 → 定めた期間
- 30年未満 → 30年
- 定めなし → 30年

た場合にも30年となります。

　当事者の合意によって借地契約の更新ができます。また、次の場合には、借地上に**建物がある場合に限り**、借地契約は更新されます。

> 1. **期間満了時**
>   借地権者が契約の更新を請求した場合
> 2. **期間満了後**
>   借地権者が土地の使用を継続している場合

　ただし、上記の場合でも、借地権設定者が正当事由ある異議を述べた場合には更新されません。
　更新する場合の存続期間は、最初の更新のときは最低20年、その次からは最低10年となります。

3 借地権の対抗力

　借りている土地の所有者（借地権設定者）がかわって、新しい所有者から土地を明け渡せといわれたらどうでしょうか。**借地上に借地権者本人の名義で登記してある建物がある場合、対抗力があります。**表示に関する登記でも大丈夫ですが、借地権者本人名義でなければならず、長男名義などの場合には対抗力はありません。
　その建物が滅失した場合には対抗力はどうなるので

179

しょうか。土地に**看板をたてておけば滅失から2年経過する日までは対抗力をもたせることができます**。これを明認方法といいます。

4 建物買取請求権

　借地契約の更新がない場合、借地権者は、借地権設定者に対して、建物を時価で買い取るように請求できます。これを、建物買取請 求 権といいます。ただし、**借地権者の債務不履行により借地権が消滅した場合には建物買取請求権は認められません**。

5 借地上の建物の貸借・譲渡

　借地上の建物を貸借する場合には、借地権設定者の承諾は必要ありません。

借地上の建物を譲渡する場合には、借地権設定者の承諾が必要です。

借地権設定者（賃貸人）の承諾がない場合、借地権者（賃借人）は、裁判所から承諾に代わる許可をもらえば、借地権の譲渡が認められます。

そして裁判所に申し立てるのは、売買のときは建物の売主である借地権者が申立てをして、競売のときは建物の買主である競落人が裁判所に申立てをします。

暗記ポイント 総まとめ

- 譲渡　＝　借地権者が申立てをする
- 競売　＝　競落人が申立てをする

6 借地上の建物の滅失

借地権の存続期間中に建物が滅失してしまった場合、再築は可能でしょうか。それは、再築について借地権設定者の承諾があるかないかにより変わってきます。また、更新の有無でも変わってきます。

建物滅失の時期	借地権設定者の再築承諾	存続期間の延長
当初の存続期間中 （借地権は消滅しない）	あり	延長する[*1]
	なし	延長しない
更新後 （借地権者は解約申入れが可能）	あり	延長する[*1]
	なし	築造不可[*2]

[*1] 承諾日と築造日のうち、早いほうから20年間延長する
[*2] 無断築造すると、借地権設定者から解約申入れができる

ちょこっとトレーニング　本試験過去問に挑戦！

問1 ゴルフ場経営を目的とする土地賃貸借契約については、対象となる全ての土地について地代等の増減額請求に関する借地借家法11条の規定が適用される。(2013-12-1)

問2 借地権の存続期間は、契約で25年と定めようと、35年と定めようと、いずれの場合も30年となる。(1993-11-1)

問3 建物の所有を目的とする土地の賃貸借契約において、建物が全焼した場合でも、借地権者は、その土地上に滅失建物を特定するために必要な事項等を掲示すれば、借地権を第三者に対抗することができる場合がある。(2012-11-2)

解答
1　×：建物所有目的の借地に借地借家法が適用される。
2　×：35年と定めた場合、35年となる。
3　○：看板などの明認方法により対抗できる場合がある。

第❷ポイント

重要度 **A**

定期借地権等

攻略メモ
- 更新のない借地権3種類の違いについては、しっかりと確認しておきましょう。また、書面か公正証書かも知っておく必要があります。

1 定期借地権

定期借地権は存続期間50年以上とする借地権です。次のような特徴があります。

> 1 契約の更新がない
> 2 建物が滅失して再築したとしても存続期間は延長しない
> 3 建物買取請求を認めない

これらの特約は**公正証書等の書面によってしなければなりません**。

つまずき注意の前提知識
公正証書等とありますが、必ずしも公正証書でなくてもよいです。しかし、書面で契約する必要があります。

2 事業用定期借地権

事業用定期借地権とは、専ら事業の用に供する建物（事業用建築物）の所有を目的とし、存続期間を10年以上50年未満とする借地権です。**公正証書によらなければ契約をすることができません**。

また、定期借地権と同様の特徴があります。

つまずき注意の前提知識
事業用定期借地権は、居住用の契約を行うことは一切ダメです。「居住用建物賃貸事業のため」とあってもダメです。とにかく、住むために使うものはすべて×とおさえておきましょう。

もうひと
ふんばりだ！

183

3 建物譲渡特約付借地権

建物譲渡特約付借地権とは、借地権を消滅させるため、借地権設定後30年以上経過した日に借地上の建物を相当の価格で借地権設定者に譲渡する特約が付いた借地権です。**この特約は、書面による必要はありません。**

暗記ポイント 総まとめ

	存続期間	目的	更新	契約方法
定期借地権	50年以上	制約なし	なし	書面
事業用定期借地権	10年以上50年未満	事業用（住居不可）	なし	公正証書
建物譲渡特約付借地権	30年以上	制約なし	なし	定めなし

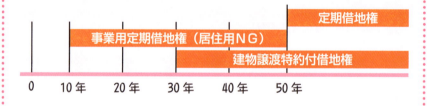

ちょこっとトレーニング 本試験過去問に挑戦！

問 事業の用に供する建物の所有を目的とする場合であれば、従業員の社宅として従業員の居住の用に供するときであっても、事業用定期借地権を設定することができる。(2010-11-1)

解答 ×：居住用は不可。

第17コース その他の重要事項

このコースの特徴

●民法は全部で1050条もあります。範囲が広すぎるので、そのすべてを対策しようとするのは困難です。そのため、よく出る分野に絞って学習していくのが最も効率的な対策になります。当然、この本の範囲外からも出題はされますが、この本の内容程度を学習しておけば、他の受験生に遅れはとりません。がんばりましょう。

第 ❶ ポイント 不法行為

重要度 A

攻略メモ
● 故意または過失によって他人に損害を与えるのが不法行為。つまり正当防衛などは不法行為としては扱われません。

1 不法行為とは

不法行為とは、故意または過失によって他人に損害を与えることをいいます。

隣の家のガラスを割ってしまった

車ではねてケガさせてしまった

このような場合、被害者は加害者に対して損害賠償を請求できます。

加害者が負う損害賠償債務の履行遅滞は**不法行為（損害発生）の時から始まります**。また、**損害賠償請求権は被害者またはその法定代理人が損害および加害者を知った時から3年（人の生命又は身体を侵害する不法行為の場合は5年）で時効により消滅します。また、不法行為の時から20年で時効により消滅します。**

損害賠償請求は相殺できます。ただし、①悪意による不法行為に基づく損害賠償の債務、②人の生命又は身体の侵害による損害賠償の債務の場合には、①と②の債務者（加害者）は相殺をもって債権者（被害者）に対抗できません。

つまずき注意の 前提知識
即死の場合でも、慰謝料請求権は発生しますし、それが相続されます。

つまずき注意の 前提知識
正当防衛は不法行為として扱いません。

2 使用者責任

従業員が仕事上の不法行為で他人に損害を与えた場合、その従業員のみならず、雇い主（使用者）にも損害賠償請求をすることができます。その際、使用者と従業員は連帯債務と同じような関係に立ちます。

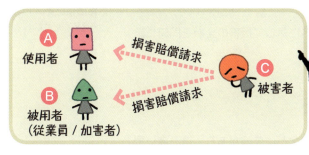

Cは、Aに対してもBに対しても損害賠償請求ができます。

使用者責任は、仕事中だけでなく、客観的に観察して仕事中にみえる場合にも成立します。たとえば、私用で会社の車を使用していた場合も状況によっては使用者責任が成立することもあります。

使用者が損害賠償をした場合、使用者は被用者に対して求償をすることができます。ただし、求償は、**信義則上相当と認められる範囲内に限られます**。

つまずき注意の前提知識

「信義則上相当と認められる範囲内」というのは、一言でいえば、全額は無理だということです。

3 共同不法行為

数人が共同して他人に損害を与えた場合に、その加害者たちは連帯して損害を賠償する責任を負います。これを共同不法行為といいます。

187

被害者は、加害者全員に対して損害の全額を同時に請求することができます。

つまずき注意の前提知識
Aが6発、Bが4発殴ったとしても、AにもBにも10発分の損害賠償請求ができるということです。連帯債務の考え方でとらえてください。

4 工作物責任

工作物責任とは、建物などに欠陥があり、第三者に損害を与えた場合に被害者に対して損害を賠償する責任を負うことをいいます。

覚えよう！

占有者……損害発生防止に必要な措置をしていたら免責

所有者……占有者が責任を負わない場合は責任を負う（損害発生防止に必要な措置をしていても責任を負う＝**無過失責任**）

そのビルを使っていたAがまず責任を負うのですが、損害発生防止に必要な措置をしていた場合、Bが責任を負います。**所有者は無過失責任**なので、予防策などを講じていたとしてもBは責任を免れません。

損害発生の原因が欠陥のある建物を造った業者にあるような場合、損害賠償をした占有者や所有者は、その業者に対して求償することができます。

ちょこっとトレーニング　本試験過去問に挑戦！

問 不法行為による損害賠償債務の不履行に基づく遅延損害金債権は、当該債権が発生した時から10年間行使しないことにより、時効によって消滅する。(2014-8-2)

解答 ×：知った時から3年間（人の生命は又は身体を害する不法行為の場合は5年間）で時効消滅する。また、不法行為の時から20年で時効消滅する。

第2ポイント 相隣関係

 重要度 B

攻略メモ
● ご近所さんとのトラブルは多いですから、ある程度はあらかじめルール化しておいたほうがわかりやすいでしょう。

1 相隣関係とは

隣の土地との間でトラブルが生じた場合にはどのようにすればよいのかを規定しています。

2 竹の枝と根

隣地の竹が境界線を越えてきたとき、自分で切ってよいのでしょうか。

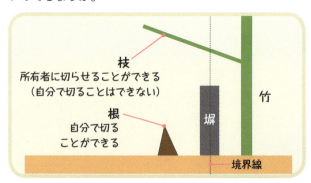

枝 所有者に切らせることができる（自分で切ることはできない）
根 自分で切ることができる
塀
竹
境界線

3 隣地使用権

土地の所有者は、隣地との境界付近で壁や建物を築造・修繕するために必要な範囲内で、隣地の使用を請求する

ことができます。これを隣地使用権といいます。

4 目隠し

境界線より1m未満の距離で他人の宅地を見渡せる窓やベランダを設けるときには、目隠しをつけなければなりません。

5 土地の通行権

ある土地が、他の土地に囲まれて公道に通じていない場合、その土地の所有者は、公道に出る目的でその土地を囲んでいる他の土地を通行できます。

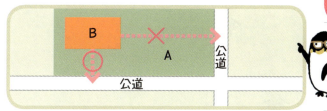

BはAの土地を通らなければ公道に出ることができません。

どこを通ってもよいというのではなく、最も損害の少ない場所と方法で通行しなければなりません。また、BはAに対して償金を払わなければなりません。

ちょこっとトレーニング　本試験過去問に挑戦!

問 隣地の竹木の根が境界線を越えて侵入している場合は、これを竹木の所有者に切り取るように請求することができるが、自分で切り取ることはできない。(1999-2-3)

解答 ×：根は自分で切ることができる。

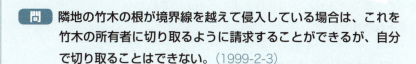

第3ポイント 重要度 C

債権譲渡

攻略メモ
- 物を売ることができるということは、債権だって売ることはできるはずです。ただ、売ったことを債務者に知らせなければなりません。

1 債権譲渡とは

債権譲渡とは、ある人に対する債権を別の人に譲ることです。

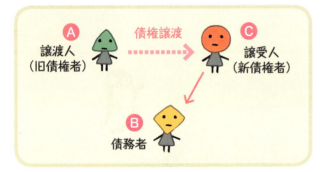

2 債権譲渡を債務者に対抗する要件

債権譲渡があったことを債務者が知らなければ、対抗することができません。つまり、次のうちのいずれかが必要となります。

1 譲渡人から債務者への通知
2 債務者の承諾

3 二重譲渡が行われた場合

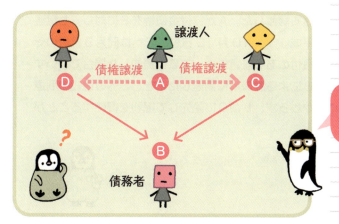

Aが債権をCとDに二重譲渡してしまいました。

このような場合には、確定日付のある証書での通知で判断します。CかDのどちらかへの譲渡が確定日付のある証書で通知されていれば、その者が優先されることになります。

では、両方確定日付のある通知があった場合はどうなるのでしょうか。その場合は、その通知の到達が早いほうを優先します。**先に届いたほうの通知が優先される**ことになるのです。

確定日付の先後ではないので注意しましょう。

たとえば、

確定日付のある証書とは、内容証明郵便や公正証書を指します。

	（確定日付）	（到達日）
C	6月1日	6月4日
D	6月2日	6月3日

このような場合、到達日の早いDの勝ちとなります。

ちょこっとトレーニング 本試験過去問に挑戦！

問 Aは、Bに対して貸付金債権を有しており、Aはこの貸付金債権をCに対して譲渡した。Aが貸付金債権をEに対しても譲渡し、Cへは平成15年10月10日付、Eへは同月9日付のそれぞれ確定日付のある証書によってBに通知した場合で、いずれの通知もBによる弁済前に到達したとき、Bへの通知の到達の先後にかかわらず、EがCに優先して権利を行使することができる。(2003-8-4)

解答 ×：Bへの通知の到達の先後で決まる。

第④ポイント

請負

攻略メモ
- それほど出題が多い分野ではありませんが、重要なポイントだけでも確認しておいてください。

1 請負とは

　請負とは、当事者の一方がある仕事を完成させることを約束し、他方がこれに対して報酬を払うことを約束することによって成立する契約のことをいいます。仕事を依頼する人を「注文者」、依頼された人を「請負人」といいます。請負契約が成立すると、注文者は報酬を支払う義務を負い、請負人は仕事を完成させて、その完成した物を引き渡す義務を負います。なお、請負の目的物の引き渡しと報酬の支払いは同時履行の関係にたちますが、仕事の完成と報酬の支払いは同時履行の関係にはたたず、仕事の完成が先となります。

2 請負人の担保責任

　請負人の担保責任は、売買契約における契約不適合とほぼ同じ内容です。
　次のことが認められています。

195

1 建物の修補請求
2 損害賠償請求
3 請負契約の解除
4 報酬の減額請求

ただし、契約不適合が注文者の指図によって生じた場合には、上記のいずれもすることができません。しかし、請負人が、注文者の指図が不適当であることを知りながら告げなかったのであればその限りではありません。

3 注文者の解除権

注文者は、仕事の完成前であれば、請負人が受ける損害を賠償して、請負契約を解除することができます。

ちょこっとトレーニング 本試験過去問に挑戦！

問 請負契約において請負人が仕事を完成しない間は、請負人は、損害を賠償して契約を解除することができる。(1990-8-4)

解答 ×：注文者はこの方法で解除可能だが、請負人はこの方法で解除できない。

第❺ポイント 委任

重要度 B

攻略メモ
- それほど重要な分野ではありませんが、大事なポイントだけでも理解しておいてください。終了事由などは代理と近い原則となっています。

1 委任とは

委任とは、委任者が法律行為をすることを受任者に委託し、受任者が承諾することで成立する契約のことです。行為が法律行為でない事実行為である場合は準委任となります。委託する者を「委任者」、委託を受ける者を「受任者」といいます。なお、委任は**無償で行うことが原則**で、特約がない限り委任者に報酬を請求することはできません。

つまずき注意の前提知識
委任は請負とは異なり、仕事の完成を目的としているわけではありません。

2 受任者の権利・義務

受任者には善良な管理者としての注意義務（**善管注意義務**）があります。これは、自己に対するものと同一の注意ではないということに注意してください。それ以上の注意をもって行うことが求められます。なお、これは有償無償を問わず課されるものであることにも気をつけてください。

次に、受任者には費用前払い請求権があります。これは、事務処理に必要な費用をあらかじめ委任者に請求することができるというものです。

197

3 委任契約の終了

　委任者や受任者の死亡や破産手続開始の決定で終了し、相続人に承継はしません。また、受任者が後見開始の審判を受けた場合も終了します。なお、受任者である法人が吸収合併された場合、消滅会社の権利義務は存続会社に承継されます。

　そのため、委任契約もそのまま存続会社に承継されます。この場合、委任者である建物管理者の承諾は不要です。

委任の終了事由

	死亡	破産手続開始	後見開始
受任者	●	●	●
委任者	●	●	✕

●：終了する　✕：終了しない

　また、委任者である建物所有者が建物の所有権を第三者に譲渡した場合であっても、その第三者には当然に委任者の地位が承継することはありません。

4 委任契約の解除

　委任者・受任者のいずれも、特別の理由なくとも自由に解除することができるとしました。ただし、相手方の不利な時期に解除したときは、解除した者は相手方に対して損害賠償義務を負います。もっとも、その解除がやむを得ない場合には損害賠償義務は負いません。また、委任者が受任者の利益（専ら報酬を得ることによるものを除く）を目的とする委任を解除したときにも損害賠償義務を負います。

つまずき注意の
前提知識

「専ら報酬を得ることによるものを除く」とは、たとえば、マンション管理事務の委託で受任者が修繕積立金の運用を任され、その利益の一部は受任者が得ても良い旨の契約をしていた場合などが該当します。急に解除されたら得られたはずの運用利益を失うことになります。

ちょこっとトレーニング 本試験過去問に挑戦！

問1 委託の受任者は、報酬を受けて受任する場合も、無報酬で受任する場合も、善良な管理者の注意をもって委任事務を処理する義務を負う。(2008-7-2)

問2 委任契約において、委任者又は受任者が死亡した場合、委任契約は終了する。(2001-6-1)

問3 委任契約は、委任者又は受任者のいずれからも、いつでもその解除をすることができる。ただし、相手方に不利な時期に委任契約の解除をしたときは、相手方に対して損害賠償責任を負う場合がある。(2006-9-1)

解答 1 ○：有償無償を問わず、受任者は善管注意義務を負う。
　　　 2 ○：委任者が死亡した場合も、受任者が死亡した場合も、委任契約は終了する。
　　　 3 ○：いつでも解除可能だが、相手方が不利なときに解除した場合には損害賠償責任を負う場合がある。

給水 コラム

「忙しくて暇がない」という人へ

「忙中閑あり」という言葉があります。忙しい中にも、わずかな暇はあるものだという意味です。トイレに行く、電車を待つ、この5分間があれば、テキストを2ページ程度は進められます。塵も積もれば山となります。1日5分だって、1年間積み重ねれば30時間になります。「本気㋐で勉強する」というのはこういうことです。試験が終わった後、「あのときちゃんと勉強していれば…」という後悔をしないように、今、がんばりましょう。宅建士試験には平均300時間の勉強が必要とよくいわれています。忙しいからこそ、こういったスキマの時間を大切にしましょう。

そこで寝るのを選ぶか…

ちょっとの時間さえあればお昼寝もはかどるよね！

権利関係クリアしました！

ゴ〜ル

お疲れさま！長い道をよく走りきったね！

索引

ア行

悪意	5,6
遺言	80
遺産分割	92
意思能力	18
一括競売	120
委任	197
遺留分	83
請負	195

カ行

解除	59,72,92
仮装譲渡	9
仮登記	103,104
管理組合	150
欺罔行為	4
規約	150
規約共用部分	151,145
共同申請主義	99
強迫	5
共有	140
共用部分	141
虚偽表示	9
金銭債務	58
契約不適合	70
検索の抗弁権	132,134
原状回復	59
限定承認	78
顕名	39
権利部	102,105
工作物責任	188
公序良俗	16

サ行

債権譲渡	192
催告の抗弁権	132,134
債務不履行	54
詐欺	4
錯誤	11
敷金	164
敷地利用権	149
事業用定期借地権	183
時効	28
時効の援用	35
時効の更新・完成猶予	33
自己契約	45
借地権	179
借地権者	178
借地権設定者	178
借賃増減請求権	170
借家権	170
集会	152
取得時効	28,91
受領権者としての外観を有する者	65
消滅時効	30,85
申請主義	99
心裡留保	14
制限行為能力者	18
成年被後見人	18,22
絶対効	131,138,132
善意	5,6
全部他人物売買	57
造作買取請求権	170
相続	46,76

201

相続放棄	78,84,93
相対効	135,138
双方代理	45
相隣関係	190
損害賠償	58,72

タ行

代金減額請求権	72
代襲相続	78
代物弁済	66
代理	38
建替え	154
建物買取請求権	180
建物区分所有法	146
建物譲渡特約付借地権	184
単純承認	78
直系尊属	76
賃借権の譲渡	162
追認	19
定期借地権	183
定期建物賃貸借	174
抵当権	108,112,114,116
抵当権消滅請求	118
手付	61
登記	96,97
動機の錯誤	11
同時履行の抗弁権	55
取消し	5,91

ナ行

二重譲渡	89
任意代理	41,50
根抵当権	122,124

ハ行

背信的悪意者	90
必要費	159
被保佐人	18,23
被補助人	18,24
表見代理	47
表題部	101
復代理	50,51
物権変動	86
物上代位	114
不法行為	186
分別の利益	133,135
弁済	64,65
法定共用部分	140
法定代理	41,50
法定地上権	119
保証	128
本登記	103,105

マ行

未成年者	18,21
無権代理	43,44,46
明認方法	180

ヤ行

有益費	159
要式主義	99
表示行為の錯誤	11

ラ行

履行遅滞	54,59

履行不能………………………… 54,59
隣地使用権 …………………… 190
連帯債務………………………… 137
連帯保証………………………… 134

MEMO

分野別セパレート本の使い方

各分冊を取り外して、
手軽に持ち運びできます！

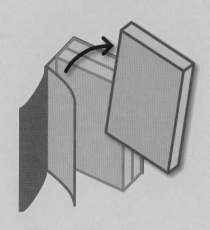

①各冊子を区切っている、うすオレンジ色の厚紙を残し、色表紙のついた冊子をつまんでください。
②冊子をしっかりとつかんで手前に引っ張ってください。

第2編
宅建業法

友次講師が丁寧に解説！
書籍購入者限定の無料講義動画

QRコードからのアクセスはこちら！

※QRコードを読み込めない方は下記URLにアクセスしてください。
lec-jp.com/takken/book/member/torisetsu/

※動画の視聴開始日・終了日については、専用サイトにてご案内いたします。
※スマートフォン等による視聴の場合、パケット通信料はお客様負担となります。

2021年版
宅建士
合格のトリセツ
基本テキスト
分冊 ②

第2編 宅建業法　目次

第1コース　宅建業の意味……1
第❶ポイント　宅建業の意味……2
第❷ポイント　免許不要……5

第2コース　事務所……7
第❶ポイント　事務所……8
第❷ポイント　事務所以外の場所……12

第3コース　免許……15
第❶ポイント　免許の基準……16
第❷ポイント　免許の申請と効力……20

第4コース　宅地建物取引士……25
第❶ポイント　宅地建物取引士……26
第❷ポイント　登録と届出……29
第❸ポイント　宅地建物取引士証……32

第5コース　営業保証金……35
第❶ポイント　営業保証金制度……36

第6コース　弁済業務保証金……43
第❶ポイント　弁済業務保証金……44

第7コース　媒介・代理……51
第❶ポイント　媒介と代理……52

第8コース　広告・業務上の規制……57
第❶ポイント　広告……58
第❷ポイント　業務上の規制……62

第9コース　重要事項説明……67
第❶ポイント　重要事項説明……68
第❷ポイント　重要事項説明の説明内容……71
第❸ポイント　供託所等に関する説明……81

第10コース　37条書面……85
第❶ポイント　37条書面……86

第11コース　自ら売主制限……91
第❶ポイント　自ら売主制限……92
第❷ポイント　クーリング・オフ……94
第❸ポイント　損害賠償額の予定等の制限……97
第❹ポイント　手付の額・性質の制限……99
第❺ポイント　手付金等の保全措置……101
第❻ポイント　自己所有でない物件の
　　　　　　　契約締結制限……104
第❼ポイント　契約内容不適合担保責任
　　　　　　　の特約制限……106
第❽ポイント　割賦販売契約
　　　　　　　（解除・所有権留保）……108

第12コース　住宅瑕疵担保履行法……111
第❶ポイント　住宅瑕疵担保履行法……112

第13コース　報酬額の制限……115
第❶ポイント　報酬額の制限……116
第❷ポイント　報酬額の制限（売買・交換）……118
第❸ポイント　報酬額の制限（貸借）……124

第14コース　監督・罰則……127
第❶ポイント　監督……128
第❷ポイント　罰則……131

索引……135

第1コース 宅建業の意味

このコースの特徴

● シチュエーションごとに、免許が必要か不要かを聞いてくるので、みきわめができるようになりましょう。「宅地」「建物」「取引」「業」の定義を1つ1つていねいにおさえていくことが重要になります。

第❶ポイント
宅建業の意味

重要度 A

攻略メモ
●「宅地」「建物」「取引」「業」の定義をしっかりとマスターしましょう！ 免許は必要か不要か？

1 宅建業法とは

　物を売ったり買ったりする場合、本来は契約の内容を自由に決めることができます。しかし、宅地や建物は一生ものの買い物になるうえ、一般消費者には価値がわかりにくいものです。そこで、悪い業者にだまされないようにするために、宅地や建物の売買に条件をつけたりしているのが、宅地建物取引業法（宅建業法）です。

2 宅建業とは

　宅地建物取引業（宅建業）とは、「宅地」または「建物」の「取引」を「業」として行うことをいいます。**宅建業を営むためには、免許を受けなければなりません。**

| 宅地・建物 | + | 取引 | + | 業 | = 免許が必要 |

1つ1つ、みていくことにしましょう。

「宅地」「建物」の「取引」であっても、それが「業」でなければ免許は不要です。「宅地」「建物」の「業」であっても、それが「取引」に該当しなければ免許は不要です。要するに、「宅地・建物」+「取引」+「業」のすべてに**該当するなら免許が必要**で、どれか1つでも違っていたら免許は不要ということです。

3 宅地

　宅建業法における宅地とは、次の3種類です。

> **覚えよう！**
> 1. 現在、建物が建っている土地
> 2. 建物を建てる目的で取引される土地
> 3. 用途地域内の土地

登記簿上の地目は関係ありません。登記簿に「山林」と記載されていようとも、建物を建てる目的で取引されるなら宅地として扱います。用途地域内の土地であっても、現在、公園・広場・道路・水路・河川であるものは除きます。

4 建物

建物とは、屋根・柱・壁のある工作物のことです。ふつうに思い浮かぶ「建物」のイメージでかまいません。倉庫やマンションの一室も建物として扱います。

5 取引

取引とは、以下の8種類のことをいいます。

	自ら	代理	媒介
売買	●	●	●
交換	●	●	●
貸借	×	●	●

●：取引にあたる　×：取引にあたらない

自ら貸借は取引ではありません。また、**転貸**も自ら貸借として扱います。

6 業

業とは、**不特定多数の人に反復継続して取引を行うこと**です。

つまずき注意の前提知識

用途地域
詳しくは、第3編「法令上の制限」で学びますが、簡単にいうと、ここは住宅地にしよう、ここは商業地にしよう、ここは工場を建てようというように、建物を建てることを前提とした土地のことです。

ライバルに差をつける関連知識

その他、リゾートクラブ会員権も建物として扱うことに注意してください。

つまずき注意の前提知識

自ら貸借とは大家さんがアパート経営するような形態のことです。また、転貸とは、又貸し（サブリース）のことです。

- 「不特定多数」にあたるか？
  - A 多数の友人・知人 → ● 業にあたる
  - B 公益法人に限定 → ● 業にあたる
  - C 自社の従業員に限定 → × 業にあたらない
- 「反復継続」にあたるか？
  - D 一括して売却 → × 業にあたらない
  - E 分譲 → ● 業にあたる

つまずき注意の前提知識

公益法人に限定しても相当の数があります。また、友人・知人は「ここまでが友人」としっかり定義できない以上、限定しているとはみなしません。

例 Aは、Bを代理して用途地域内の土地を不特定多数の人に反復継続して売買している。このとき、AとBは免許が必要か？

Aは　「用途地域内の土地」　→　宅地
　　　「売買の代理」　　　→　取引
　　　「不特定多数に反復継続」→　業

と、宅建業を行っているので免許が必要です。

では、Bは免許が必要でしょうか？

　実際にBは業務をしていないので不要に思えます。しかし、AはBの代理として業務を行っています。権利関係のところで学びましたが（→ 第1編 P38 参照）、代理人の行為は本人に帰属する、つまり、代理人が宅建業をやっているということは、本人が宅建業をやっているに等しいのです。よって、Bも免許が必要です。ただし、代理人が貸借の代理をしている場合には、本人は自ら貸借になるので、本人は免許不要となります（→ P3 参照）。

ちょこっとトレーニング　本試験過去問に挑戦！

問 Aの所有するオフィスビルを賃借しているBが、不特定多数の者に反復継続して転貸する場合、AとBは免許を受ける必要はない。(2005-30-1)

解答 ○：Aは自ら賃貸、Bも自ら転貸のため、「取引」にあたらない。

第❷ポイント 免許不要

重要度 A

攻略メモ
- 免許不要の例外です。信託会社や信託銀行は免許のみ不要ですが、その他の業法は守る必要があります。

1 免許不要な団体

宅建業を行うためには免許が必要ですが、以下の団体に関しては、**免許不要で宅建業を行うことができます。**

覚えよう！
- 国・地方公共団体
- 信託会社・信託銀行

2 国・地方公共団体

国や地方公共団体（都道府県・市町村）が宅建業を行う場合には、宅建業の免許も不要ですし、そもそも**宅建業法のルール自体が適用されません。**

3 信託会社・信託銀行

信託会社や信託銀行が宅建業を行う場合には、宅建業の免許は不要です。しかし、**その他の宅建業法のルールは適用されます。** 免許に関する規定のみが適用されない点に気をつけましょう。なお、**一定事項を国土交通大臣に届け出なければなりません。**

つまずき注意の前提知識
独立行政法人都市再生機構は国としてみなされ、地方住宅供給公社は地方公共団体としてみなされます。なお、農業協同組合・宗教法人などは国や地方公共団体ではありませんので免許が必要です。注意しましょう。

ちょこっとトレーニング 本試験過去問に挑戦！

問 Cが、甲県住宅供給公社が行う一団の建物の分譲について、その媒介を業として行おうとする場合、Cは免許を受ける必要はない。(1999-30-3)

解答 ×：住宅供給公社は免許不要だが、依頼されたCは免許必要。

第2コース 事務所

このコースの特徴

●事務所にはその事務所ごとに5点セットが必要です。そして少々細かい内容まで出題されるので、5点セットについてはしっかり学習しておかなければなりません。また、案内所は事務所ではないということを念頭に、事務所以外の場所についても学んでいきましょう。

第 ❶ ポイント

重要度 A

事務所

攻略メモ
● 宅建業法上の事務所には5点セットをそろえておかなければなりません。その5つは他のもので代用はできません。

1 事務所とは

事務所は宅建業者が宅建業を行う場所です。「本店（主たる事務所）」「支店（従たる事務所）」等と呼ばれます。

本店は、そこで宅建業を営んでいなくても、支店で宅建業を営んでいれば、事務所として扱います。支店は宅建業を営んでいる場合のみ事務所として扱います。

つまずき注意の
前提知識
案内所（モデルルームなど）は事務所ではないことに気をつけましょう。案内所に関しては後ほど学習します（➡P12参照）。

東京都		神奈川県	
本店	支店A	支店B	
宅建業	建設業	建設業	➡ 事務所数：1
↓		
事務所		

東京都		神奈川県	
本店	支店A	支店B	
建設業	宅建業	建設業	➡ 事務所数：2
↓	↓	
事務所	事務所	

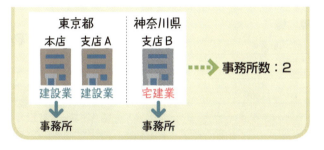

2 事務所に必要なもの（5点セット）

事務所には次の5つが必要です。

覚えよう！
① 標識の掲示
② 報酬額の掲示
③ 帳簿の備え付け
④ 従業者名簿の備え付け
⑤ 成年者である専任の宅地建物取引士の設置

主たる事務所にまとめて設置するのではなく、**事務所ごとに設置**します。

1 標識の掲示

公衆の見やすい場所に掲示しなければなりません。この標識は宅建業者が自分で作成するものであり、**免許証とは別物**です。

標　識		
宅地建物取引業者票		
免許証番号	国土交通大臣 知事（　）第　　　号	
免許有効期間	年　　月　　日から 　年　　月　　日まで	
商号又は名称		
代表者氏名		
この事務所に置かれている専任の宅地建物取引士の氏名		
主たる事務所の所　在　地	電話番号（　）	

30cm以上　／　35cm以上

つまずき注意の前提知識

宅建業法の後半で扱いますが、宅建業者のもらえる報酬額には限度があります（→第13コース参照）。それをお客様に教えるために掲示が必要なのです。

2　報酬額の掲示

事務所ごとに報酬額の掲示をする必要があります。

3　帳簿の備えつけ

事務所ごとに帳簿を備えつける必要があります。この帳簿は、**取引のあった都度**記載して、**閉鎖後5年間**保存しなければなりません。ただし、宅建業者が自ら新築住宅の売主となった場合には10年間保存する必要があります。

なお、必ずしも紙でなければならないというわけではなく、パソコンなどでの保存であってもかまいません。

4　従業者名簿の備えつけ

事務所ごとに一定の事項を記載した従業者名簿を備えつけなければなりません。**最終の記載をした日から10年間**保存する必要があります。また、取引の関係者から閲覧請求があった場合、正当な理由がない限り、閲覧を拒むことはできません。この名簿には、住所は記載不要ですが、**宅建士か否かは記載が必要**です。

こちらも、紙でなくてもパソコンなどでの保存であってもかまいません。

つまずき注意の前提知識

請求があった場合、従業者名簿は見せる必要がありますが、帳簿は見せる必要がありません。違いに気をつけてください。

5 専任の宅建士の設置

従業者が8人の場合、最低2人の宅建士が必要です。

　事務所ごとに業務に従事する者**5人に1人以上の割合**で、成年者である専任の宅建士を設置する必要があります。規定の数を下回った際には、**2週間以内に補充**などの措置をとらなければなりません。

つまずき注意の　前提知識

成年者である専任の宅建士とは、原則20歳以上の常勤の宅地建物取引士のことです。

3 従業者証明書

　宅建業者は、業務に従事する者には従業者証明書を携帯させなければなりません。アルバイトなど一時的に業務補助をする者であっても必要です。なお、**宅地建物取引士証**（ **P32 参照**）**とは別物**であり、代用することはできません。

　そして、従業者は、取引の関係者の請求があったときは、従業者証明書を提示しなければなりません。

ちょこっとトレーニング　本試験過去問に挑戦！

問 宅地建物取引業者は、その事務所ごとに、公衆の見やすい場所に、免許証及び国土交通省令で定める標識を掲げなければならない。
（2010-29-1）

解答 ×：免許証の掲示義務はない。

第❷ポイント 事務所以外の場所

攻略メモ
● いわゆるモデルルームや駅前案内所のことを指すと思ってください。大事なことは、案内所などは事務所ではないということです。

1 事務所以外の場所とは

営業活動を行うのは事務所だけではありません。分譲マンションのモデルルームや駅前案内所などでも業務を行うことがあります。このような案内所などにもさまざまな規制がかけられています。

2 設置するもの

事務所には5点セットを設置する必要がありました（➡ P9〜11参照）。案内所などにも設置するものがあります。案内所などの場合、**そこで申込を受けるかどうかで設置するものが違います。**

また、現地（分譲する宅地や建物が所在する場所）にも設置するものがあります。

	標識	成年者である専任の宅建士	従業者名簿・帳簿報酬額掲示	案内所など届出
事務所	●	5人に1人以上	●	ー
案内所など（申込を行う）	●	最低1人	×	●
案内所など（申込を行わない）	●	×	×	×
現地	●	×	×	×

●：必要　×：不要

一団の宅地建物を宅建業者が分譲するにあたって、代理・媒介業者が案内所などを設置した場合、標識の設置は次のようになります。

> **覚えよう！**
> - 現地　　＝　売主の標識
> - 案内所　＝　代理・媒介業者の標識

つまずき注意の前提知識
案内所に設置する代理・媒介業者の標識には、売主の商号・名称及び免許証番号等も記載します。

　また、専任の宅建士は案内所で契約申込を行う場合のみ設置義務があります。**設置義務は案内所を設置した代理・媒介業者であり、売主ではありません**。また、複数の宅建業者で１つの案内所を設置する場合には、いずれかの宅建業者が専任の宅建士を１人設置すればかまいません。それぞれの宅建業者から１人ずつではありません。

3 案内所の届出

　契約や申込を行う案内所の場合、案内所の設置をした業者が届出する必要があります。以下のルールで届出をします。

届出期間	業務開始の 10 日前 までに
届出事項	所在地・業務内容・期間・専任の宅地建物取引士の氏名
届出先	①案内所等の所在地を管轄する知事 ②免許権者→大臣免許の場合、案内所等の所在地を管轄する知事経由（➡ P20 参照）

　案内所で契約や申込を行わないというのであれば、届出は必要ありません。

ちょこっとトレーニング　本試験過去問に挑戦！

問 宅地建物取引業者Aは、マンションを分譲するに際して案内所を設置したが、売買契約の締結をせず、かつ、契約の申込みの受付も行わない案内所であったので、当該案内所に法第50条第1項に規定する標識を掲示しなかった。これは宅建業法に違反する。(2016-29-ア)

解答 ○：契約や申込をしない案内所であっても標識は掲示する。

第3コース 免許

このコースの特徴

● 免許の基準については、複雑なのでグループにわけて覚えるほうがよいでしょう。試験では細かい部分まで聞かれますので、しっかりと学習することが大事になります。挫折しないようにがんばりましょう！

第❶ポイント 免許の基準

重要度 A

攻略メモ
● 宅建業に関して誠実に仕事をしないと思われる人に免許を与えると、大変なことになるので、それを防ぐ目的で制定しています。

1 欠格事由

宅建業者としてふさわしくない者には宅建業の免許を与えないようにしています。次のような欠格事由に該当する者に免許は与えられません。

1 破産手続開始の決定を受けて復権を得ない者
→ 復権を得ればすぐに免許を受けられる

2 心身の故障により宅建業を適正に営むことができない者

3 一定の刑罰に処せられた者

科料	犯罪名に関係なく免許を受けることが可能
拘留	
罰金	通常の犯罪＝免許可能 宅建業法違反・背任・暴力系の犯罪＝刑執行後5年間は免許不可
禁錮	犯罪名に関係なく刑執行後5年間は免許不可
懲役	

＊有罪判決を受けても、控訴・上告中は免許がもらえる

＜暴力系の犯罪にあたる例＞暴行罪、傷害罪、現場助勢罪、脅迫罪、凶器準備集合罪
＜暴力系の犯罪にあたらない例＞過失致死、過失致傷、器物損壊

判決に刑の全部の執行猶予がついている場合、執行猶予期間中は免許を受けることができません。しかし、**執行猶予期間が満了すると、その翌日から直ちに免許を受けることができるようになります。**

つまずき注意の前提知識
犯罪名に「過失」がついた場合（過失致死など）は暴力系の犯罪とはならないことに気をつけましょう。

もうひとふんばりだ！

4 一定の理由で免許取消処分を受けた者

1 以下に該当するとして免許を取り消された者は、取消しから5年間は免許を受けることができない。
- 不正手段で免許取得
- 業務停止処分に違反
- 業務停止処分事由にあたり情状が特に重い場合

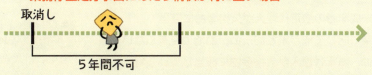

2 法人が上記**1**の免許取消し処分を受けた場合、聴聞の公示日前60日以内にその業者の役員（取締役・相談役を含む）だった者は、免許取消しから5年間は免許を受けることができない。

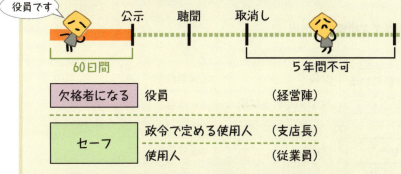

欠格者になる	役員	（経営陣）
セーフ	政令で定める使用人	（支店長）
	使用人	（従業員）

3 上記**2**の免許取消し処分の聴聞の期日・場所を公示したところ、処分前に自ら廃業の届出をした元業者→廃業等の届出から5年間は不可（免許取消しでなく業務停止処分の聴聞なら5年待つ必要なし）

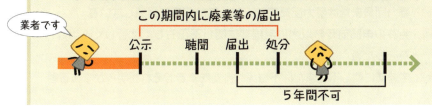

4 法人が前頁**3**の届出または相当な理由なく合併消滅した場合、その法人の聴聞の公示日前60日以内にその業者の役員だった者は、廃業届出から5年間は免許を受けることができない。

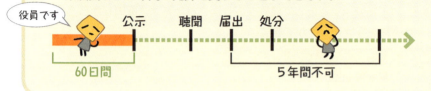

5 未成年者の法定代理人が欠格事由に該当

営業に関して成年者と同一の行為能力を有しない未成年者は、**法定代理人が欠格事由に該当している場合、免許をもらえません**。なお、営業に関して成年者と同一の行為能力を有する未成年者に関しては、成年者として扱うため、法定代理人について、欠格事由をみる必要はありません。

つまずき注意の前提知識
「営業に関して成年者と同一の行為能力を有しない未成年者」とは、婚姻歴がなく、宅建業を営むことについて法定代理人の許可を得ていない人のことです。

6 役員等が欠格事由に該当

欠格者のいる会社は免許不可	役員	（経営陣）
	政令で定める使用人	（支店長）
セーフ	使用人	（従業員）

7 極悪人

1 暴力団員または暴力団員でなくなってから5年経過しない者
2 免許の申請前5年以内に宅建業に関し不正もしくは著しく不当な行為をした者
3 宅建業に関し不正または不誠実な行為をするおそれが明らかである者

覚えよう！

① 会社が悪いことをした → **免許取消**

（悪いこと：三悪）
1. 不正手段による免許取得
2. 業務停止処分該当事由で情状が特に重い
3. 業務停止処分違反

→ 役員も欠格者になる（政令で定める使用人は欠格者とならない！）

② 会社の中［役員／政令で定める使用人］の中に欠格者がいる → **免許取消**
→ 他の役員や政令で定める使用人は欠格者にならない！
→ その人を追い出せば、すぐに免許OK！

（例）宅建業者Aの政令で定める使用人Bが懲役1年・執行猶予3年の刑！
→ 上記②のバージョンのため、宅建業者Aは免許取消
→ AはBを政令で定める使用人から追い出せばすぐに免許OK！
→ B自身は執行猶予期間中の3年間は免許NG！

ちょこっとトレーニング　本試験過去問に挑戦！

問1 法人Aの役員のうちに、破産手続開始の決定がなされた後、復権を得てから5年を経過しない者がいる場合、Aは、免許を受けることができない。(2010-27-1)

問2 法人の役員のうちに宅建業法の規定に違反して、懲役の刑に処せられている者がいる場合は、宅建業の免許を受けることはできないが、罰金の刑であれば、直ちに免許を受けることができる。(2003-31-3)

解答
1　×：復権を得ていれば直ちに免許を受けられる。
2　×：宅建業法違反の場合、罰金刑でも刑の執行を終えてから5年間不可。

第❷ポイント 免許の申請と効力

重要度 A

攻略メモ
● 誰から免許をもらうのか、どのようにして免許をもらうのか、制度的なことを中心に学んでいきましょう！

1 免許権者

宅建業を営むための免許は、

覚えよう！
- 1つの都道府県内に事務所 ＝ 都道府県知事
- 複数の都道府県内に事務所 ＝ 国土交通大臣

からもらうことになっています。あくまで事務所の所在地のみで考えます。

東京と埼玉に1カ所ずつ、計2カ所の事務所がある場合には国土交通大臣から、東京に事務所が50カ所あっても、東京都内だけなら東京都知事から免許をもらうことになります。

そして、免許を与えた人を免許権者といいます。なお、**都道府県知事免許は知事に直接申請**するのに対して、**国土交通大臣免許は主たる事務所を管轄する都道府県知事を経由して申請**します。

（事務所数：1）

20

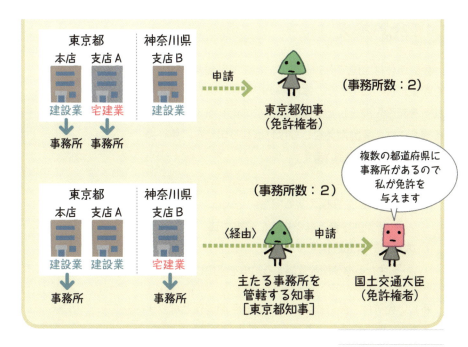

2 有効期間等

免許の有効期間は**5年**です。よって、5年ごとに更新が必要になります。

なお、更新申請したにもかかわらず、従前の免許の有効期間満了日までに新免許証が届かない場合、従前の免許は有効とされています。

> **つまずき注意の前提知識**
> 従前の免許が有効になるのは、申請はきちんとしているので業者に落ち度がないからです。なお、新免許証は旧免許証の有効期間満了日の翌日から5年間となります。

3 免許換え

免許自体は全国で有効なので、どこで宅建業を行ってもかまわないのですが、事務所の場所が移転したり、事務所を新設・廃止したりして、現在の免許が不適当になる場合には、免許換えをしなければなりません。免許換えは以下のように行います。

> **覚えよう！**
> ① 知事免許に免許換えする場合
>   → 新免許権者となる知事に直接申請
> ② 大臣免許に免許換えする場合
>   → 主たる事務所を管轄する知事を経由して申請

新しい免許は、**免許換えの時から5年間有効**となります。また、免許換えをすると、免許証番号が変わります。

4 変更の届出

宅地建物取引業者名簿に登録されている以下の内容に変更が生じた場合には、**変更後30日以内**に届出をしなければなりません。

> **覚えよう！**
> ① 商号または名称
> ② 事務所の名称・所在地
> ③ 法人業者の役員および政令で定める使用人の氏名
> ④ 個人業者およびその政令で定める使用人の氏名
> ⑤ 成年者である専任の宅建士の氏名

つまずき注意の前提知識
免許権者は、免許を与えたら「宅地建物取引業者名簿」に一定事項を登載しなければなりません。

事務所を増設したり、本店を支店にして支店を本店にしたりした場合には、届出が必要となります。しかし、役員などの住所が変わったとしても変更の届出は必要ではありません。また、業者が宅建業の他に新たに兼業を始めても、変更の届出は必要ではありません。

5 廃業等の届出

　以下の場合には、廃業等の届出をしなければなりません。期限は廃業等の日から **30日以内**ですが、死亡の場合のみ、**死亡を知った日から** 30日以内となります。

	届出義務者	失効
死亡	相続人	死亡時
合併	消滅会社の代表役員だった者	合併時
破産	破産管財人	届出時
解散	清算人	届出時
廃業	代表役員（個人業者なら本人）	届出時

　死亡や合併により免許は失効しますので、相続人や合併後の存続会社が免許を承継することはありません。

> **ライバルに差をつける 関連知識**
> 免許が失効した場合でも、一定の者は、当該宅建業者が締結した契約に基づく取引を結了する目的の範囲内においては、なお宅建業者とみなされます。

ちょこっとトレーニング 本試験過去問に挑戦！

問1 甲県知事の免許を受けているA（事務所数1）が、甲県の事務所を廃止し、乙県に事務所を新設して、引き続き宅地建物取引業を営もうとする場合、Aは、甲県知事を経由して、乙県知事に免許換えの申請をしなければならない。(1994-38-1)

問2 G社（甲県知事免許）は、H社（国土交通大臣免許）に吸収合併され、消滅した。この場合、H社を代表する役員Iは、当該合併の日から30日以内にG社が消滅したことを国土交通大臣に届け出なければならない。(2012-27-4)

解答
1 ×：乙県知事に直接申請する。
2 ×：消滅したG社の代表役員だった者が届出をする。

第4コース 宅地建物取引士

このコースの特徴

● 第3コースの「免許」と同じ内容や似た内容が多いので、比較しながら学習すると習得しやすいと思います。特に、宅建業者と宅建士で異なる部分は試験でよくねらわれますから、しっかり学習しましょう！

第❶ポイント 宅地建物取引士

重要度 A

攻略メモ
● 宅建士試験に合格しても、すぐに宅建士にはなれません。いくつかのステップがあります。どうすれば宅建士になれるのでしょうか。

1 宅建士になるまで

試験に合格したらすぐに宅地建物取引士（宅建士）になれるわけではありません。次のようなステップを経て宅建士となれるのです。

覚えよう！

宅建士試験合格
原則として住所地の都道府県知事が行う試験を受験
※不正受験者は、3年以内の期間を定めて受験禁止

● 欠格事由に該当しない
● 2年以上の実務経験or国土交通大臣の登録を受けた講習（登録実務講習）

宅建士資格登録
有効期間　→　一生有効

● 都道府県知事が指定する講習（法定講習）の受講
（交付の申請前6カ月以内に行われるもの）
（例外）①試験合格の日から1年以内に宅地建物取引士証の交付を受ける者
②登録の移転の申請とともに宅地建物取引士証の交付を受けようとする者

宅建士証交付
有効期間　→　5年間
更新の際には都道府県知事が指定する講習を受講
（交付の申請前6カ月以内に行われるもの）

あせらず着実にいこう！

2 宅建士の事務

宅建士になると、以下のことができるようになります。

覚えよう！
① 重要事項の説明
② 重要事項説明書面（35条書面）への記名押印
③ 37条書面への記名押印

つまずき注意の 前提知識
重要事項説明や37条書面については第9コース・第10コースで扱います。

3 欠格事由

宅建士としてふさわしくない者は登録することができません。その基準は宅建業者の欠格事由（ ➡P16参照）とほぼ同じですが、違う部分をおさえておきましょう。

	宅建業免許	宅建士登録
成年者と同一の行為能力を有する未成年者	●	●
成年者と同一の行為能力を有しない未成年者	△	×

●：免許・登録可　×：登録不可
△：未成年者本人と法定代理人がともに欠格事由にあたらないとき免許可

また、「事務禁止処分を受け、その禁止期間中に本人の申請により登録の消除がなされ、まだ事務禁止期間が満了していない者」も欠格者となります。この場合、事務禁止期間が満了したら直ちに登録することができます。

つまずき注意の 前提知識
左記以外に関しては、ほぼ宅建業者の欠格事由と同じです。「免許取消処分」を「登録消除処分」と読み替えてみてください。

4 業務処理

宅建士は、宅地建物取引の専門家として、消費者が安全に取引を行えるように、公正かつ誠実に事務を行うとともに、宅建業周辺の業務に従事する者との連携をはかるように努めなければなりません。

また、宅建士は、その信用を失墜させるような行為や品位を害する行為をしてはいけません。そして、知識および能力の維持向上に努めなければなりません。

つまずき注意の前提知識
早い話が、みんなと協力し、品行方正で、勉強熱心でないといけないということですね。

ちょこっとトレーニング 本試験過去問に挑戦！

問1 甲県知事の登録を受けているAは、甲県知事に対して宅地建物取引士証の交付を申請することができるが、Aの登録及び宅地建物取引士証の有効期間は、5年である。(1997-32-1 改題)

問2 宅建業に係る営業に関し、成年者と同一の行為能力を有しない未成年者で、その法定代理人が3年前に建設業法違反で過料に処せられている者は、登録を受けることができない。(1992-36-1)

解答
1 ×：宅建士証の有効期間は5年だが、登録は一生有効。
2 ○：「有しない」未成年者は登録不可。法定代理人は無関係。

第❷ポイント 登録と届出

重要度 A

攻略メモ
● 宅建士として登録してある内容に変更が生じたら、ちゃんと報告しなければいけません。それはどういう場合でしょうか。

1 変更の登録

　以下の事項に変更があった場合、**遅滞なく**変更の登録を申請しなければなりません。

覚えよう！
① 氏名　　※宅建士証の書換え交付も必要
② 住所　　※宅建士証の書換え交付も必要
③ 本籍
④ 商号または名称（宅建業者に勤務している場合）
⑤ 免許証番号（宅建業者に勤務している場合）

　「宅建業者の商号または名称」が変更するものとしては、勤務先の業者が社名変更をしたり、宅建士が退職や転職をした場合があたります。また、勤務先の宅建業者の住所が変わった場合、その業者が免許換えを行わないのであれば届出は不要ですが、免許換えを行うのであれば、免許証番号が変更するため、届出が必要です。
　事務禁止処分（➡P129参照）期間中でも変更の登録は必要です。

29

2 登録の移転

　登録の効力は全国に及びますので、全国どこでも勤めることができます。しかし、宅建士証は5年ごとに更新があり、その際には登録地の都道府県知事の指定する法定講習を受けなければならないので、そのたびに登録地の都道府県に行くのは面倒です。そのため、勤務先が変更になった場合、登録の移転を申請することができます。

　注意事項は以下の5点です。

覚えよう！

1. 現在の知事を経由して登録移転の申請をする
2. 勤務地の都道府県が変更になった場合のみ
   （住所が変わっただけでは無理！）
3. 有効期間は今の宅建士証の残りの期間
   （新たに5年ではない！）
4. 任意であって義務ではない
5. 事務禁止処分期間中は不可

3 死亡等の届出

　以下の場合には、**30日以内**に届出義務者が届出をしなければなりません。ただし、死亡の場合は**死亡を知った日**から30日以内です。

	届出義務者
死亡	相続人
心身故障	本人または法定代理人 もしくは同居の親族
破産	本人
その他	本人

ちょこっとトレーニング　本試験過去問に挑戦！

問1 甲県知事の宅地建物取引士資格登録を受けているAが、乙県に自宅を購入し、甲県から住所を移転した場合、Aは、30日以内に、甲県知事に変更の登録を申請しなければならない。(1998-44-2)

問2 甲県知事の宅地建物取引士資格登録を受けているAが、乙県に自宅を購入し、甲県から住所を移転した場合、Aは、遅滞なく、甲県知事を経由して乙県知事に登録の移転を申請しなければならない。(1998-44-1)

問3 甲県知事の宅地建物取引士登録を受けている宅地建物取引士Aが、破産者で復権を得ないものに該当することとなったときは、破産手続開始の決定を受けた日から30日以内にAの破産管財人が甲県知事にその旨を届け出なければならない。(2003-33-1)

解答
1　×：「30日以内」ではなく「遅滞なく」変更の登録が必要。
2　×：住所変更で登録の移転は不可。また、登録の移転は義務ではない。
3　×：破産管財人ではなく本人が届出をする。

第❸ポイント
宅地建物取引士証

 重要度 B

攻略メモ
- 銀行のキャッシュカードとほぼ同じ大きさの宅建士証。顔写真もついています。これを手に入れるために、今、がんばりましょう。

1 宅建士証

宅地建物取引士証（宅建士証）は以下のようなものです。

取引の関係者から請求があったときには提示しなければなりません。また、重要事項説明を行う際には、請求がなくても、必ず提示しなければなりません。

なお、新しい宅建士証の交付を受けた場合、古い宅建士証は効力を失います。

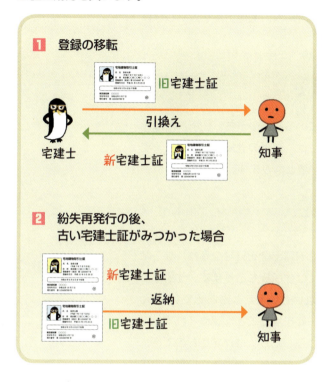

2 提出と返納

1 提出

宅建士が事務禁止処分を受けた場合には、**宅建士証の交付を受けた知事**に宅建士証を提出しなければなりません。

たとえば、甲県知事から宅建士証の交付を受けた宅建士が、乙県知事から事務禁止処分を受けた場合、交付を受けた甲県知事に提出します。なお、事務禁止処分期間が終わり、返還請求をすれば、宅建士証は返してもらえます。

2 返納

宅建士証が効力を失った場合や登録が消除された場合、交付を受けた都道府県知事に宅建士証を返納しなければなりません。

3 書換え交付

宅建士証に記載されている事項のうち、住所または氏名が変更になった場合には、変更の登録だけでなく、宅建士証の書換え交付も必要となります。

4 プライバシー

重要事項説明の際には宅建士証を見せなければならないのですが、宅建士証には住所欄もあります。住所などの個人情報を見せたくないということもあるでしょう。そのため、住所欄にシールをはることは認められています。しかし、黒く塗りつぶしたり、はがすことのできない強いシールをはるなど、取り外しができない形式での方法は認められていません。

ちょこっとトレーニング 本試験過去問に挑戦！

問 宅地建物取引士は、勤務先を変更したとき、宅地建物取引士証の書換え交付の申請を行わなければならない。(1994-37-4)

解答 ×：勤務先は宅建士証に記載がないので書換え交付は不要。

第5コース 営業保証金

このコースの特徴

●まずは何よりも「免許→供託→届出→開始」の順番を頭に入れることが第一。この順番で新規事業を開始します。事務所の新設も基本的にはこの順序。順序を入れ替える問題が多いので、これをしっかり頭に入れましょう！

第❶ポイント

重要度 A

営業保証金制度

攻略メモ
● 宅建業をはじめるのにもお金がかかります。もちろん、廃業したりして宅建業をやめたら戻ってきますが負担は大きいですね。

1 営業保証金の供託

　宅建業は扱う金額が大きいので、お客様に大きな損害を与えてしまう可能性もあります。そのときに宅建業者がお客様に支払いができないと困りますので、業務を開始するには、営業保証金というものを供託する必要があります。このお金を供託所に預けておけば、お客様が損害を受けて、宅建業者がお金を払えないという状況になってしまっても、ここから支払うことができます。

つまずき注意の前提知識

供託
供託とは、供託所にお金または有価証券を預けておくことです。

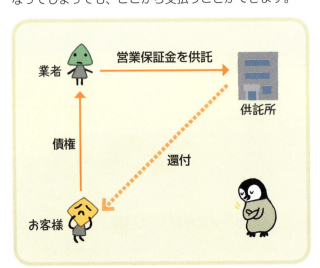

36

以下の金額を、**主たる事務所の最寄りの供託所**に供託します。

> **覚えよう！**
> - 主たる事務所　　**1,000万円**
> - 従たる事務所　　**500万円**×事務所の数

供託方法は、**金銭でも有価証券でも**どちらでもかまいません。有価証券の場合は以下の評価額になります。

> - 国債証券　　　　　　　　　→ 額面通り（100%）
> - 地方債証券・政府保証債証券　→ 額面の90%
> - その他の有価証券　　　　　　→ 額面の80%

2 事業開始までの流れ

宅建業の事業開始までの流れは次のようになります。

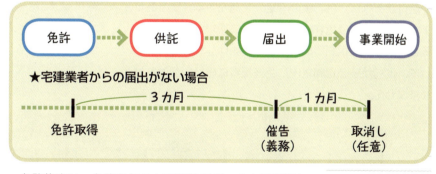

免許権者は、免許を与えた宅建業者が、3カ月経過しても営業保証金を供託した旨の届出をしてこない場合、**催告をしなければなりません**。そして、催告から1カ月経過しても届出がなければ、その宅建業者の**免許を取り消すことができます**。

3 事務所の新設

新たに事務所を設置した場合には、主たる事務所の最寄りの供託所に追加の供託をして、その旨を免許権者に届け出た後でなければ、その事務所での事業開始ができません。

4 営業保証金の還付

還付は、宅建業者と宅建業の取引をした者が、その取引により受けた損害を営業保証金から弁済してもらうことです。よって、宅建業者の広告を扱った広告業者、電気工事を実施した電気工事業者、宅建業者の発注した内装工事を請け負った内装業者などは還付を受けることはできません。また、いくら取引による債権を有していたとしても、宅建業者は還付を受けることができません。

還付があれば、供託額の不足分を補充する必要があります。宅建業者は免許権者から不足の通知があった日から2週間以内に供託所に供託しなければなりません。そして、供託から2週間以内に免許権者に届け出なければなりません。

5 保管替え等

　主たる事務所の移転によって、最寄りの供託所が変更した場合には、新しい供託所に営業保証金を供託しなければなりません。

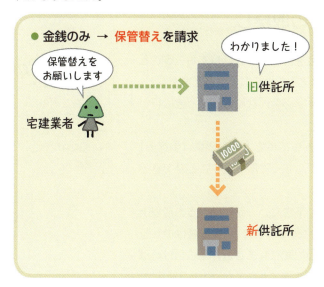

古い供託所から供託金を取り戻してからその供託金を新しい供託所に持っていくのではありません。新しい供託所に供託して、その後、二重供託状態になっているので、前の供託所から取り戻します。こうすれば、一時的にも供託所に供託金がないという事態は防げます。

どちらも、移転後遅滞なく行わなければなりません。

アドバイス

有価証券が少しでも含まれている場合、保管替え請求はできません。「金銭の部分のみ保管替え請求ができる」とあれば答えは×となります。

6 営業保証金の取戻し

　宅建業者が営業保証金を供託所から返してもらうことを取戻しといいます。宅建業をやらなくなった場合など、もう営業保証金を供託する必要がなくなったときに行います。

　ただし、還付を受けることができるお客様（債権者）がいるかもしれないので、すぐに取り戻すことができるわけではありません。

　宅建業者は、6カ月を下らない一定期間（6カ月以上の一定期間のこと）を定めて、公告（「債権者は申し出てください」と広く一般に知らせること）をしなければなりません。その期間を過ぎてからでないと取戻しはできません。

　なお、例外的に公告なく直ちに取り戻せる場合があります。それが以下のものです。

覚えよう！

1 二重供託をしている場合（➡ P39 参照）
2 宅建業者が保証協会に加入した場合
　（➡ P44 参照）
3 取戻しの原因が生じてから10年経過した場合

つまずき注意の 前提知識

不正行為を理由として免許を取り消された場合でも、営業保証金を取り戻すことができます。

ちょこっとトレーニング 本試験過去問に挑戦！

問1 宅地建物取引業者Ａ（甲県知事免許）は、本店について1,000万円、支店1ヵ所について500万円の営業保証金を、それぞれの事務所の最寄りの供託所に供託しなければならない。(1998-37-1)

問2 新たに宅地建物取引業を営もうとする者は、営業保証金を供託所に供託した後に、国土交通大臣又は都道府県知事の免許を受けなければならない。(2001-33-2)

問3 宅地建物取引業者は、不正の手段により宅地建物取引業法第3条第1項の免許を受けたことを理由に免許を取り消された場合であっても、営業保証金を取り戻すことができる。(2013-27-1)

解答
1　×：それぞれの最寄りではなく、主たる事務所の最寄り。
2　×：免許→供託の順番。免許を受けてから供託をする。
3　○：宅建業をしなくなるので取戻し可能。

給水 コラム

「宅建士」になろう！

宅建業者には宅建士の設置義務があります。ということは、入社する前にすでに資格取得していれば、宅建業界への就職は有利になること間違いありません。それのみならず、資格の取得はエントリーシートに書けるので、宅建業界以外であっても、就職活動では有利になります。あまりに簡単な資格では有利にはなりませんが、合格率15％ならばアピールになります。そして、国家試験の中では合格率は高いほうなので、他資格よりねらいやすいというメリットもあります。ぜひ合格して、宅建士になりましょう！

混乱したら
一呼吸おくのも
大切だよ

第6コース 弁済業務保証金

このコースの特徴

● 第5コースの「営業保証金」と同じ内容や似た内容が多いので、比較しながら学習すると習得しやすいと思います。特に、営業保証金と弁済業務保証金で異なる部分はよくねらわれますから、しっかり学習しましょう！

第 ❶ ポイント

弁済業務保証金

重要度 A

攻略メモ
● 「みんなで助けあおう」というのが保証協会の基本的なスタンス。営業保証金の免除は大きいでしょう。

1 保証協会とは

　宅建業をはじめるには営業保証金を供託しなければなりません。しかし、その金額は大きく、なかなか新規開業にふみきれないでしょう。

　そこで、保証協会という制度が用意されているのです。保証協会は宅建業者のみが加入できる一般社団法人です。全国宅地建物取引業保証協会（ハトのマーク）と不動産保証協会（ウサギのマーク）の2種類があります。保証協会に入会すると、営業保証金が免除されます。また、保証協会に加入した宅建業者は「社員」と呼ばれます。

　どちらか一方の社員である者は、他の保証協会の社員にはなれません。

　保証協会に加入しようとする者は、**加入しようとする日までに**弁済業務保証金分担金を以下の金額分、保証協会に納付しなければなりません。

つまずき注意の 前提知識
保証協会への加入は任意であり、営業保証金を供託して宅建業を営むことも可能です。

覚えよう！
● 主たる事務所　　→　60万円
● その他の事務所　→　30万円 ×事務所の数

　そして、保証協会は、**1週間以内**に宅建業者から納付されたお金に相当する額を供託所に供託します。これを

弁済業務保証金といいます。供託した後、保証協会は、社員である宅建業者の免許権者に対して、供託した旨の届出をしなければなりません。

```
宅建業者 ─弁済業務保証金分担金[納付]→ 保証協会 ─弁済業務保証金[供託]→ 供託所
            金銭のみ                           金銭 or 有価証券
         加入しようとする日まで                 納付後１週間以内
```
※供託した旨を保証協会が免許権者に届出（宅建業者ではない！）

社員から少しずつ集めたお金で、営業保証金の代わりをしようというのが、弁済業務保証金の趣旨です。

2 事務所新設

新たに事務所を設置した場合には、**設置した日から２週間以内**に追加の弁済業務保証金分担金を保証協会に納付します。

もし、この期間内に納付をしなかった場合、社員の地位を失います。それでも宅建業を続けていきたいのであれば、**社員の地位を失った日から１週間以内**に、営業保証金を供託して届出をしなければなりません。

3 弁済業務保証金の還付

保証協会の社員である宅建業者に対する債権をもつ者は、弁済業務保証金で弁済してもらえます。そのためには、まず**保証協会の認証**が必要となります。債権者はま

ず保証協会に認証をもらい、それから供託所に還付の請求をして還付を受けることになります。

また、**その宅建業者が社員になる前に取引した者も還付を受けることができます。**

還付額は、**営業保証金の金額と同額**となります。また、いくら取引による債権を有していたとしても、**宅建業者は還付を受けることができません。**

> **例** 弁済業務保証金分担金を210万円払っている業者Aと取引したお客様は、いくらまで還付を受けられるか？
>
> ● 弁済業務保証金分担金は、本店60万円、支店1カ所30万円
> つまり、本店が1つ、支店が5つの業者となる。
>
> ● もし、営業保証金を払うなら、本店1,000万円、支店1カ所500万円
> つまり、3,500万円となる。
>
> ● 業者Aと取引したお客様は3,500万円まで還付を受けることができる。

4 不足分の補充

還付によって弁済業務保証金が不足した場合、次のような手順で補充をしなければなりません。

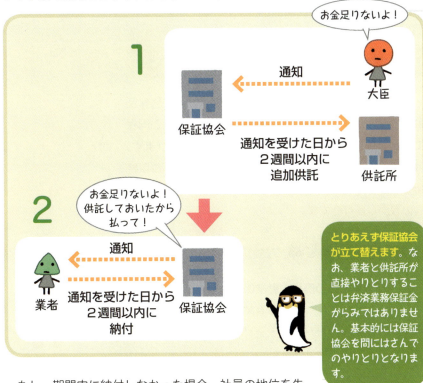

もし、期間内に納付しなかった場合、社員の地位を失います。それでも宅建業を続けていきたいのであれば、社員の地位を失った日から **1週間以内** に、営業保証金を供託して届出をしなければなりません。

還付により不足した額をまず保証協会が供託するための財源として、保証協会は **弁済業務保証金準備金** という積立てをしておかなければなりません。足りなくなった際にはここから費用を出します。それでも足りない場合

には、社員全員に負担してもらうことになります。これが**特別弁済業務保証金分担金**です。全社員は、通知を受けてから**1カ月以内**に、特別弁済業務保証金分担金を納付しなければなりません。納付しない場合には社員の地位を失います。

5 弁済業務保証金の取戻し

　社員でなくなったときには、保証協会は弁済業務保証金の取戻しができますが、この際には営業保証金と同様に、6カ月以上の期間を定めた公告が必要となります。公告は保証協会が行います。それに対して、**一部の事務所を廃止した場合、保証協会は公告をすることなく、直ちに取戻しが可能です。**

暗記ポイント　総まとめ

- 一部の事務所の廃止　営業保証金　　＝　公告**必要**
　　　　　　　　　　　弁済業務保証金　＝　公告**不要**

ちょこっとトレーニング 本試験過去問に挑戦！

問1 宅地建物取引業保証協会に加入している宅地建物取引業者Aが、その一部の事務所を廃止したため、保証協会が弁済業務保証金分担金をAに返還しようとするときは、保証協会は、弁済業務保証金の還付請求権者に対し、一定期間内に認証を受けるため申し出るべき旨の公告を行う必要はない。(2005-45-3)

問2 宅地建物取引業者は、保証協会の社員の地位を失ったときは、当該地位を失った日から2週間以内に、営業保証金を主たる事務所の最寄りの供託所に供託しなければならない。(2008-44-4)

解答 1　○：弁済業務保証金の場合、一部の事務所廃止は公告不要。
2　×：「2週間以内」ではなく「1週間以内」。

49

不動産業開業へ！

宅建士の資格があれば、独立開業することも可能です。会社の代表が宅建士であれば、4人までは宅建士の資格のない人を雇うことが可能です。営業保証金が払えないのであれば、保証協会に加入することもできます。本編❼では、弁済業務保証金分担金が60万円だとありましたが、当然のことながら、その他にも保証協会の入会金などの諸費用はかかります。興味がございましたら、保証協会のホームページで確認してみてはいかがでしょうか。

宅建業法の折り返し地点に近づいてきました！

第7コース 媒介・代理

このコースの特徴

● ここでは、媒介や代理の際の規制について学びます。一般媒介契約・専任媒介契約・専属専任媒介契約の3種類の違いをまずはしっかり学習しましょう。媒介契約書面については、記載内容はもちろん、貸借では不要だということも忘れずに。

第 ❶ ポイント

媒介と代理

重要度 A

攻略メモ
- 3種類の媒介契約の違いをきちんと明確にしましょう。一般媒介契約は他の業者にも依頼できるので規制はそれほど厳しくありません。

1 媒介・代理契約

　媒介とは、売主・買主、貸主・借主、交換の両当事者の一方または双方から依頼を受けて、その間にたって、契約の成立に向けてあっせん尽力する行為をいいます。

　媒介業者は、売主から依頼があれば買主を探し、買主から依頼があれば売主を探し、売主と買主との間にたって、売買契約の成立に向けてあっせん尽力します。媒介には一般媒介・専任媒介・専属専任媒介の3種類があります。

つまずき注意の 前提知識
ここでは媒介契約を例に説明しますが、代理にも同様の規制がかかります。媒介が買主または売主を探すのに対して、代理は当事者に代わって売買契約を締結する権限まであります。

	一般媒介契約	専任媒介契約	専属専任媒介契約
他の業者への依頼	可	不可	不可
自己発見取引	可	可	不可
有効期間	制限なし	3カ月以内（超えたら3カ月に短縮）自動更新不可（依頼者からの申出必要）	
業務処理状況報告	制限なし	2週間に1回以上（休業日含む）	1週間に1回以上（休業日含む）
指定流通機構への登録期間		契約締結日から7日以内（休業日除く）	契約締結日から5日以内（休業日除く）
売買・交換の申込があった旨の報告	遅滞なく		

　一般媒介契約は、依頼者から他の宅建業者に重ねて依頼できるのに対して、専任媒介契約や専属専任媒介契約は、他の宅建業者に依頼することはできません。

もうひとふんばりだ！

一般媒介契約には、他の業者に依頼した場合、その業者を明示しなければならないタイプ（明示型）と、明示する必要がないタイプ（非明示型）があります。

自己発見取引とは、依頼者が自分でお客さんをみつけてくることです。専属専任媒介契約ではそれさえも禁止しています。

売買・交換の契約の申込を受けた宅建業者は、遅滞なく、その旨を依頼者に知らせなければなりません。

つまずき注意の前提知識
左ページの表よりもお客様に有利な特約は有効、お客様に不利な特約は無効となります。

2 指定流通機構

指定流通機構（レインズ）とは、宅建業者のみが閲覧できる物件検索システムのことです。専任媒介契約や専属専任媒介契約の場合、指定された期日までにレインズに物件を登録する義務があります。一般媒介契約の場合、義務ではありませんが、任意で登録することは可能です。

宅地または建物の所在・規模・形質・売買すべき価格や、法令上の制限の主要なものなどの一定の事項につき、登録をしなければなりません。

アドバイス
依頼者の氏名・住所は登録事項となっていません。

依頼を受けた宅建業者は登録が完了したら、指定流通機構から交付される登録済証を、遅滞なく、依頼者に引き渡さなければなりません。

依頼を受けた宅建業者は契約が成立した際には遅滞なく、以下の事項を指定流通機構に通知しなければなりません。

1 登録番号
2 取引価格
3 契約成立年月日

物件の所在、契約当事者の氏名などは通知事項ではありません。

3 媒介契約書面

　媒介契約が成立した際には、契約成立後、遅滞なく、媒介契約書面を作成し依頼者に交付しなければなりません。なお、この書面は**貸借の媒介の場合には必要ありません**。売買や交換の媒介契約のときのみ必要です。そして、この書面には、宅建業者の記名押印が必要です。

アドバイス
「宅地建物取引士の記名押印が必要」とあったら答えは×。宅建士ではなく宅建業者の記名押印です。

　この書面に記載する事項は以下のとおりです。

① 物件を特定するために必要な表示
② 売買すべき価格または評価額
③ 媒介の種類
④ 既存建物であるときは建物状況調査（いわゆるインスペクション）を実施する者のあっせんに関する事項
⑤ 報酬
⑥ 有効期間
⑦ 解除・契約違反の場合の措置
⑧ 標準媒介契約約款に基づくか否か
⑨ 指定流通機構への登録に関する事項

つまずき注意の**前提知識**
この書面に記載する事項は、省略することはできません。

なお、**売買価格や評価額に宅建業者が意見を述べる際には、必ず根拠を示さなければなりません。**ただし、書面で行う必要はなく、口頭でもかまいません。

ちょこっとトレーニング　本試験過去問に挑戦！

問1 宅地建物取引業者Aは、B所有の宅地の売却の媒介依頼を受け、Bと専任媒介契約を締結した。媒介契約の締結にあたって、業務処理状況を5日に1回報告するという特約は無効である。（2004-39-4）

問2 宅地建物取引業者Aは、宅地建物取引業者でないEから宅地の売却についての依頼を受け、専属専任媒介契約を締結したときは、当該宅地について法で規定されている事項を、契約締結の日から休業日数を含め5日以内に指定流通機構へ登録する義務がある。（2016-41-4）

解答
1 ×：買主に不利な特約ではないから有効。
2 ×：休業日は除く。

給水 コラム

不動産業者の定休日

美容室は火曜日休みが多い、というように、業界によって定休日がある程度決まっていることがあります。不動産業者は水曜日休みが多いようです。これは、水曜日は「契約が水に流れてしまう」という縁起の悪い日だから、定休日にしたという説があります。とにもかくにも、不動産業者は契約をして報酬をいただく形態なので、契約がなければ、報酬もないことになってしまいます。

「契約」って水に流れるの？およげるのかな

それはもののたとえだって…

第8コース
広告・業務上の規制

このコースの特徴

● ここでは広告や業務上の規制について学びます。常識で対処できる問題もあるので、そういう部分は軽く通過してしまいましょう。おとり広告などがいけないことは特に覚えずともわかると思います。ただし、重要論点はしっかりと！

第 ① ポイント 広告

重要度 A

攻略メモ
● まず、広告は多くの人が見るものなので、影響力が大きいというイメージをもちましょう。なので、罰則も厳しめになっています。

1 取引態様の明示

　宅建業者は、宅建業に関する広告をする際や注文を受けた際に、**取引態様を明示する**必要があります。取引態様の明示とは、第1コースで学んだ8種の「取引」のうち（→P3参照）、どれに該当するのかをきちんとお客様に知らせることです。

　なお、広告をする際に取引態様を明示したとしても、注文を受ける際には改めて取引態様の明示をする必要があります。

　また、宅地を数回にわけて分譲するときも、その都度、取引態様を明示する必要があります。

　ちなみに、明示の方法は自由なので、口頭でもかまいません。

2 誇大広告等の禁止

　当然のことながら、誇大広告をしてはいけません。では、誇大広告とは具体的にどのようなものなのでしょうか。

- 物件（所在・規模・形質）
- 環境（現在または将来の「環境・利用の制限・交通」）
- 代金（代金の額や融資のあっせん）

 上記について、以下の表示をしてはいけない

- 著しく事実に相違する表示
- 実際より著しく優良・有利と誤解されるような表示

なお、**誰も信じなかったので実害が発生しなかったとしても、そういう広告をした時点で誇大広告となります。**

3 おとり広告の禁止

　売る意思もない条件のよい物件の広告を出し、実際には他の物件を販売するために事務所に誘いこむ目的で広告をすることも当然のことながら禁止です。具体的には、次のような物件です。

- 存在しない物件
- 存在するが取引するつもりのない物件
- 存在するが取引対象となり得ない物件

　ちなみに、新聞広告・インターネットなど、あらゆる広告が規制対象となっています。

4 広告・契約の開始時期

　宅建業者は、未完成物件についていつから広告や契

約ができるのでしょうか。それは、**建築などに必要な許可や確認が下りて、売ることができると確認されたとき**です。よって、建築確認や開発許可など、必要な許可や確認が下りるまで、未完成物件の広告や契約をしてはいけないことになっています。

■建築確認（建物）・開発許可（宅地）の前に広告・契約ができるか

	売買	交換	貸借
広告	×	×	×
契約	×	×	●

●：できる　×：できない

たとえ許可・確認等が下りることを停止条件とする特約をつけたとしても、契約を締結することはできません。

ただし、許可や確認が下りる前でも、**貸借の契約だけは可能**です。

アドバイス

「建築確認申請中の場合、申請中である旨を表示すれば広告ができる」とあったら答えは×。申請中ということは許可が下りていないということ。まだ広告をしてはならない。

■広告と監督・罰則

	監督処分	罰則
取引態様明示義務違反	●	×
誇大広告等の禁止違反	●	●
広告・契約開始時期の制限違反	●	×

●：あり　×：なし

問1 宅地建物取引業者Aは、一団の宅地の販売について、数回に分けて広告をするときは、最初に行う広告以外は、取引態様の別を明示する必要はない。(2014-30-4)

問2 宅地建物取引業者は、新築分譲住宅としての販売を予定している建築確認申請中の物件については、建築確認申請中である旨を表示すれば、広告をすることができる。(2012-28-エ)

解答 1　×：取引態様は広告のたびに明示する。
　　　 2　×：確認が下りた後でなければ広告をすることはできない。

第❷ポイント
業務上の規制

　重要度 B

攻略メモ
- このページに記載されている内容は宅建業者でなくても守るべきものが多いです。常識で考えられる部分以外を中心に学びましょう。

1 守秘義務

宅建業者と従業者は、業務上知った秘密を、**現役中も引退後も、正当な理由なくもらしてはいけません。**

友達に話すことも、ネットに書くことも、退職後であっても禁止です。

しかし、正当な理由があればもらしても許されます。

いかなる理由があってももらしてはいけないわけではありません。**もらすのに正当な理由があればもらすことは問題ありません。**

2 業務に関する禁止事項

その他、以下の行為に関しても禁止されています。

①不当な履行遅延の禁止
（登記・引渡し・対価の支払いのみ）
②重要な事実の不告知・不実告知の禁止
③不当に高額な報酬を要求する行為の禁止
④手付貸与等の禁止

禁止されるもの	認められるもの
●手付金の貸付け ●手付金の後払い ●手付金の分割払い ●手付金の手形での支払い	●手付金について銀行との間の金銭貸借のあっせん ●手付の減額

⑤断定的判断*の提供の禁止
　＊利益を生ずることが確実であると誤解されうる表現
⑥威迫行為等の禁止

つまずき注意の前提知識

左の行為のほか、相手方の迷惑になるような行為、正当な理由なく手付解除を拒んだり妨げたりする行為、契約申込の撤回を行うに際しすでに受領した預り金を返還することを拒む行為なども禁止されています。

　手付貸与が禁止されているのは、もしお客様がキャンセルしたい場合、お金を払わないとキャンセルできないからです。たとえば手付300万円で、とりあえず100万円だけ払って残りは後払いとすると、キャンセルする際に200万円払わないとキャンセルできないという事態になってしまうからです。それに対して、手付を100万円に減額するのであれば、キャンセルもしやすくなるので認められているのです。

■業務上の規制と監督・罰則

	監督処分	罰則
守秘義務違反	●	●
不当な履行遅延の禁止	●	●
重要な事実の不告知 不実告知の禁止	●	●
不当に高額な 報酬要求の禁止	●	●
手付貸与等の禁止	●	●
断定的判断の提供の禁止	●	×
威迫行為等の禁止	●	×
その他	●	×

●：あり ×：なし

ちょこっとトレーニング 本試験過去問に挑戦！

問1 宅地建物取引業者の従業者である宅地建物取引士は、本人の同意がある場合を除き、正当な理由がある場合でも、宅地建物取引業の業務を補助したことについて知り得た秘密を他に漏らしてはならない。(2005-32-3)

問2 宅地建物取引業者Aが、宅地の売買契約締結の勧誘に当たり、相手方が手付金の手持ちがないため契約締結を迷っていることを知り、手付金の分割払いを持ちかけたことは、契約締結に至らなかったとしても法に違反する。(2016-34-4)

解答 1　×：正当な理由があればもらしてもよい。
　　　 2　○：手付貸与等は禁止。契約が成立したか否かは無関係。

宅建士試験の計算問題

宅建士試験では、手付の額をはじめ相続・報酬額の計算・建蔽率や容積率など、さまざまな分野で計算問題が出題されることがあります。しかし、小学校の算数の範囲です。苦手にしている人は多いかもしれませんが、ここを克服すれば1〜2点を獲得することができます。馴れないうちは電卓を使ってでも答えを出してみましょう。試験会場では電卓は使えないので、本番までにはちゃんと計算できる実力もつけておいてください。

第9コース 重要事項説明

コースの重要度をチェック！

第1ポイント　重要事項説明とは

重要度 A

第2ポイント　重要事項説明の説明内容

重要度 A

第3ポイント　供託所等に関する説明

重要度 B

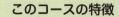

このコースの特徴

● 重要事項説明とは、一言でいうと商品説明です。ですから、わからなくなった場合「これは契約の前に聞いておいたほうがよいかな？」と考えれば正解にたどり着くことができるでしょう。

第❶ポイント 重要事項説明

 重要度 A

> **攻略メモ**
> ● 宅建士試験最大のポイントです。宅建士の仕事のメインですから当然ですよね。重要事項説明は商品説明というイメージでとらえましょう！

1 重要事項説明

商品はよく検討してから購入したいものです。しかし、土地や建物の詳しい情報は、素人が見ただけではよくわかりません。そこで、**不動産の契約では、契約前に重要事項説明というものを義務付けています**。この重要事項説明は、これからその不動産を使う人（**買主・借主・交換の両当事者**）に対して行う必要があります。

> 買うかどうかの判断材料に使うものですから、契約締結前に行わなければなりません。

この説明は宅地建物取引士でなければすることができません。ただし、**専任である必要はない**ので、アルバイトであっても、宅地建物取引士であればすることができます。なお、説明の際には、**相手方からの請求がなくても**宅建士証を見せなければなりません。違反した場合、その宅建士は10万円以下の過料に処せられます。

重要事項説明は宅建業者の義務です。宅建業者が宅地建物取引士に説明させる義務があるのです。つまり、重要事項説明をしないで契約してしまった場合、宅建業者は業務停止処分を受けることがあります。重要事項説明を行う場所について、特に決まりはありません。

> **つまずき注意の前提知識**
> 1つの取引に複数の宅建業者が関与するときは、すべての宅建業者が重要事項の説明義務を負います（ただし、自ら貸主となる宅建業者、買主又は借主となる宅建業者は除く）。

2 重要事項説明書

重要事項説明は書面を交付して説明しなければなりません。この書面を重要事項説明書（35条書面）といいます。重要事項説明書への記名押印は宅建士でなければすることができませんが、専任である必要はありません。なお、**相手方が宅建業者の場合、重要事項説明は省略できますが、書面の交付を省略することはできません。**

3 IT重説

貸借の代理又は媒介に係る重要事項の説明について、テレビ会議等のITを活用できるようになりました。ただし、次の条件を満たしている場合に限られます。

① 双方向でやりとりできる環境において実施すること
② 重要事項説明書と添付書類を、説明を受ける者にあらかじめ送付すること
③ 映像及び音声の状況について、宅地建物取引士が説明開始前に確認しておくこと
④ 相手方が、宅地建物取引士が提示した宅地建物取引士証を視認できたことを確認すること

69

ちょこっとトレーニング　本試験過去問に挑戦！

問1 重要事項の説明及び書面の交付は、取引の相手方の自宅又は勤務する場所等、宅地建物取引業者の事務所以外の場所において行うことができる。(2015-29-2)

問2 宅地建物取引士は、宅地建物取引業法第35条の規定による重要事項説明を行うにあたり、相手方から請求があった場合にのみ、宅地建物取引士証を提示すればよい。(2011-28-3)

解答 1　○：場所はどこで行ってもよい。
2　×：相手方から請求がなくても見せなければならない。

第❷ポイント 重要事項説明の説明内容

重要度 A

攻略メモ
- つらいかもしれませんが、ここを記憶しておかないと点数がとれません。大事なものだけに絞り込みましたので、最低限この程度は覚えましょう。

1 全てに必要な説明事項（売買・交換・貸借）

1 登記された権利の種類・内容

> 所有権や抵当権などについて説明します。抵当権は近々抹消される予定であっても説明します。

2 飲用水・電気・ガスの供給施設及び排水施設の設備の状況

> 整備されていない場合には、整備の見通しや、それにかかる特別の負担がある場合には、それも併せて説明します。

3 契約の解除に関する事項

> どういう場合に解除できるのか（手付・債務不履行など）、解除の方法（催告の期間）、解除後の効果（原状回復など）について説明します。

4 損害賠償額の予定や違約金

> 損害賠償額について、賠償額の予定の有無などを説明します。

5 代金・交換差金・借賃以外に授受される金銭の額・目的

> 売買の場合には諸費用（印紙代・登記費用など）や手付金について、貸借であれば事業用の場合は権利金や保証金、居住用であれば敷金や礼金について説明します。

6 土砂災害警戒区域・造成宅地防災区域・津波災害警戒区域

> 土砂災害や津波災害については、命にかかわります。指定があるのであれば説明します。

7 水害ハザードマップの提示

> 取引の対象となる宅地・建物の位置を含む、入手可能な最新のハザードマップを提示します。ハザードマップが存在しない場合は、存在しない旨の説明が必要です。

8 （未完成物件の場合）完成時の形状・構造

> 未完成物件では、完成時にどうなるのかは知りたいはずです。完成時の予定について説明します。

2 建物の場合には必要（土地の場合には不要）

1 既存建物状況調査（インスペクション）の結果の概要等

> 建物状況調査の実施の有無（実施後１年を経過していないもの）について説明します。実施している場合における建物状況調査の結果の概要も併せて説明します。さらに、貸借以外では設計図書・点検記録等の書類保存の状況も説明します。

2 石綿使用調査の内容　　記録があればその旨

石綿の調査がされている場合には、その調査結果を説明します。調査されていない場合には、「されていない」と告げれば良いです。業者に調査をする義務はありません。

3 耐震診断の結果　　記録があればその旨

耐震診断を受けた場合には、その調査結果を説明します。調査されていない場合には、「されていない」と告げれば良いです。業者に調査をする義務はありません。なお、昭和56年6月1日以降に新築のものについては、調査結果があったとしても説明する義務はありません。

3 売買・交換の場合に必ず必要（貸借の場合には必要とは限らない）

1 法令上の制限

都市計画法や建築基準法などの制限について説明します。売買の場合は全て、貸借の場合には自分にからむものを説明します。例えば「この地域には10mを超える建物は建てられない」という制限があった場合、建物の貸借であれば関係ありません（建てることはありえません）から説明不要ですが、土地の貸借の場合、借りた土地に建物を建てる可能性があるので説明が必要です。

2 私道負担

私道の区域内には建物は建てられません。また、勝手に変更や廃止をすることができません。したがって、説明しないとトラブルを招きます。私道の場所、負担金、負担面積などについて説明します。なお、建物の貸借では説明不要ですが、土地の貸借の場合には説明が必要です。

4 売買・交換のみ（貸借では不要）

1 住宅性能評価を受けた新築住宅である場合、その旨

新築住宅分譲時にこの評価を受けた住宅に不具合が生じた場合、紛争処理機関（弁護士会）に紛争処理を申請することができます。購入者の利益となるため、新築住宅の買主には説明します。しかし、貸借の場合には説明の必要はありません。

2 契約不適合担保履行措置

契約不適合責任（→権利関係）や住宅瑕疵担保履行法に基づく瑕疵担保責任について、措置を講じるか否か（講じない場合は「講じない」と記載）、講じる場合にはその措置の概要（供託／保証／保険等）について説明します。

3 手付金等保全措置の概要（宅建業者が自ら売主の場合）

自ら売主の場合、保全措置を講じなければ手付金等を受け取ることはできません（→自ら売主制限）。そのため、措置を講じるか否か（講じない場合は「講じない」と記載）、講じる場合にはその措置の概要を説明します。なお、受領する額が50万円未満であるときは、説明は不要です。

5 貸借のみ（売買・交換では不要）

1 契約期間・契約の更新に関する事項

定めがない場合は「定めなし」と記載します。

2 宅地・建物の用途その他利用の制限に関する事項

貸主が決めたルールについて説明します。「部屋内では禁煙」などのルールについては、あらかじめ知っておく必要があります。

3 敷金その他契約終了時において精算される金銭の精算について

賃料等の滞納分との相殺に関する内容や、原状回復に敷金が充当される予定があるのか否かなどについて説明します。

4 定期借家・定期借地である場合にはその旨

定期借家や定期借地の場合、更新しない性質のものなので、その期間等について説明する必要があります。

5 台所・浴室・便所その他の当該建物の設備の整備状況

売買であれば自ら交換等が可能ですが、貸借の場合、貸主の所有物であるため、勝手に交換等はできません。したがって、日常生活に通常使用する設備についてはしっかりと説明する必要があります。

6 マンション追加説明事項（売買・交換・貸借）

1 専有部分に関する規約の定めがあるときは、その内容

ペットの可否やピアノ演奏の可否など、規約で決められている内容を説明する必要があります。なお、規約が案の段階であっても、集会で可決されたら成立するので、説明する必要があります。

2 管理委託先の氏名・住所（登録番号）

管理会社の名称や所在地について説明します。なお、管理受託の内容については説明する必要はありません。

7 マンション追加説明事項（売買・交換のみ）

1 敷地に関する権利の種類・内容

敷地利用権についてです。借地権の場合、地代・賃借料・存続期間等についても説明する必要があります。

2 共用部分に関する規約の定めがあるときは、その内容

共用部分の持分（専有部分の床面積の割合で決まる等）や規約共用部分について説明する必要があります。まだ案の段階であっても説明します。

3 専用使用権の規約の定めがあるときは、その内容

バルコニーや専用庭など、本来は共用部分であるが専用使用することができる部分について説明します。

4 修繕積立金・管理費の額（滞納がある場合は滞納額も説明）

マンションの区分所有者は管理費や修繕積立金を支払わなければなりません。その額については説明が必要です。なお、売主が滞納していると、買主が請求されることもあります。トラブルになりやすいので滞納状況についても説明します。そして、特定の者にのみ減免する旨の規約の定めがあるときは、その内容についても説明が必要です。これは、新築分譲などで売れ残りがある場合、売主である業者が区分所有者になるため、本来は買主が決まるまで業者が負担しなければならないのですが、それを減免する規約の定め（案を含む）がある場合には説明が必要です。

5 一棟の建物の維持修繕の実施状況が記録されているときは、その内容

> 大規模修繕や計画修繕について、記録の有無を確認した上で、記録がある場合にはその内容を説明する必要があります。

ちょこっとトレーニング　本試験過去問に挑戦！

問1 建物の売買の媒介の場合は、住宅の品質確保の促進等に関する法律第5条第1項に規定する住宅性能評価を受けた新築住宅であるときはその旨を重要事項説明として説明しなければならないが、建物の貸借の媒介の場合は説明する必要はない。(2010-35-3)

問2 自ら売主となって建物の売買契約を締結する場合、買主が宅地建物取引業者でないときは、当該建物の引渡時期を説明する必要がある。(2011-32-4)

問3 宅地建物取引業者は、宅地の売買の媒介において、天災その他不可抗力による損害の負担を定めようとする場合はその内容を、宅地建物取引業法第35条に規定する重要事項として説明しなければならない。(2005-37-3)

解答 1　○：売買のときのみ説明。貸借の場合は不要。
　　　 2　×：建物の引渡し時期は説明不要。
　　　 3　×：危険負担に関しては説明不要。

■ 重要事項の説明書面（35条書面）の記載事項

		売買・交換	建物の貸借	宅地の貸借
基本的説明事項	1	登記された権利の種類、内容、登記名義人または登記簿の表題部に記録された所有者の氏名※1		
	2	飲用水、電気、ガスの供給ならびに排水のための施設の整備の状況 （整備されていない場合には、その整備の見通しおよびその整備についての特別の負担に関する事項）		
	3	既存建物の建物状況調査を実施しているかどうか、および実施している場合の結果の概要等		
	4	契約の解除に関する事項		
	5	損害賠償額の予定または違約金に関する事項		
	6	支払金、預り金を受けとる場合に保全措置を講ずるかどうか、 および講ずる場合の保全措置の概要※2		
	7	代金・交換差金に関する金銭の貸借のあっせんの内容およびあっせんに係る金銭の貸借が成立しないときの措置		
	8	代金および交換差金以外に授受される金銭の額・目的 （手付金・証拠金など）	借賃以外に授受される金銭の額・目的 （敷金・権利金・保証金など）	
	9	都市計画法、建築基準法その他の法令に基づく制限で政令で定めるものに関する事項の概要		
		すべて	建物賃借人に適用される制限のみ※3	土地所有者に限って適用される制限は除く
	10	宅地および建物が土砂災害警戒区域等における土砂災害防止対策の推進に関する法律7条1項により指定された土砂災害警戒区域内にあるときは、その旨		
	11	宅地または建物が宅地造成等規制法20条1項により指定された造成宅地防災区域内にあるときは、その旨		
	12	宅地または建物が津波防災地域づくりに関する法律53条1項により指定された津波災害警戒区域内にあるときは、その旨		
	13	石綿の使用の有無の調査の結果が記録されているときは、その内容（建物のみ）※4		
	14	建物が建築物の耐震改修の促進に関する法律4条1項に規定する一定の耐震診断を受けたものであるときは、その内容（建物のみ）※5		
	15	手付金等の保全措置の概要 （自ら売主の場合に限る）		
	16	割賦販売の場合、現金販売価格・割賦販売価格・引渡までに支払う金銭の額・賦払金額・支払時期と方法		
	17	建物が住宅の品質確保の促進等に関する法律5条1項に規定する住宅性能評価を受けた新築住宅であるときは、その旨（建物のみ）		
	18	宅地または建物の契約内容不適合担保責任の履行に関し保証保険契約の締結その他の措置を講ずるかどうか、およびその措置を講ずる場合におけるその措置の概要		

基本的説明事項	19	私道に関する負担に関する事項		私道に関する負担に関する事項
	20		①契約期間および契約の更新に関する事項	
			②宅地および建物の用途その他の利用の制限に関する事項	
			③宅地、建物の管理が委託されているときはその委託を受けている者の氏名・住所（・登録番号）	
			④敷金その他契約終了時において精算することとされている金銭の精算に関する事項	
			⑤借地借家法38条に規定する定期建物賃貸借を設定しようとするときは、その旨	⑤借地借家法22条に規定する定期借地権（長期定期借地権）を設定しようとするときは、その旨
			⑥高齢者の居住の安定確保に関する法律52条に規定する終身建物賃貸借をしようとするときは、その旨	
				⑦契約終了時における当該宅地の上の建物の取壊しに関する事項を定めようとするときは、その内容
			⑧台所、浴室、便所その他の当該建物の設備の整備の状況	
	21 未完成物件	工事完了時の形状・構造（宅地は道路からの高さ、擁壁、階段、排水施設、井戸等の位置、構造等について、建物は鉄筋コンクリート造・ブロック造・木造等の別、屋根の種類、階数等について、平面図を交付して説明） 宅地：造成工事完了時の宅地に接する道路の幅および構造 建物：建築工事完了時の建物の主要構造部、内装外装の構造や仕上げ、設備の設置状況と構造		
追加説明事項	22 区分所有建物	①一棟の建物の敷地に関する権利の種類・内容		
		②共用部分に関する規約の定め（案を含む）があるときは、その内容		
		③専有部分の用途その他の利用の制限に関する規約の定め（案を含む）があるときは、その内容		
		④一棟の建物・敷地の一部を特定の者のみに使用を許す旨の規約の定め（案を含む）があるときは、その内容		
		⑤一棟の建物の計画的な維持修繕のために費用の積立てを行う旨の規約の定め（案を含む）があるときは、その内容とすでに積み立てられている額（滞納があれば滞納額も）		
		⑥建物の所有者が負担しなければならない通常の管理費用の額（滞納があれば滞納額も）		
		⑦一棟の建物・敷地の管理が委託されているときは、委託を受けている者の氏名・住所		

追加説明事項	22区分所有建物	⑧一棟の建物の計画的な維持修繕のための費用、通常の管理費用その他の**建物の所有者が負担しなければならない費用**を特定の者にのみ減免する旨**の規約の定め（案を含む）**があるときは、その内容		
		⑨一棟の建物の**維持修繕の実施状況が記録**されているときは、その内容		

※1　「登記された権利」とは、所有権、地上権、質権、抵当権、賃借権等で登記されたものをいう。
※2　「支払金、預り金」とは、代金、交換差金、借賃、権利金、敷金等の金銭で、①受領する額が **50万円未満のもの**、②**手付金等の保全措置**により保全措置が講じられるもの、③売主または交換の当事者である宅建業者が**登記以後に受領するもの**、④**報酬**、のいずれにも該当しないものをいう。
※3　**建物の貸借**の場合、「法令上の制限」については、一部を除きほぼ説明不要と考えてよい。したがって、建築基準法上の**建蔽率**、**容積率**、**用途規制**などについての説明も**不要**である。
※4　調査の実施を宅建業者に義務付けるものではない。
※5　昭和56年6月1日以降に新築の工事に着手したものを除く。

第❸ポイント 供託所等に関する説明

 重要度 B

攻略メモ
- 「供託所で還付ができる」とはいえ、どこの供託所に供託されているのかがわからなければ、還付請求もできませんよね。

1 供託所等に関する説明

　お客様が損害を被ると営業保証金や弁済業務保証金から還付を受けることができます。しかし、宅建業者がどこの供託所に供託しているかがわからないと、還付請求ができません。そこで、宅建業者は、契約前にお客様に供託所等に関して説明する必要があります。

　重要事項説明と同じ時期に説明しますが、重要事項説明とは別物です。以下の違いに気をつけてください。

> 1 取引の両当事者に説明する（宅建業者を除く）
> 2 宅建士が説明する必要はない
> 3 口頭でもよい

2 説明事項

宅建業者はお客様に対して、次のことについて説明する必要があります。

つまずき注意の
前提知識

供託している金額については説明不要です。

1 宅建業者が保証協会に加入していない場合
→ 営業保証金の供託所とその所在地

2 宅建業者が保証協会に加入している場合
→ ①保証協会の名称・住所・事務所の所在地
　②弁済業務保証金の供託所とその所在地

ちょこっと**トレーニング** 本試験過去問に挑戦！

問 宅地建物取引業者が宅地建物取引業保証協会の社員であるときは、宅地建物取引業法第37条の規定による書面交付後は遅滞なく、社員である旨、当該協会の名称、住所及び事務所の所在地並びに宅地建物取引業法第64条の7第2項の供託所及びその所在地について説明をするようにしなければならない。
(2009-34-3)

解答 ×：契約成立前に説明。37条書面交付後ではない。

もうひと
ふんばりだ！

MEMO

独学 vs スクール

独学で失敗する方の多くは、勉強時間が確保できないという理由によるものだそうです。「独学だと内容が理解できない」というよりも「独学だと結局勉強しなくなる」という理由でスクールに通う方も多いようです。「宅建は独学では合格できない」などということは決してありませんが、やはり学校・会社・子育てなどと勉強の両立は意外と大変です。ここまで順調に勉強が進んでいる方は心配いりませんが、挫折しそうな方は、スクール通学も考慮に入れてみてはいかがでしょうか。ぜひ、LECの生講義にも足を運んでみてください。一緒に勉強する仲間とも出会えるかもしれません。

も…文字が
いっぱい…
ボクもうムリ…

もう宅建業法も
後半戦まで
きてるんだから
あと一息だよ

第10コース 37条書面

このコースの特徴

● 37条書面は一言でいえば契約書です。ですから、お互い合意したものを中心に記載することになります。また、特約などを設定した際には、基本的には記載するというイメージをもちましょう。

第1ポイント 37条書面

重要度 A

攻略メモ
- 37条書面はカンタンにいうと契約書。なので、お互いに合意した内容が書かれています。説明は不要で書面を発行するだけです。

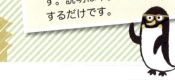

1 37条書面とは

　契約は意思表示の合致のみで成立しますが、宅建業法では、トラブル防止のため、**契約締結後遅滞なく**、契約内容を証する書面の交付が必要となります。これを **37条書面**といいます。交付の相手は、重要事項の説明とは異なり、**契約の両当事者**（売主・買主／貸主・借主／交換の両当事者）です。これにも**宅建士の記名押印が必要**ですが、説明は不要です。そして、交付については誰が行ってもかまわず、宅地建物取引士がする必要はありません。また、これも重要事項説明と同様、交付場所はどこでもよいことになっています。

2 37条書面の記載事項

以下のものは、37条書面に、**必ず**記載する必要があります。

＜記載事項＞
- **A** 契約当事者の氏名
- **B** 物件
- **C** 既存建物であるとき建物の構造耐力上主要な部分等の状況について当事者双方が確認した事項
- **D** 代金・借賃の額・支払時期・方法
- **E** 引渡し時期
- **F** 移転登記申請時期

なお、上記の**C**と**F**については、貸借の場合は記載不要です。

また、特約として定めたものがある場合にも記載する必要があります。しかし、**貸借の場合、定めがあっても以下のものを記載する必要はありません。**

覚えよう！
- **A** ローン（代金・交換差金に関する貸借）のあっせんに関する定め
- **B** 契約内容不適合担保責任に関する定め
- **C** 租税公課の負担に関する定め

	重要事項説明	37条書面
いつ？	契約成立前	契約成立後遅滞なく
何が必要？	宅建士の記名押印 宅建士の説明	宅建士の記名押印
誰に？	買主・借主・交換の両当事者	契約の両当事者

ちょこっとトレーニング　本試験過去問に挑戦！

問 宅地建物取引業者A社は、建物の売買に関し、その媒介により契約が成立した場合に、天災その他不可抗力による損害の負担に関する定めがあるときは、その内容を記載した37条書面を交付しなければならない。(2013-31-ウ)

解答 ○：定めがある場合には記載する。

暗記ポイント 総まとめ

● 35条書面と37条書面の記載の比較

	35条書面	37条書面
既存建物であるときは、建物の構造耐力上主要な部分等の状況について当事者の双方が確認した事項	×	●★
代金・交換差金・借賃の額・支払時期・支払方法	×	●
移転登記の申請時期	×	●★
物件の引渡し時期	×	●

	35条書面	37条書面
天災その他不可抗力による損害の負担（危険負担）	×	▲
契約不適合担保責任の内容	×	▲★
租税その他公課の負担	×	▲★

	35条書面	37条書面
契約の解除	●	▲
損害賠償の予定・違約金	●	▲
代金・交換差金・借賃以外の金銭の額・時期・目的	●	▲
代金・交換差金に関する貸借のあっせんが不成立の場合の措置	●★	▲
契約不適合担保責任の履行に関する保証保険契約その他の措置	●★	▲

●：必要　▲：定めがあれば必要　×：不要　★：売買・交換のみ（貸借では不要）

いい調子！

MEMO

第11コース 自ら売主制限

このコースの特徴

● 自ら売主制限（8種制限）は、買主が業者の場合には適用されません。覚える量も多く、挫折しやすいポイントですが、出題される部分はけっこうパターン化していますので、よく出る論点を中心に攻略しましょう！

①・・・②・・・③・・・④・・・⑤・・・⑥・・・⑦・・・⑧

第 **1** ポイント　重要度 **A**

自ら売主制限

攻略メモ
● 業者間取引には適用がありません。何度もひっかかるかもしれませんが、問題量をこなしてください。

1　自ら売主制限とは

　宅建業者が代理や媒介をする場合には、報酬額には一定の制限がかかります（→第13コース参照）。しかし、宅建業者が自ら売主になって土地や建物を販売する場合、大きな利益を上げる可能性があるため、宅建業者としてはお客様の無知につけこみ、契約をしようとしてしまう危険性もあります。そのため、宅建業法では、8種類の規制をかけることにしました。これを「自ら売主制限」もしくは「8種制限」といいます。

2　自ら売主制限の適用

　宅建業者が自ら売主となる場合であっても、取引相手が宅建業者であれば、この規制は適用されません。あくまで、自ら売主制限が適用されるのは、**売主が宅建業者で、買主が宅建業者以外の場合のみ**となります。

自ら売主制限	自ら売主制限
業者（売主） 適用 素人（買主）	業者（売主） 適用なし 業者（買主）

3 自ら売主制限の内容

自ら売主制限には以下の内容があります。

1. クーリング・オフ
2. 損害賠償額の予定等の制限
3. 手付の額・性質の制限
4. 手付金等の保全措置
5. 自己所有でない物件の契約締結制限
6. 契約内容不適合担保責任の特約制限
7. 割賦販売の解除等の制限
8. 所有権留保等の禁止

アドバイス

「自ら売主制限は業者間取引には適用がない」ということに注意しましょう！　たとえば、業者間取引にはクーリング・オフという制度自体が存在しないことになります。

ちょこっとトレーニング　本試験過去問に挑戦！

問 宅地建物取引業者Ａが自ら売主として建物の売買契約を締結した。宅地建物取引業者である買主Ｄは、建物の物件の説明をＡの事務所で受けた。後日、Ａの事務所近くの喫茶店で買受けを申し込むとともに売買契約を締結した場合、Ｄは売買契約の解除はできる。（2002-45-3）

解答 ×：自ら売主制限は業者間取引には適用されない。

第❷ポイント クーリング・オフ

重要度 A

攻略メモ
- 名前は馴染みがあると思います。クーリング・オフができる場合とできない場合がありますので、その違いをしっかりと！

1 クーリング・オフとは

クーリング・オフとは、お客様が一度行った契約を無条件キャンセルすることをいいます。後ほどふれますが、無条件キャンセルなので、損害賠償請求などはできません。

つまずき注意の前提知識

クーリング・オフは「宅地建物取引業法第37条の2の規定に基づく売買契約の申込みの撤回又は売買契約の解除」として出題されます。

2 クーリング・オフができない場所

次の場所で申込や契約を行った場合、クーリング・オフをすることはできません。

覚えよう！

1. 事務所
2. 専任の宅建士設置義務のある案内所
   → モデルルームなどを指します
   → テント張りなど、土地に定着していない場所は除く
3. 売主依頼の媒介代理業者の1・2の場所
4. 買主から申し出た場合の買主の自宅・勤務先

> **アドバイス**
>
> 申込の場所と契約の場所が異なる場合、申込の場所で判断します。たとえば、「業者の事務所で買受けの申込をし、翌日喫茶店で契約した」とあった場合、クーリング・オフできるかどうかは、買受けの申込場所である業者の事務所で判断することになりますので、クーリング・オフはできなくなります。

3 クーリング・オフができなくなる場合

以下の場合には、いくらクーリング・オフできる場所で契約したとしても、クーリング・オフはできなくなります。

> **覚えよう！**
>
> 1 クーリング・オフができる旨・方法を宅建業者から書面で告げられた日から起算して8日経過した場合（告げられた日を含みます）
> 2 買主が宅地建物の引渡しを受け、かつ、代金全額を支払った場合

4 クーリング・オフの方法

クーリング・オフは**必ず書面**で行わなければなりません。また、**買主が書面を発した時**にクーリング・オフの効果が生じます。

5 クーリング・オフの効果

　クーリング・オフは無条件キャンセルです。よって、宅建業者は受けとったお金を速やかに返還しなければなりません。また、**お客様に損害賠償請求や違約金の請求をすることは一切できません**。そして、クーリング・オフ規定に反する特約で、一般消費者に不利なものは無効となります。

ちょこっとトレーニング　本試験過去問に挑戦！

問　宅地建物取引業者A社が、自ら売主として宅地建物取引業者でない買主Bとの間で投資用マンションの売買契約を締結した。A社は、契約解除に伴う違約金の定めがある場合、クーリング・オフによる契約の解除が行われたときであっても、違約金の支払を請求することができる。(2011-35-ア)

解答　×：クーリング・オフは無条件解除。違約金請求不可。

第❸ポイント 損害賠償額の予定等の制限

重要度 A

攻略メモ

● 契約書に莫大な金額の損害賠償額が書かれていたら、お客様も委縮してしまいます。そのため制限を設けました。

1 民法の規定

前もって損害賠償額の予定をしていなかった場合、損害を被った側が実際の損害額を証明して損害賠償として請求することができます。ただし、損害賠償額を事前に決めておくこともできます。その場合には裁判所は原則としてその予定額を増減することはできません。

2 宅建業法の規定

宅建業法において、自ら売主となる場合で、債務不履行を理由とする契約の解除に伴う損害賠償額を予定したり、違約金を定める場合には、**損害賠償額の予定と違約金の金額の合計が代金額の10分の2を超える定めをしてはならない**と規定されています。なお、10分の2を超える定めをした場合には、**超える部分が無効**となります。ただし、あらかじめ定めていないのであれば、10分の2という規定はありませんので、損害額を立証してこれを請求することはできます。

もうひとふんばりだ！

97

暗記ポイント 総まとめ

損害賠償額 ─┬─ 予定している ┄┄▶ 10分の2まで
　　　　　　└─ 予定していない ┄┄▶ 実際の損害額（制限なし）

ちょこっとトレーニング　本試験過去問に挑戦！

問 宅地建物取引業者Aが、自ら売主として宅地建物取引業者でないBとの間で宅地（代金2,000万円）の売買契約を締結した。Aは、当事者の債務不履行を理由とする契約の解除に伴う損害賠償の予定額を300万円とし、かつ、違約金を300万円とする特約をすることができる。(2010-40-2)

解答 ×：損害賠償額の予定と違約金は合算して400万円まで。

第４ポイント 手付の額・性質の制限

重要度 A

攻略メモ
- 手付の額が多いと、そのお金を用意するのも大変ですし、何よりキャンセルをためらってしまいます。

1 手付の性質の制限

取引において、買主が売主に手付金を支払う場合があります。手付の性質については、当事者間で決めることができますが、何も取決がない場合には解約手付と推定されることになります。しかし、宅建業法の自ら売主制限では、**常に解約手付として扱う**ことになります。また、買主に不利な特約は無効となります。

つまずき注意の 前提知識

相手側が履行に着手するまでは、買主は手付を放棄して、売主は手付の倍額を償還することで契約を解除できるというのが解約手付の性質です。忘れてしまった人は権利関係（→第１編 P61 参照）の復習をしましょう！

2 手付の額の制限

民法では、手付の額は当事者間で自由に決めることができます。１億円の物件に対して手付金 9,000 万円であってもかまわないのです。

しかし、宅建業法の自ら売主制限では、手付の額は代金の **10 分の２までと決められており**、それを超える手付を受領することはできません。10 分の２を超える額を取り決めたとしても、**それを超える部分は無効**となります。

たとえば、１億円の物件の場合、手付金は 2,000 万円までになります。万が一 3,000 万円と取り決めて手付を受けとったとしても、10 分の２を超える 1,000 万

99

円の部分は無効ですから、買主が手付解除をした場合、売主は超過分の1,000万円を返却しなければなりません。

ちょこっとトレーニング 本試験過去問に挑戦！

問 宅地建物取引業者Aは、自ら売主となる建物（代金5,000万円）の売買に際し、あらかじめ宅地建物取引業者でない買主の承諾を得た上で、代金の30％に当たる1,500万円の手付金を受領した。Aは、宅地建物取引業法に違反しない。(2009-40-3)

解答 ×：10分の2まで。宅建業法に違反する。

第❺ポイント 手付金等の保全措置

重要度 A

攻略メモ
- 預けた手付金等か、商品か、どちらかが手元になければ大損してしまいます。そこで、保全措置を義務付けました。

1 手付金等

「手付金等」とは、**契約締結の日以後、引渡し前に支払われて、代金に充当されるお金のこと**です。

手付金だけではなく、中間金なども含みますので、手付金「等」としているのです。

2 手付金等の保全措置

万が一、宅建業者が倒産してしまったら、買主は物件の引渡しもされることがなく、お金も戻ってこないという事態になってしまう可能性があります。そこで、宅建業者が自ら売主となる場合では、いざというときに支払ったお金が返ってくるような準備を整えておかなければ、お金を受けとってはいけないことになっています。これが**手付金等の保全措置**というものです。では、どの

つまずき注意の前提知識
業者が保全措置を講じない場合、買主は手付金等を支払わなくても債務不履行にはあたりません。

101

ようにして保全措置を講じればよいのでしょうか。

	銀行等との 保証委託契約	保険事業者との 保証保険契約	指定保管機関との 手付金等寄託契約
未完成物件	●	●	×
完成物件	●	●	●

●：保全措置として可　×：不可

未完成物件には「手付金等寄託契約」は使えないということに気をつけてください。

例外的に、保全措置が不要の場合があります。

覚えよう！

＜保全措置不要の場合＞
① 手付金等の合計額が少額の場合
　　未完成物件　→　代金の **5％以下**　かつ　**1,000万円以下**
　　完成物件　　→　代金の **10％以下**　かつ　**1,000万円以下**
② 買主が所有権の登記をしたとき

例 宅建業者Aが、自ら売主となり、宅建業者でない買主と、工事完成前の建物（代金5,000万円）について売買契約を締結した。手付金として100万円を受領し、その後、中間金として200万円を受領した。

→未完成物件なので5％、つまり250万円までなら保全措置は不要

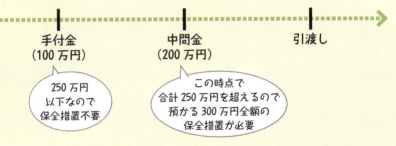

ちょこっとトレーニング 本試験過去問に挑戦！

問 宅地建物取引業者Aは、自ら売主として、宅地建物取引業者でない買主Fと建築工事完了前のマンションを4,000万円で売却する契約を締結する際、100万円の手付金を受領し、さらに200万円の中間金を受領する場合であっても、手付金が代金の5％以内であれば保全措置を講ずる必要はない。(2013-40-4)

解答 ×：手付金と中間金あわせて5％（200万円）を超えている。

第6ポイント 自己所有でない物件の契約締結制限

重要度 A

攻略メモ
● 確実に仕入ができるなら、他人物を売買してもよいでしょうが、確実でないなら売ってはいけません。

1 他人物売買

民法では他人の物を売る契約（他人物売買）も有効にしています。契約をしてから仕入れて売ればよいのです。しかし、宅建業法の自ら売主制限では、他人物売買は基本的には禁止となります。宅建業者が仕入れられなかった場合、お客様が損害を受けるかもしれないからです。

2 例外

例外として、**現在の物件の所有者との間で物件を取得する契約または予約を締結している場合は、売ってもよい**としています。

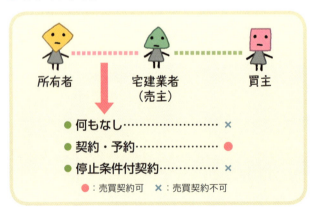

契約や予約があれば、ほぼ確実に手に入るので売ってもよいとしています。しかし、**停止条件付契約**（→ 第1編 P30 参照）**では、確実に手に入るとは限らないので売ることはできません。**

アドバイス
ここでのひっかけは「売主と買主が停止条件付の契約をした」というもの。仕入先の停止条件付契約がダメなのであって、売主と買主との間で停止条件付契約をすることは何も問題ありません。

3 未完成物件

完成するかどうかわからないので、未完成物件も売ってはいけないことになっています。しかし、これも例外があり、以下の2つの場合には売ってもよいことになっています。

覚えよう！
1. 手付金等の保全措置を講じているとき
2. 手付金等の保全措置を講じる必要がないとき

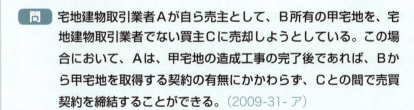

ちょこっとトレーニング　本試験過去問に挑戦！

問 宅地建物取引業者Aが自ら売主として、B所有の甲宅地を、宅地建物取引業者でない買主Cに売却しようとしている。この場合において、Aは、甲宅地の造成工事の完了後であれば、Bから甲宅地を取得する契約の有無にかかわらず、Cとの間で売買契約を締結することができる。（2009-31-ア）

解答 ×：ＡＢ間の契約や予約がなければＣに売れない。

① ② ③ ④ ⑤ ⑥ ⑦ … ⑧

第7ポイント 契約内容不適合担保責任の特約制限

重要度 A

攻略メモ
● 「売主は契約内容不適合責任を負わない」という特約、民法上はアリですが、ここでは禁止されます。

1 民法の規定

民法では、売買の目的物として引き渡されたものが契約内容に合っていない場合、買主は、売主に対して追完請求、代金減額請求、損害賠償請求、解除をすることができます。ちなみに、民法では「売主は契約内容不適合担保責任を負わない」という特約をつけるのも有効でした。

2 宅建業法の規定

宅建業法の自ら売主制限では、**民法の規定よりも一般消費者に不利な特約は禁止**されています。しかし、期間については、**引渡しから2年以上とする特約は、一般消費者に不利ですが、例外的に有効**にしています。万が一、民法の規定よりも不利な特約をつけた場合、その特約は無効となり、民法の規定に戻ります。ちなみに、買主に有利な特約であれば有効となります。

アドバイス

たとえば、「契約内容に適合しないことを知った時から半年間責任を負う」という特約は、民法よりも不利なので無効です。そのときには「知った時から1年とする」という民法の規定になります。このような特約において「引渡しから2年となる」という選択肢を見たら答えは×。「引渡しから2年」は例外的に認められた特約であり、民法の規定ではありません。

例題

この特約は有効？無効？

1　「引渡しから1年間責任を負う」→ 無効
2　「引渡しから3年間責任を負う」→ 有効

ちょこっとトレーニング　本試験過去問に挑戦！

問　宅地建物取引業者Aは、自ら売主として行う中古建物の売買に際し、当該建物の契約内容不適合担保責任について、Aがその責任を負う期間を引渡しの日から2年間とする特約をした。Aは、宅地建物取引業法に違反しない。（2009-40-4 改）

解答　○：引渡しから2年以上の特約は例外的に認められる。

第 8 ポイント
割賦販売契約
（解除・所有権留保）

 重要度 B

> **攻略メモ**
> ● 現在、ほとんど割賦販売は行われていません。みな銀行などのローンを利用します。なので出題率はそんなに高くありません。

1 割賦販売

　割賦販売とは、宅地や建物の引渡し後 1 年以上の期間に、2 回以上分割して代金を支払う分割払いのことです。

 毎月 10 万円 →
買主　　　　　　　　　業者

> 3,000 万円のマンションを買い、買主は売主の業者に毎月 10 万円ずつ払っています。これでは、業者が費用回収に相当な時間がかかってしまいます。

　たとえば、宅建業者が 3,000 万円のマンションを 10 部屋売ったとしても、最初に回収できるのは 100 万円となってしまいます。宅建業者も早く費用の回収がしたいのです。そこで、今は買主と宅建業者の間に銀行を入れてローンを組むのが一般的です。

2 割賦販売の解除等の制限

　民法上、代金の支払いが遅れた場合、履行遅滞として、相当の期間を定めて催告して、それでも支払いがなければ契約を解除することができます。しかし、宅建業法の自ら売主制限では、その規定について細かく規定されて

います。「30日以上の相当期間を定めて書面で催告し、その期間内に支払いがない場合でなければ契約の解除や残りの賦払金の全額請求はできない」としました。

3 所有権留保等の禁止

原則として、宅建業者は引渡しの日までに登記の移転をしなければなりません。登記の移転をせずにそのままにするのは、認められていません。これを所有権留保等の禁止といいます。

しかし、割賦販売を行った場合、代金回収ができていないにもかかわらず登記を移転させるのは、売主である宅建業者があまりにかわいそうです。そこで、宅建業者が受けとった金額が代金の**10分の3**以下であるときには、例外的に所有権留保を認めることとしました。つまり、10分の3を超える賦払金の支払いを受けるまでに所有権の移転登記をすればよいのです。

 本試験過去問に挑戦！

問 宅地建物取引業者Aは、自ら売主として、宅地建物取引業者でないBとの間で宅地の割賦販売の契約（代金3,000万円）を締結し、当該宅地を引き渡した。この場合において、Aは、Bから1,500万円の賦払金の支払を受けるまでに、当該宅地に係る所有権の移転登記をしなければならない。（2009-37-4）

解答 ×：10分の3である900万円を超えるまでに移転登記をする。

昔ながらの不動産業者

あまりお客様の入っていない不動産業者があります。「どうやって生活しているのだろう？」と気になる方もいるかもしれません。不動産業者には、買主や借主をお客様とする不動産業者（客付業者）と、売主や貸主をお客様とする不動産業者（元付業者）とがあります。元付業者の場合、頻繁にお客様が店を出入りすることはあまりありません。もちろん、双方の業務をしている不動産業者も多いですが、片方に特化している不動産業者もあります。

そろそろ宅建業法はフィニッシュですね！

第12コース
住宅瑕疵担保履行法

このコースの特徴

● 住宅瑕疵担保履行法は平成19年5月に制定され、平成21年10月に施行されました。それから毎年1問出題されています。もうすぐ宅建業法のゴールです。がんばりましょう！

第❶ポイント 住宅瑕疵担保履行法

重要度 A

攻略メモ
- いくら瑕疵担保責任を負わなければならないといっても、そのお金がなければ、責任はとれません。

1 住宅瑕疵担保履行法とは

品確法（住宅の品質確保の促進等に関する法律）によって、新築住宅の売主には、**引渡しから10年間、構造耐力上主要な部分と雨水の浸入を防止する部分**について、瑕疵担保責任が課されています。

しかし、売主に資力がなければ、責任をとることができません。そのため、**住宅瑕疵担保履行法**により、資力確保義務が課されました。

つまずき注意の前提知識

構造耐力上主要な部分とは、基礎・土台・屋根・壁・柱などを指します。また、雨水の浸入を防止する部分とは、外壁・屋根などを指します。

2 資力確保措置をしなければならない場合

基本的には自ら売主制限と同じです。

覚えよう！
1. 宅建業者が「自ら売主」の場合のみ
2. 買主が宅建業者の場合には適用されない

3 資力確保措置の方法

保証金の供託と保険への加入の２つがあります。

1 保証金の供託

基本的には営業保証金と同じです（→ P36 参照）。主たる事務所の最寄りの供託所に、金銭または有価証券によって供託をします。保証金の還付によって不足が生じた場合には、還付があった旨の通知を受けた日から２週間以内に不足額を供託し、そこから２週間以内に免許権者に届け出なければなりません。

異なる部分は、供託額です。基準日前 10 年間に引き渡した新築住宅の合計戸数をもとに計算した金額を供託します。

2 保険への加入

ポイントは以下のとおりです。

関連知識
床面積の合計が 55㎡以下のものは、２戸をもって１戸とします。

覚えよう！
1 宅建業者が保険料を支払う
2 保険金額が 2,000 万円以上であること
3 有効期間が 10 年以上であること

4 資力確保状況の届出

新築住宅を引き渡した宅建業者は、基準日（毎年３月 31 日と９月 30 日）から３週間以内に、保証金の供託もしくは保険への加入の状況を免許権者に届け出なければなりません。届出をしない場合、基準日の翌日から起算して 50 日を経過した日以後は、新たに自ら売主となる新築住宅の売買契約を締結できなくなります。

5 供託所の所在地等の説明

新築住宅の売主である宅建業者は、保証金の供託をしている場合には、**契約締結前**に、買主に対して供託所の名称や所在地を**書面**を交付して説明しなければなりません。

ちょこっとトレーニング　本試験過去問に挑戦！

問 自ら売主として新築住宅を宅地建物取引業者でない買主に引き渡した宅地建物取引業者は、当該住宅を引き渡した日から3週間以内に、その住宅に関する資力確保措置の状況について、その免許を受けた国土交通大臣又は都道府県知事に届け出なければならない。(2012-45-1)

解答 ×：「引き渡した日から」ではなく「基準日から」。

第 13 コース 報酬額の制限

このコースの特徴

● 計算もからむので苦手な人も多い分野です。しかし、計算といっても算数レベルです。しっかり練習をつめば、確実な得点源にもなってくれます。売買のほうが計算は複雑です。電卓に頼らずに計算練習をしっかりと！

第 ❶ ポイント 報酬額の制限

重要度 A

攻略メモ
- いわゆる仲介手数料です。いくらでももらってよいというわけではありません。限度額が決められています。

1 報酬について

　報酬とは、宅建業者が媒介や代理をした際に、依頼者からもらう金銭のことです。つまり、仲介手数料のことです。当然のことながら、いくらでもよいわけではなく、制限があります。

2 必要経費について

　宅建業者は依頼者に対し、契約するのに使用した広告代金などを報酬と別に請求することはできません。報酬額の範囲内でやらなければなりません。しかし、**依頼者の依頼によって行った特別な広告の実費に関しては、報酬とは別に請求できます。**

もっと宣伝したいので新聞に広告を出してください
お客様

よいですが実費がかかりますよ？
宅建業者

応援してるよ！すごい すごい！

問 宅地建物取引業者Aは、建物の貸借の媒介に当たり、依頼者の依頼に基づいて広告をした。Aは報酬とは別に、依頼者に対しその広告料金を請求することができない。(2005-34-4)

解答 ×：依頼者の依頼に基づいているなら別途請求可。

第❷ポイント 報酬額の制限（売買・交換）

重要度 A

> **攻略メモ**
> ● 特に「3％＋6万円」を知らないとお手上げの問題が多いです。計算ミスをしないように、あせらずに計算しましょう。

1 速算法

売買・交換の報酬額は、まずはこの計算式をもとに計算することになります。

代金額	計算式
200万円以下	代金の5％
200万円超400万円以下	代金の4％＋2万円
400万円超	代金の3％＋6万円

> 宅建士試験では電卓が使用できません。基本的な計算はできるようにしておいてください！

この式で出た額を仮に「基準額」と呼ぶことにします（正確にはこれに消費税を加えた額が基準額ですが、しばらく消費税のことは考えずに説明します）。

2 売買の媒介

売買の媒介の依頼者の一方から受領できる金額は、先ほどの「基準額」が限度となります。

　宅建業者が、5,000万円の土地の売買の媒介をしたのであれば、5,000万円×3％＋6万円で、合計156万円まで、Aに要求することが可能です。当然のことながら、依頼を受けていない買主Bからは1円も受領できません。

　では、宅建業者が、売主からも買主からも依頼を受けていたらどうでしょうか。

　宅建業者が、5,000万円の土地の売買の媒介をしたのであれば、5,000万円×3％＋6万円で、合計156万円まで、AとBそれぞれから受領することができます。つまり、宅建業者は合計312万円まで受領できるということです。

3　売買の代理

　売買の代理の依頼者の一方から受領できる金額は、先ほどの**「基準額」の2倍**となります。

　たとえば、5,000万円の土地の売買の代理をしたのであれば、5,000万×3％＋6万円の合計156万円、その2倍の312万円まで、Aから受領することが可能です。

　では、売主からも買主からも依頼を受けていたらどうでしょうか。

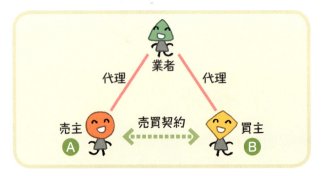

　この場合、先ほどの考えを適用させると、代理でしかも両方からですので、合計4倍受領できそうですが、そうもいきません。じつは、**1つの取引につき基準額の2倍までしか受領できない**という決まりがあるのです。

つまり、宅建業者はAから312万円を受領するとBからは受領できません。逆にBから312万円を受領するとAからは受領できません。

4 交換の媒介・代理

交換する2つの物件の価額に差がある場合は、**高いほう**の価額を使って、売買と同じように計算します。

5 複数業者が関与する場合

複数の宅建業者が関与する場合であっても、基本的な考え方は同じです。 1つの取引につき基準額の2倍までというルールと、各々の報酬限度額を守るということに気をつけて考えていきます。

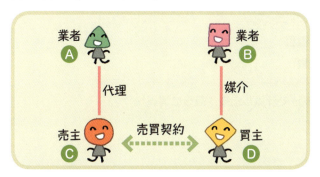

たとえば、5,000万円の土地の売買契約であれば、宅建業者Aは代理なので312万円、宅建業者Bは媒介なので156万円まで受領できます。しかし、先ほどの「基準額の2倍まで」というルールを守らなければなりません。

（業者A）	（業者B）		
312万円	156万円	→ 報酬額の2倍をオーバー	×
100万円	200万円	→ 業者Bが限度額オーバー	×
156万円	156万円	→ すべての基準を満たす	●

●：業法に違反しない　×：業法に違反

6 消費税

　ここまで消費税のことを考えずに説明してきましたが、実際には消費税を考慮して考えていく必要があります。
　まず、速算法にあてはめる前に、消費税抜きの価格になおす必要があります。その際に注意してほしいのは、**土地は非課税**だということです。

> 覚えよう！
> - 土地　＝　非課税
> - 建物　＝　課税

　そして、先ほどの速算法で計算した後、最後に消費税額を上乗せします。

> 覚えよう！
> - 消費税課税事業者　＝　10％
> - 消費税免税事業者　＝　4％

　こうして出た金額が報酬額となります。
　消費税免税事業者の宅建業者でも、計算された報酬額に4％（みなし仕入率分）を上乗せした額を受けとることができます。

例題

宅地建物取引業者Ａ（消費税課税事業者）が売主Ｂから土地付き建物の代理の依頼を受け、宅地建物取引業者Ｃ（消費税課税事業者）は買主Ｄから戸建住宅購入の媒介の依頼を受け、ＢとＤの間で売買契約を成立させた。業者ＣがＤから 2,376,000 円の報酬を受けとっていた場合、業者ＡはＢからいくらまでの報酬なら受領できるか。なお、土地付き建物の代金は 7,200 万円（うち、土地代金は 5,000 万円）で、消費税額および地方消費税額を含むものとする。

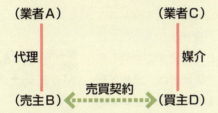

解説

1. まずは消費税抜きの金額にします。
   土地（非課税なのでそのまま）　5,000 万円
   建物（課税なので税抜きに！）　2,000 万円
   合計　7,000 万円
2. 速算法で計算します。
   7,000 万円 × 3% + 6 万円 = 216 万円
3. 消費税込みの価格にします。（基準額）
   216 万円 × 1.1 = 2,376,000 円
4. 業者Ｃがすでに基準額をもらっているので、業者Ａは代理といえども基準額しかもらえない。つまり、2,376,000 円が限度となります。

第❸ポイント 報酬額の制限（貸借）

重要度 A

攻略メモ
- 貸借で大事なのは「居住用建物」かそうでないかです。これによっていろいろ変わってしまいます。

1 貸借の基準額

　貸借の場合、宅建業者が受けとることができる報酬の限度額は、原則として、**貸主・借主を合わせて賃料の1カ月分以内**です（正確にはこれに消費税を加えた額が基準額ですが、しばらく消費税のことは考えずに説明します）。この金額を超えなければ、宅建業者は、報酬を貸主と借主のどちらからどの割合でもらってもかまいません。ただし、**居住用建物の媒介だけは、依頼を受けるにあたってその依頼者の承諾がなければ貸主・借主からそれぞれ2分の1ずつ**というように決まっています。

ライバルに差をつける 関連知識
承諾は依頼を受ける際に必要となります。

2 権利金等の授受がある場合

　居住用建物以外で、権利金等の授受がある場合には、権利金等を売買代金とみなして計算し、媒介であれば先ほどの基準額（代理であれば基準額の2倍）と比較して**高いほう**を報酬限度額とすることができます。なお、権利金等とは、名称を問わず権利設定の対価として支払われる金銭で、**返還されないもの**をいいます。

	居住用建物	居住用建物以外 （店舗・事務所・宅地など）
媒介	貸主・借主合わせて借賃1カ月分 （承諾のない依頼者からは2分の1カ月分）	① 貸主・借主合わせて借賃1カ月分（内訳問わず） ② 権利金*の授受がある場合は、権利金を売買代金とみなして報酬計算した額 ①②のうち、いずれか高いほう
代理	貸主・借主合わせて借賃1カ月分 （内訳問わず）	

＊権利金とは、権利設定の対価として支払われる金銭で、返還されないものをいう。

3 消費税

最後に、消費税額をプラスして報酬限度額となります。

覚えよう！
- 消費税課税事業者 ＝ 10％
- 消費税免税事業者 ＝ 4％

ちょこっとトレーニング 本試験過去問に挑戦！

問 居住用の建物の貸借の媒介に係る報酬の額は、借賃の1月分の1.1倍に相当する額以内であるが、権利金の授受がある場合は、当該権利金の額を売買に係る代金の額とみなして算定することができる。（2016-33-ウ改）

解答 ×：居住用建物の貸借の場合、権利金からの計算はできない。

給水コラム

重要事項説明をしないで契約？

[問] 宅地建物取引業者Ａは、自ら所有している物件について、直接賃借人Ｂと賃貸借契約を締結するに当たり、宅地建物取引業法第３５条に規定する重要事項の説明を行わなかった。この場合、Ａは、甲県知事から業務停止を命じられることがある。(2016-26-4) 答えは×で⑦

す。業法の最初に学習した内容です。「自ら貸借は取引にあたらない」というものです。今回の場合、自ら貸借は宅建業にあたらないため、宅建業法の適用がありません。ということは、重要事項説明も不要なのです。こういう判断ミスを誘う問題が出題されます。

終わったら
ごほうびに
何食べようかな…

第14コース 監督・罰則

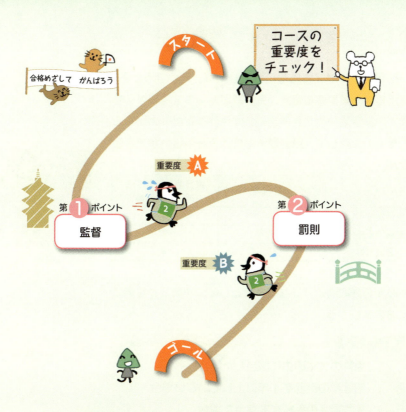

このコースの特徴

●細かい部分まで学習しようとすれば、はまってしまう分野です。あえて軽めの記述にしておきました。最低限の部分だけでもおさえて得点しましょう。いよいよこれで宅建業法も終わりです！

第 ❶ ポイント 監督

重要度 A

攻略メモ
● 宅建業者や宅建士がよくないことをした場合、おしかりを受けます。そのレベルが3つにわかれています。

1 宅建業者に対する監督処分

　宅建業者に対する監督処分としては、軽いほうから、**指示処分、業務停止処分、免許取消処分**の3種類があります。指示処分や業務停止処分は免許権者以外の知事もできるのに対して、**免許取消処分は免許権者しかできません**。

	免許権者	業務地を管轄する都道府県知事
指示処分	●	●
業務停止処分	●	●
免許取消処分	●	×

●：できる　×：できない

ライバルに差をつける 関連知識
国土交通大臣がその免許を与えた業者に処分をする際には、あらかじめ内閣総理大臣に協議しなければなりません。

　必ず免許取消処分になるものとして、次の3つを覚えておきましょう。

覚えよう！
1. 免許の欠格事由に該当した場合
2. 宅建業の業務を1年以上していない場合
3. 免許換えの手続きを怠った場合

> **アドバイス**
> 宅建業の業務に関して法律に違反した場合には、業者は監督処分を受けることがあるが、宅建業の業務に関するものではない場合は、業者は監督処分を受けることはありません。

2 宅建士に対する監督処分

宅建士に対する監督処分としては、軽いほうから、**指示処分**、**事務禁止処分**、**登録消除処分**の3種類があります。指示処分や事務禁止処分は登録地以外の知事もできるのに対して、**登録消除処分は登録した知事しかできません**。

	登録をしている都道府県知事	処分対象行為を行った地を管轄する都道府県知事
指示処分	●	●
事務禁止処分	●	●
登録消除処分	●	×

●：できる ×：できない

なお、事務禁止処分を受けた宅建士は、宅建士証を、すみやかに、交付を受けた都道府県知事に提出しなければなりません。また、登録消除処分を受けた宅建士は、宅建士証を、すみやかに、交付を受けた都道府県知事に返納しなければなりません。

3 聴聞

宅建業者や宅建士に対して監督処分を行う場合、原則として、あらかじめ公開による聴聞をしなければなりません。

> **つまずき注意の前提知識**
> 国土交通大臣が宅建士に監督処分をすることはありません。

> **つまずき注意の前提知識**
> **聴聞**
> 監督処分をしようとする宅建業者や宅建士の言い訳を聞く機会のことです。

4 公告

宅建業者に指示処分以外の監督処分を行った場合には、公告をしなければなりません。

業者	
指示処分	×
業務停止処分	●
免許取消処分	●

宅建士	
指示処分	×
事務禁止処分	×
登録消除処分	×

● : 公告必要　× : 公告不要

ちょこっとトレーニング 本試験過去問に挑戦！

問 甲県知事の免許を受けた宅地建物取引業者Aが乙県内で業務に関し不正又は著しく不当な行為をしても、乙県知事は、Aの免許を取り消すことができない。(1994-50-2)

解答 ○：免許取消処分ができるのは免許権者の甲県知事のみ。

第❷ポイント 罰則

 重要度 B

攻略メモ
- 完全に深追い厳禁です。ここを細かいところまで覚えてもあまり得点向上には役に立ちません。最低限を覚えておいてください。

1 罰則の全体像

宅建業法に違反した場合、罰則として罰金刑や懲役刑が科されることがあります。

ただし、罰則の内容まで覚える必要はありません。

2 宅建士証

以下のように、宅建士証にからむ違反の場合、罰金や懲役ではなく、**10万円以下の過料**となります。

1. 宅建士証の返納義務に違反
2. 宅建士証の提出義務に違反
3. 重要事項説明の際の宅建士証提示義務に違反

ちょこっとトレーニング 本試験過去問に挑戦！

問 宅地建物取引業者が、宅地建物取引士をして取引の相手方に対し重要事項説明をさせる場合、当該宅地建物取引士は、取引の相手方から請求がなくても、宅地建物取引士証を相手方に提示しなければならず、提示しなかったときは、20万円以下の罰金に処せられることがある。(2013-30-2)

解答 ×：20万円以下の罰金ではなく10万円以下の過料。

　宅建業者や宅建士などが宅建業法に違反した場合、違反者は、懲役刑・罰金刑（刑事罰）や過料（行政罰）を科される。情状に応じ、罰金刑、懲役刑のみを科す場合もあれば、懲役刑と罰金刑を併科する場合もある。なお、過料については単独で科される。

1 刑事罰

(a) **3年以下の懲役**もしくは **300万円以下の罰金**または両者の併科	〈宅建業者〉 ①**不正手段による免許取得** ②**名義貸しで他人に営業させた** ③**業務停止処分に違反して営業** 〈宅建業者以外の者〉 ・**無免許営業**
(b) **2年以下の懲役**もしくは **300万円以下の罰金**または両者の併科	〈宅建業者〉 ・**重要な事実の不告知等の禁止に違反**

(c) **1年以下の懲役もしくは100万円以下の罰金**または両者の併科	〈宅建業者〉 ・不当に高額の報酬を要求
(d) **6月以下の懲役もしくは100万円以下の罰金**または両者の併科	〈宅建業者〉 ①営業保証金の供託の届出前に営業開始（事務所新設の場合も同様） ②誇大広告等の禁止に違反 ③不当な履行遅延の禁止に違反 ④手付貸与等による契約締結の誘引の禁止に違反
(e) **100万円以下の罰金**	〈宅建業者〉 ①免許申請書等の虚偽記載 ②名義貸しで他人に営業表示・広告させた ③専任の宅建士の設置要件を欠く ④報酬の基準額を超える報酬を受領 〈宅建業者以外の者〉 ・無免許で、業者として営業表示・広告
(f) **50万円以下の罰金**	〈宅建業者〉 ①帳簿の備付け義務違反・記載不備・虚偽記載 ②従業者名簿の備付け義務違反・記載不備・虚偽記載 ③従業者に従業者証明書を携帯させずに業務に従事させた ④標識の掲示をしなかった ⑤報酬額の掲示をしなかった ⑥変更の届出・案内所等の届出・信託会社の営業の届出を怠ったり、虚偽の届出をした ⑦37条書面の交付を怠った ⑧守秘義務違反 ⑨大臣・知事に報告を求められたのに報告しなかった、または、虚偽の報告をした ⑩大臣・知事の立入検査の拒否・妨害 〈宅建士〉 ・宅建士が大臣・知事に報告を求められたのに報告しなかった、または、虚偽の報告をした 〈宅建業者の従業者・従業者であった者〉 ・守秘義務違反

2 行政罰

☆ **10万円以下の過料**	〈宅建士〉 ①登録消除・宅建士証失効による宅建士証の**返納**義務に違反 ②事務禁止処分による宅建士証の**提出**義務に違反 ③**重要事項説明の際**における宅建士証の**提示**義務に違反

※ 宅建業者の代表者や従業者が業務に関し違反行為をしたときは、行為者が罰せられるほか、宅建業者にも行為者の受けるべき罰則のうちの罰金刑が科される（両罰規定）。ただし、**行為者が、上記表中（a）（b）の行為をした場合は、法人である宅建業者には1億円以下の罰金刑が科される。**なお、守秘義務違反については行為者だけが罰せられる。

索引

ア行
- 一般媒介契約……………………… 52
- 営業保証金 ………………… 36,38,40
- おとり広告 ………………………… 59

カ行
- 割賦販売契約……………………… 108
- 監督処分…………………………… 128
- 業 …………………………………… 3
- 供託所等に関する説明…………… 81
- 業務停止処分………………… 17,128
- 業務に関する禁止事項…………… 63
- クーリング・オフ…………… 87,94
- 契約内容不適合担保責任の
  特約制限 ……………………… 87,106
- 欠格事由…………………………… 16
- 公告………………………………… 130
- 誇大広告等の禁止………………… 58

サ行
- 37条書面 ……………………… 27,86
- 自己所有でない物件の
  契約締結制限 ………………… 87,104
- 指示処分…………………… 128,129
- 指定流通機構……………………… 53
- 事務禁止処分………………27,33,129
- 事務所 ……………………………… 8
- 事務所以外の場所………………… 12
- 従業者証明書……………………… 11
- 従業者名簿………………………… 10
- 住宅瑕疵担保履行法 …………… 112
- 重要事項説明………………… 68,78

- 重要事項の説明 ……………… 27,74
- 主たる事務所 ……………………… 8
- 守秘義務…………………………… 62
- 所有権留保等の禁止 ………… 87,109
- 専属専任媒介……………………… 52
- 専任の宅建士……………………… 11
- 専任媒介…………………………… 52
- 損害賠償額の予定等の制限……87,97

タ行
- 宅地建物取引業 …………………… 2
- 宅地建物取引士 ……………… 10,26
- 宅地建物取引士証………………… 32
- 宅建士 ………………………… 10,26
- 帳簿………………………………… 10
- 聴聞…………………………… 17,129
- 手付金等の保全措置 ……… 87,101
- 手付貸与等の禁止………………… 63
- 手付の額の制限…………………… 99
- 登録実務講習……………………… 26
- 登録消除処分…………………… 129
- 登録の移転…………………… 29,33
- 取消し……………………………… 17
- 取引態様の明示…………………… 58

ナ行
- 認証………………………………… 45

ハ行
- 媒介………………………………… 52
- 媒介契約書面……………………… 54
- 廃業等の届出……………………… 23

135

破産手続開始の決定を
　受けて復権を得ない者 …………… 16
罰則…………………………………… 131
標識…………………………………… 9
品確法 ………………………………… 112
変更の登録 …………………………… 29
弁済業務保証金 ……………………… 45,48
弁済業務保証金分担金 ……………… 44,45
報酬額の掲示………………………… 10
報酬額の制限…………… 116,124,118
法定講習……………………………… 30
保証協会……………………………… 44

マ行

未完成物件 …………………… 102,105
自ら売主制限 ………………………… 86
免許…………………………………… 2
免許換え……………………………… 22
免許権者……………………………… 20
免許証 ………………………………… 9
免許取消処分 ………………………… 128
免許の基準 …………………………… 16

分野別セパレート本の使い方

各分冊を取り外して、
手軽に持ち運びできます！

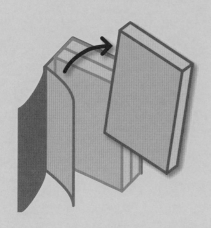

①各冊子を区切っている、うすオレンジ色の厚紙を残し、色表紙のついた冊子をつまんでください。
②冊子をしっかりとつかんで手前に引っ張ってください。

第3編

法令上の制限

友次講師が丁寧に解説！
書籍購入者限定の
無料講義動画

QRコードからのアクセスはこちら！

※QRコードを読み込めない方は下記URLにアクセスしてください。
lec-jp.com/takken/book/member/torisetsu/

※動画の視聴開始日・終了日については、専用サイトにてご案内いたします。
※スマートフォン等による視聴の場合、パケット通信料はお客様負担となります。

2021年版
宅建士
合格のトリセツ
基本テキスト
分冊 ③

第3編 法令上の制限　目次

第1コース　都市計画法①……1
第❶ポイント　都市計画法の全体構造……2
第❷ポイント　都市計画区域……4
第❸ポイント　用途地域……8
第❹ポイント　補助的地域地区……17
第❺ポイント　都市施設……21
第❻ポイント　地区計画……23
第❼ポイント　都市計画の決定手続き……25

第2コース　都市計画法②……29
第❶ポイント　開発許可の要否……30
第❷ポイント　開発許可の流れ……34
第❸ポイント　都市計画事業制限……38

第3コース　建築基準法①……41
第❶ポイント　建築基準法……42
第❷ポイント　用途規制……44
第❸ポイント　建蔽率……49
第❹ポイント　容積率……52
第❺ポイント　高さ制限……56
第❻ポイント　道路規制……60
第❼ポイント　防火・準防火地域……63
第❽ポイント　単体規定……66

第4コース　建築基準法②……69
第❶ポイント　建築確認……70
第❷ポイント　建築協定……74

第5コース　国土利用計画法……77
第❶ポイント　国土利用計画法……78
第❷ポイント　事後届出制……80
第❸ポイント　事前届出制……85

第6コース　農地法……87
第❶ポイント　農地法……88

第7コース　土地区画整理法……93
第❶ポイント　土地区画整理……94
第❷ポイント　土地区画整理事業……97

第8コース　その他の法令上の制限……103
第❶ポイント　宅地造成等規制法……104
第❷ポイント　その他の法令上の制限……108

索引……163

第1コース 都市計画法①

このコースの特徴

● 法令上の制限、特に「都市計画法」を暗記だけで勉強しようとすると、膨大な量になり、しかも言葉が複雑で何もわからない、ということになってしまいます。それでは当然のことながら正解もできません。まずはイメージを大切に学習しましょう。

①・・・②・・・③・・・④・・・⑤・・・⑥・・・⑦

第 **1** ポイント

重要度 **C**

都市計画法の全体構造

攻略メモ

● 都市計画法とはどのような法律なのでしょうか。まずはその全体的なイメージをもってから学習しましょう。

1 都市計画法とは

　人が集まると、そこに建物が建てられ、街がつくられていきます。しかし、きちんと規制をしておかないと、きれいな街にはならず、住みにくい街になってしまいます。

　そこで、都市計画法で、計画的な街づくりの方法を規定し、みんなが住みよい街をつくるようにしました。

　街づくりをするといっても、食糧を生産しないと生きていけないので、自然を残す場所（農地など）と街づくりをする場所でわけようとしました。街づくりをしていく区域を都市計画区域といいます。区域を決めたら、次にそこをどのような街にするのかを決めます。

つまずき注意の
前提知識

「自分の土地だから、自由に使ってもかまわない」と考えてしまうと、他の人に迷惑がかかる場合があります。ですから、「何でも自由に」ではなく制限を加えようとしました。その制限について学ぶのが「法令上の制限」なのです。

2 都市計画法の規制

　勝手に造成工事をされたり、建物を建てられたりしたら、計画的な街づくりはできません。そこで、このような行為を規制していく必要があります。それが、都市計画制限といわれ、開発行為等の規制、地区計画の建築等の規制があります。また、道路をつくったり、街を再開発したり、ニュータウンをつくったりする都市計画の場

合は、都市計画制限より厳しい都市計画事業制限で規制していきます。
　このようにして、住みよい街づくりをするために制定されているのが都市計画法なのです。

■街づくりの流れ

```
街をつくる場所を決める
（都市計画区域の指定）
        ↓
その場所をどのような街にするのかプランを立てる
（都市計画の内容）
```

① 都市計画区域の整備・開発および保全の方針
② 区域区分
③ 都市再開発方針等
④ 地域地区
⑤ 促進区域
⑥ 遊休土地転換利用促進地区
⑦ 被災市街地復興推進地域
⑧ 都市施設
⑨ 市街地開発事業
⑩ 市街地開発事業等予定区域
⑪ 地区計画等

```
具体的なプランを決定する
（都市計画の決定手続き）
        ↓
プランが決まったら、そのプランに反することをさせない
（都市計画制限）
```

① ② ③ ④ ⑤ ⑥ ⑦

第②ポイント  重要度 A

都市計画区域

攻略メモ
● 都市計画区域を指定して、どこで街づくりをするのか決めてから、細かいことを決めていきます。

1 都市計画区域とは

　住みやすい街づくりをするためには、まず「どこで街づくりをするか」を決めることからはじめます。**街づくりをすると決められた場所のことを都市計画区域といいます**。都市計画法は、原則として都市計画区域の中でのみ適用されます。

覚えよう！

都市計画区域の指定
● 1つの都道府県に指定する場合　　　　　＝　都道府県が指定する
● 2つ以上の都府県にわたって指定する場合　＝　国土交通大臣が指定する

　なお、都市計画区域は、**県境や市町村境などの行政区画とは関係なく**定めることができます。

　都市計画区域を定めたら、次に「マスタープラン」を作成します。これは街づくりの大枠の方針です。「こう

4

いう街をつくります」という方針を決めてから実際に街づくりをしていきます。

2 区域区分

都市計画区域を定めたら、次に市街化区域と市街化調整区域に線引きをしていきます。

なお、市街化区域と市街化調整区域は、言葉の定義も出題されるので、次のような形でまとめておきましょう。

> **覚えよう！**
> - 市街化区域＝すでに市街地を形成している区域
>   おおむね10年以内に優先的かつ
>   計画的に市街化を図るべき区域
> - 市街化調整区域＝市街化を抑制すべき区域

要するに、「これから建物をたくさん建てよう！」とするのが市街化区域、「自然を守って建物を建てないようにしよう！」とするのが市街化調整区域です。

この線引きは必ずしなければならないというものではなく、**線引きをしないこともあります**。都市計画区域に指定しているが、線引きをしない場所を「区域区分が定められていない都市計画区域」といいますが、長いので、通称「非線引き区域」といいます。

3 準都市計画区域

　都市計画区域外では原則として都市計画法の規制はかかりません。しかし、高速道路のインターチェンジ周辺などは、便利な場所であり特に規制もかからないので、乱開発されてしまうこともあります。そこで、**このまま放っておくと将来の街づくりに支障が出るような都市計画区域外の場所を、準都市計画区域として指定することにしました。**

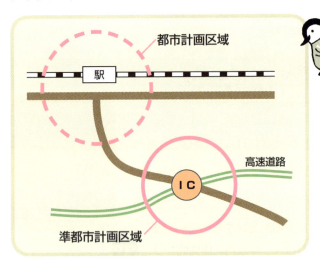

　準都市計画区域は、都市計画区域とは異なり、都市をつくる目的ではないので、都市計画事業も実施されません。
　準都市計画区域は、都道府県が指定します。

暗記ポイント 総まとめ

- 日本全国は5つにわけられる
  - 市街化区域
  - 市街化調整区域
  - 非線引き区域（区域区分が定められていない都市計画区域）
  - 準都市計画区域
  - 都市計画区域および準都市計画区域以外の区域

ちょこっとトレーニング 本試験過去問に挑戦！

問1 都道府県が都市計画区域を指定する場合には、一体の都市として総合的に整備し、開発し、及び保全する必要がある区域を市町村の行政区域に沿って指定しなければならない。（1997-17-1 改題）

問2 都市計画区域については、無秩序な市街化を防止し、計画的な市街化を図るため、市街化区域と市街化調整区域との区分を必ず定めなければならない。（2007-18-2）

問3 準都市計画区域は、都市計画区域外の区域のうち、新たに住居都市、工業都市その他の都市として開発し、及び保全する必要がある区域に指定するものとされている。（2010-16-2）

解答
1 ×：行政区域に沿う必要はない。
2 ×：線引きはしなくてもよい。
3 ×：準都市計画区域は開発のために区域の指定はしない。

第❸ポイント 用途地域

重要度 A

攻略メモ
● まず、13個の用途地域を順番に言えるようにしてください。建築基準法の用途規制（→P44参照）の部分で使います。

1 用途地域とは

用途地域とは「ここはこういう街にしよう」というように定める都市計画のことです。住居系・商業系・工業系あわせて13種類があります。

覚えよう！

- ・**市街化区域** ＝ **少なくとも用途地域を定める**
- ・**市街化調整区域** ＝ **原則として用途地域を定めない**
- ・非線引き区域 ＝ 用途地域を定めることができる
- ・準都市計画区域 ＝ 用途地域を定めることができる
- ・都市計画区域外 ＝ 用途地域を定めることができない

2 用途地域

1 第一種低層住居専用地域

→ 低層住宅のための良好な住居の環境を保護するため定める地域

2 第二種低層住居専用地域

→ 主として低層住宅のための良好な住居の環境を保護するため定める地域

3　第一種中高層住居専用地域

→ **中高層住宅**のための良好な住居の環境を保護するため定める地域

6〜7階建てくらいのマンションも立ちならぶ場所です。

4　第二種中高層住居専用地域

→ **主として中高層住宅**のための良好な住居の環境を保護するため定める地域

大きめの店舗や事務所なども存在しています。

5 第一種住居地域

ホテル、ボーリング場や大きめのスーパーも建てられる地域です。

→ 住居の環境を保護するため定める地域

6 第二種住居地域

カラオケボックスやパチンコ店も建てられます。

→ 主として住居の環境を保護するため定める地域

7 準住居地域

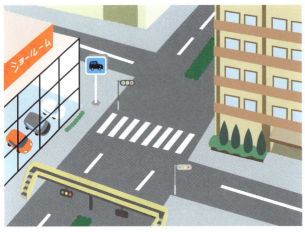

幹線道路沿いの自動車販売店などが立ちならんでいる場所です。

→ **道路の沿道**としての地域の特性にふさわしい業務の利便の増進を図りつつ、これと調和した住居の環境を保護するため定める地域

8 田園住居地域

農地を守りながら、農産物の直売所なども設置できる場所です。

→ **農業**の利便の増進を図りつつ、これと調和した低層住宅に係る良好な住居の環境を保護するため定める地域

⑨ 近隣商業地域

地元の商店街のイメージです。魚屋やら肉屋やら花屋やらが立ちならんでいる場所です。

→ 近隣の住宅地の住民に対する<u>日用品の供給</u>を行うことを主たる内容とする商業等の業務の利便を増進するため定める地域

⑩ 商業地域

いわゆる繁華街。駅前のデパートなどが立ちならぶ場所です。

→ <u>主として商業</u>等の業務の利便を増進するため定める地域

第❶コース 都市計画法①

第❸ポイント 用途地域

11　準工業地域

町工場などがある場所というイメージです。

→主として環境の悪化をもたらすおそれのない工業の利便を増進するため定める地域

12　工業地域

工場として利用するのが主ですが、住居としても利用できます。

→主として工業の利便を増進するため定める地域

13　工業専用地域

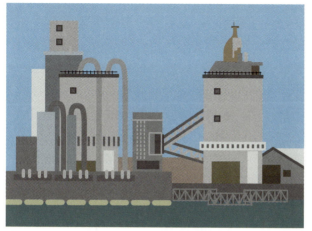

石油化学コンビナートなどを想像してみよう。人は住めませんね。

➡ 工業の利便を増進するため定める地域

　用途地域に関しては、言葉の意味が理解できているかを試す問題が出題されます。次のように考えましょう。

暗記ポイント　総まとめ

「主として」というキーワードが入っているもの

＜住居系＞
・第二種低層住居専用地域　2
・第二種中高層住居専用地域　4
・第二種住居地域　6

＜商業系＞
・商業地域　10

＜工業系＞
・準工業地域　11
・工業地域　12

3 用途地域に定める事項

用途地域に指定されると、以下のものを定めます。

覚えよう！

【必ず定めるもの】
- 建築物の容積率（→P 52 参照）　　（すべての用途地域）
- 建築物の建蔽率（→P 49 参照）　　（商業地域以外）
- 建築物の高さの限度　　　　　　　（第一種低層・第二種低層
　　　　　　　　　　　　　　　　　・田園住居のみ）**10 m** または **12 m**

【必要に応じて定めるもの】
- 敷地面積の最低限度　（すべての用途地域）　**200㎡以内**
- 外壁の後退距離　　　（第一種低層・第二種低層・田園住居のみ）
　　　　　　　　　　　1.5 m または **1 m**

　第一種低層住居専用地域・第二種低層住居専用地域・田園住居地域では、建築物の高さは、10 m または 12 m のうち、都市計画で定めた高さを超えてはいけません。

　第一種低層住居専用地域・第二種低層住居専用地域・田園住居地域では、建築物の隣地境界線までの距離は、都市計画で定める場合、1.5 m または 1 m としなければなりません。

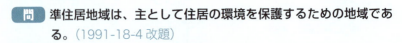

ちょこっとトレーニング　本試験過去問に挑戦！

問 準住居地域は、主として住居の環境を保護するための地域である。(1991-18-4 改題)

解答 ×：これは第二種住居地域の説明。

16

第 ❹ ポイント
重要度

補助的地域地区

攻略メモ
● 用途地域だけでは細かい部分までは決められないので登場したのが補助的地域地区です。

1 補助的地域地区とは

　用途地域で基本的な街のイメージはできましたが、さらに地域の特色を出すために、用途をよりきめ細かく規制した補助的地域地区があります。

2 用途地域内のみ定められるもの

A 特別用途地区

用途地域内の一定の地区における当該地区の特性にふさわしい土地利用の増進、環境の保護等の特別の目的の実現を図るため、**当該用途地域の指定を補完して定める**地区

用途地域内でも「こういう店はダメ」「こういう店はOK」などと細かく指定することができます。

B 高層住居誘導地区

住居と住居以外の用途とを適正に配分し、利便性の高い**高層住宅の建設を誘導**するため、一定の用途地域のうち、指定容積率400％・500％の地域を対象に、建築物の容積率の最高限度、建蔽率の最高限度、

第一種住居・第二種住居・準住居・近隣商業・準工業で定められます。容積率を有効利用するため、容積率や斜線制限を緩和し、日影規制などを除外できます。

17

および敷地面積の最低限度を定める地区

C 高度地区

用途地域内において市街地の環境を維持し、または土地利用の増進を図るため、建築物の高さの最高限度または最低限度を定める地区

D 高度利用地区

用途地域内の市街地における土地の合理的かつ健全な高度利用と都市機能の更新とを図るため、建築物の容積率の最高限度および最低限度、建蔽率の最高限度、建築物の建築面積の最低限度、壁面の位置の制限を定める地区

再開発して高層のビルを建てようとする際に適用されます。

暗記ポイント 総まとめ

- 高度地区　　　＝　高さ
- 高度利用地区　＝　高さではない

E 特例容積率適用地区

第一種中高層住居専用地域、第二種中高層住居専用地域、第一種住居地域、第二種住居地域、準住居地域、近隣商業地域、商業地域、準工業地域または工業地域内の適正な配置および規模の公共施設を備えた土地

余った容積率を売ることができます。東京駅の改修工事の費用はここから捻出しました。

の区域において、建築物の容積率の限度からみて未利用となっている建築物の容積の活用を促進して土地の高度利用を図るため定める地区

3 用途地域の内外を問わず定められるもの

F 特定街区

市街地の整備改善を図るため街区の整備または造成が行われる地区について、その街区内における建築物の容積率、建築物の高さの最高限度、壁面の位置の制限を定める街区

東京都の西新宿などで定められています。超高層ビルの建っている場所です。

G 防火地域・準防火地域

市街地における火災の危険を防除するため定める地域

火災の延焼等を防ぐため駅周辺などに指定されます。

H 景観地区

市街地の良好な景観の形成を図る地区

街並みと調和させるため、建築物のデザインや高さなどを制限します。

I 風致地区

都市の風致を維持するため定める地区

自然美を守るため、建築物の建築や宅地造成などを制限します。

合格めざして がんばろう

4 用途地域外にのみ定められるもの

J 特定用途制限地域

> 用途地域が定められていない土地の区域（市街化調整区域を除く）内において、その良好な環境の形成または保持のため、当該地域の特性に応じて合理的な土地利用が行われるよう、制限すべき特定の建築物等の用途の概要を定める地域

特定の用途（○○は建築不可）などを制定します。

 本試験過去問に挑戦！

問 高度利用地区は、用途地域内において市街地の環境を維持し、又は土地利用の増進を図るため、建築物の高さの最高限度又は最低限度を定める地区である。（2016-16-3）

解答 ×：これは高度地区の説明。

第 5 ポイント 都市施設

重要度 A

攻略メモ
- 「都市施設」という名前から、ビル群などを想像しないように注意してください。道路や下水道のような施設です。

1 都市施設とは

都市施設は、人々が都市で生活するのに欠かせない施設のことです。**道路・公園・上下水道・学校・図書館・病院など**が都市施設にあたります。都市計画区域内では都市施設を定めることができ、**都市計画区域外でも、必要があれば定めることができます。**

2 都市施設を定める場所

次の場所には必ず定めるものが決められています。

覚えよう！

- ・市街化区域
- ・非線引き区域 　　道路・公園・下水道を必ず定める
- ・住居系用途地域　　義務教育施設を必ず定める

21

ちょこっとトレーニング　本試験過去問に挑戦！

問 都市計画は、都市計画区域内において定められるものであるが、道路や公園などの都市施設については、特に必要があるときは当該都市計画区域外においても定めることができる。
(2002-17-2)

解答 ○：都市計画区域外であっても定めることができる。

第6ポイント
地区計画

 重要度 A

攻略メモ
- 「この地区だけの決まり」という細かい部分を決めていくのが地区計画です。ですので、市町村が主体となります。

1 地区計画とは

　地区計画とは、建築物の建築形態、公共施設その他の施設の配置等からみて、一体としてそれぞれの特性にふさわしい態様を備えた良好な環境の各街区を整備し、開発しおよび保全するための計画のことです。

用途地域や補助的地域地区で大枠の決まりをつくり、地区計画でさらに細かく決めていきます！

2 地区計画を指定できる区域

　用途地域が定められている土地の区域や、用途地域が定められていない土地の区域のうち一定の区域で地区計画を指定することができます。

つまずき注意の前提知識
早い話が、用途地域が定められている土地の区域のみではない、ということです。

23

3 届出制

　地区計画が定められている場合、以下の行為をするためには、その基準に適合しているかチェックしなければなりません。

> **覚えよう！**
>
> ・土地の区画形質の変更 ┐
> ・建築物の建築　　　　　├ を行う場合
> ・工作物の建設　　　　　┘
>
> **行為に着手する日の 30 日前までに市町村長に届出が必要**

　上記の届出の行為が、地区計画に適合しないときは、市町村長は設計の変更などの勧告をすることができます。

ちょこっとトレーニング　本試験過去問に挑戦！

問　地区計画の区域のうち地区整備計画が定められている区域内において、建築物の建築等の行為を行った者は、一定の行為を除き、当該行為の完了した日から 30 日以内に、行為の種類、場所等を市町村長に届けなければならない。(2012-16-4)

解答　×：完了した日から 30 日以内ではなく、着手する日の 30 日前までに。

第7ポイント 都市計画の決定手続き

重要度 B

攻略メモ
● 街づくりのために用いる都市計画を誰が決めるのか、どれにするか決める手続きです。

1 都市計画の決定権者

都市計画は誰が決めるのでしょうか。

都道府県 が決める
区域区分を定めよう！
広域にわたる都市施設をつくろう！

市町村 が決める
用途地域を決めます！
ここは特別用途地区にします！

> 区域区分のような大規模なものは都道府県、地域地区や地区計画のように小規模なものは市町村が決定します。

2つ以上の都府県にまたがるものは都道府県ではなく国土交通大臣が決定します。また、都道府県が決めた都市計画と市町村が決めた都市計画の内容が抵触する場合、**都道府県の計画が優先**されます。

ライバルに差をつける 関連知識
特定非営利活動法人（NPO法人）などは、都道府県や市町村に対して都市計画の決定や変更の提案をすることができます。

25

2 都市計画の決定手続き

都市計画は以下の流れで決定します。

```
都市計画の原案を作成する
    ↓
必要に応じて公聴会などを開催して住民の意見を反映
    ↓
都市計画案の公告・縦覧
 → 縦覧期間は公告の日から2週間
 → 縦覧期間中、住民等は意見書を提出できる
    ↓
【都道府県が定める場合】
 → 都道府県都市計画審議会の議を経る
 → 関係市町村の意見を聴く
 → 国の利害に重大な関係がある場合は国土交通大臣と協議し、その同意を得る

【市町村が定める場合】
 → 市町村都市計画審議会の議を経る
 → 都道府県知事との協議
    ↓
都市計画が決定した旨の告示・縦覧
 → 告示のあった日から効力を生ずる
```

ちょこっとトレーニング 本試験過去問に挑戦！

問 市町村が定めた都市計画が、都道府県が定めた都市計画と抵触するときは、その限りにおいて、市町村が定めた都市計画が優先する。(2015-16-4)

解答 ×：都道府県の計画が優先。

「法令上の制限」と「税・価格」は勝負の科目！

宅建士試験で合否をわけるのは、間違いなく「法令上の制限」と「税・価格」の分野です。合格者と不合格者の点差がいちばん大きいのがこの分野なのです。「権利や業法の学習に時間をかけすぎて法令上の制限まで勉強が間に合わなかった」という人も多く、きちんと勉強しようと思っても、イメージがわかないので勉強しにくい分野でもあります。よって、この分野ではみなさんにイメージしてもらえるように工夫して執筆しました。ぜひ、法令上の制限と税・価格を得意科目にしてください！

えっ、もうここに来たのか！？
…べ、別に驚いてねーし！
（オレ様もがんばらないとな…）

第2コース 都市計画法②

このコースの特徴

●「開発許可が必要かどうか」を中心に学習しましょう。都市計画法は毎年2問、そのうち1問はこの開発許可から出題されることが多いです。問題を多くこなして、みるべき順番とみるべきポイントをつかみとりましょう。

第 ❶ ポイント 開発許可の要否

重要度 A

攻略メモ
● 開発許可がいるかいらないかは、機械的に処理をしなければ混乱してしまいます。「① 開発許可の要否」の順番でみていきましょう。

1 開発許可の要否

　開発行為を行うためには許可を受けなければなりません。そもそも、それが「開発行為」に該当するのかどうかを、以下の基準にしたがって確認する必要があります。

覚えよう！

「開発行為」に該当するか
　→ 該当しない → 開発許可不要
　↓ 該当する
許可不要の例外にあたるか
　→ 該当する → 開発許可不要
　↓ 該当しない
開発許可が必要

2 開発行為

次の行為が「開発行為」となります。

① 建築物の建築
② 特定工作物の建設
　A　第一種特定工作物：コンクリートプラント／アスファルトプラント
　B　第二種特定工作物：ゴルフコース
　　　　　　　　　　　　10,000㎡以上の野球場／運動・レジャー施設

のために行う、土地の区画形質の変更

「土地の区画形質の変更」とは、盛土や切土などを行って造成工事をすること、要するに「ガタガタの土地を平らにすること」です。

3 開発行為の例外

「開発行為」に該当しても、以下のものは許可不要となります。

	小規模開発	農林漁業用建築物
市街化区域	1,000㎡未満不要	許可不要
市街化調整区域	規模にかかわらず許可必要	
非線引き区域	3,000㎡未満不要	
準都市計画区域	3,000㎡未満不要	
都市計画区域・準都市計画区域外	10,000㎡未満不要	

※市街化の状況により条例で 300～1,000㎡未満の範囲内で別に定めることも可能

なお、農産物の貯蔵や加工に必要な建築物は、農林漁業用建築物にはあたりません。

また、次のものは区域・規模にかかわらず許可不要となります。

> **覚えよう！**
>
> ・**公益上必要な建築物**（図書館・公民館・駅舎・変電所）
> ・**非常災害の応急措置**
> ・**「～事業の施行として行う」開発行為**

　ただし、公益性のある建築物であっても、**学校・医療施設・社会福祉施設は許可が必要**なので注意しましょう。
　なお、国・都道府県等が行う開発行為は、国の機関・都道府県等と都道府県知事との協議が成立することをもって、開発許可があったものとみなされます。

> **例題** 開発許可は必要でしょうか。
>
> **1** 1ha（10,000㎡）の青空駐車場の用に供する目的の土地の区画形質の変更
> 　→不要　（青空駐車場をつくるのは「開発行為」ではないから）
>
> **2** 市街化区域で3,000㎡の庭球場の建設の用に供する目的の土地の区画形質の変更
> 　→不要　（庭球場は10,000㎡未満の土地は第二種特定工作物に該当しないから）
>
> **3** 市街化区域で9,000㎡のゴルフコースの建設の用に供する目的の土地の区画形質の変更
> 　→必要　（ゴルフコースは規模不問で第二種特定工作物。市街化区域は1,000㎡以上の土地は許可が必要）

ちょこっとトレーニング　本試験過去問に挑戦!

問1 市街化調整区域における農産物の加工に必要な建築物の建築を目的とした500㎡の土地の区画形質の変更には、常に開発許可が不要である。(2003-18-1)

問2 市街化区域内において、農業を営む者の居住の用に供する建築物の建築の用に供する目的で行われる1,500㎡の開発行為は、開発許可を受ける必要がある。(2012-17-ウ)

解答
1　×：加工のための施設は農林漁業用建築物とみなさない。
2　○：市街化区域内で1,000㎡以上は農林漁業用建築物も許可必要。

第❷ポイント 開発許可の流れ

重要度 B

攻略メモ
- 開発許可が必要な場合には、どのような手順で許可を申請するのでしょうか。その順番をおさえていきましょう。

1 開発許可の申請

開発許可は以下のように申請します。

【事前手続き】
① 開発行為に関係のある公共施設の管理者との協議およびその同意
② 将来設置される公共施設を管理することとなる者等との協議
③ 土地等の権利者の相当数の同意（他に土地の権利者がいる場合）

【許可申請】
- 必ず書面で行う（上記の同意書・協議の経過を示す書面等を添付）
- 開発区域・予定建築物の用途・設計図書・工事施行者を明記（予定建築物の高さ・構造・設備・価格 etc は記載事項ではない！）

【審査】
● 以下の基準に適合し、かつ手続きが法令遵守している場合、許可をしなければならない
（自己の居住用は①と②のみ）
① 用途地域の規制に適合
② 排水設備の構造・能力が適切である
③ 道路・公園・広場などが適当に配置されている
④ 給水施設の構造・能力が適切である
⑤ 災害危険区域ではない
⑥ 申請者の資力・信用がある
⑦ 工事施行者の工事完成能力がある
⑧ 環境保全が講じられている

チェック

【許可・不許可の処分】
都道府県知事は、遅滞なく、許可・不許可の処分を文書によってしなければならない

はーい　OKです

　都道府県知事は、用途地域が定められていない区域の開発行為について開発許可をする場合に、必要があると認めるときは、その開発区域内の土地について、建築物の建蔽率、建築物の高さ、壁面の位置、その他建築物の敷地・構造・設備に関する制限を定めることができます。
　許可をしたら、知事は一定の事項を開発登録簿に登録しなければなりません。開発登録簿は知事が保管し、誰でも閲覧できます。工事が完了したら、知事に届け出て検査を受けます。検査に通れば、知事は検査済証を交付して、最後に工事完了の公告を行います。

いい調子！

2 開発許可後の手続き

開発許可を受けた後に、事情が変わってしまった場合、以下のような手続きをすることになります。

内容の変更	知事の許可
軽微な変更	知事へ届出
許可不要な開発行為への変更	手続き不要
工事廃止	知事へ届出
一般承継（相続等）	手続き不要
特定承継（地位の譲渡等）	知事の承認

> 工事完了の公告前は、造成工事を行い、工事完了の公告の後は予定建築物等の建築等を行います。つまり、工事完了の公告の前も後も工事中であるというイメージです。

3 建築規制

工事完了の公告の前後で、建築等に規制がかかります。

（工事完了の公告前）

原則：建築不可

（例外）
①工事用仮設建築物
②知事が支障なしと認めた
③開発行為に不同意の者

工事完了の公告

（工事完了の公告後）

原則：予定建築物以外不可

（例外）
①用途地域に適合
②知事が許可した

4 市街化調整区域の規制

　造成工事をしなくてもすぐに建物が建てられる場所、たとえば工場跡地などは、開発行為をしないため、開発許可は不要です。では、ここにいきなり建物を建ててよいのでしょうか。

　市街化調整区域は、建物の建築をしてほしくない場所です。本来は開発許可が不要となる場所であっても、建築物の建築や第1種特定工作物について知事の許可を必要とします。ただし、先ほどの「開発行為の例外」（→ P31 参照）の項にあるような、農林漁業用建築物などの建築は知事の許可も不要です。

5 田園住居地域の規制

　現況が農地である田園住居地域内において、土地の形質の変更、建築物の建築その他工作物の建設などを行おうとする者は、原則として**市町村長の許可**を受ける必要があります。

ちょこっとトレーニング　本試験過去問に挑戦！

問1 開発行為を行おうとする者は、開発許可を受けてから開発行為に着手するまでの間に、開発行為に関係がある公共施設の管理者と協議し、その同意を得なければならない。(2004-18-4)

問2 開発許可を受けた開発区域内の土地であっても、当該許可に係る開発行為に同意していない土地の所有者は、その権利の行使として建築物を建築することができる。(2008-19-1)

解答
1　×：開発許可申請前に協議と同意が必要。
2　○：開発行為に不同意の者は建築可。

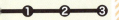

第3ポイント 都市計画事業制限

重要度 A

攻略メモ
- 都市計画施設や市街地開発事業をどのように行っていくのでしょうか。また、どういった制限をかけて工事するのでしょうか。

1 都市計画事業とは

　都市施設のうち、具体的に都市計画で定めて整備をするものを都市計画施設といいます。また、市街地を総合的に開発しようとする都市計画を市街地開発事業といいます。

　このような**都市計画施設や市街地開発事業を行うこと**を「**都市計画事業**」といいます。

2 都市計画事業にかかる制限

都市計画事業がスムーズに進むように、事業進行の妨げになりそうなことを制限しています。

通常は中小規模の都市計画事業で行うのですが、大規模な都市計画事業の場合、早い段階から場所の確保を行わなければならないため、早い段階で規制をかけます。

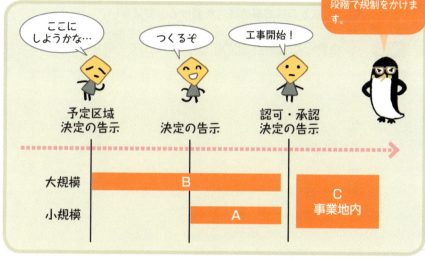

	建築物の建築	土地形質変更	5t超の物件	非常災害応急
A	許可必要	×	×	×
B	許可必要	許可必要	×	×
C	許可必要	許可必要	許可必要	許可必要

A：都市計画施設の区域内・市街地開発事業の施行区域内
B：市街地開発事業等予定区域
C：事業地内
×：許可不要

アドバイス

「事業地内」になると、「非常災害の応急措置」として行うものであっても都市計画事業の施行の障害となるおそれがあるものであれば許可が必要となります。

ちょこっとトレーニング　本試験過去問に挑戦！

問 都市計画事業の認可の告示後、事業地内において行われる建築物の建築については、都市計画事業の施行の障害となるおそれがあるものであっても、非常災害の応急措置として行うものであれば、都道府県知事の許可を受ける必要はない。(1998-17-4)

解答 ×：事業地内は非常災害の応急措置であっても許可が必要。

ボクもカッコいい
細マッチョペンギンに
なってきたかな！？

あんまり身体は
変わってないような気が…
…げふんげふん

第3コース 建築基準法①

このコースの特徴

● 建築基準法は「知っているか知らないか」で処理できる問題も多いです。どちらかといえば、知識の有無で勝負が決まるといってもよいでしょう。暗記量が多くて大変かもしれませんが、がんばりましょう！

①・・・②・・・③・・・④・・・⑤・・・⑥・・・⑦・・・⑧

第 **1** ポイント　重要度 **C**

建築基準法

攻略メモ
- 建築基準法は、あくまで最低限度を決めたものですので、条例などでこれより厳しくすることはできますが、緩和は基本的にできません。

1 建築基準法の目的

建築基準法は、地震・火災・台風などの災害から国民を守るために、建物の構造や設備などに関して最低限の基準を設けようという目的でつくられたものです。

2 建築基準法の内容

建築基準法には、「集団規定」と「単体規定」があります。

集団規定は、街の中の建物に対する規制で、都市計画区域および準都市計画区域内に限って適用されます。

単体規定は、個々の建物に対する規制（「居室には窓が必要」など）で、全国どこでも適用されます（→ P66 参照）。

3 建築基準法の適用除外

国宝や重要文化財などに指定または仮指定された建築物については、建築基準法は適用されません。

また、建築基準法の改正により、現にある建築物が改正後の規定に適合しなくなっても、違反建築物とはなりません。

問 文化財保護法の規定によって重要文化財に指定された建築物であっても、建築基準法は適用される。(2002-21-3)

解答 ×：重要文化財に建築基準法は適用されない。

第❸コース 建築基準法①

第❶ポイント 建築基準法

① ② ③ ④ ⑤ ⑥ ⑦ ⑧

第❷ポイント 用途規制

 重要度 A

> **攻略メモ**
> ● 本当に面倒だと思うけれど、ぜひ覚えていただきたい部分です。最終的には「暗記ポイント総まとめ」の部分はすべて覚えているのが理想です。

1 用途規制

　都市計画法では、ある土地をどのような用途で利用すべきかという観点から、**用途地域**を定めています（→P 8参照）。

　そして、この用途地域に基づいて、ある土地にどのような建物が建てられるかにつき具体的に規制を加えているのが、建築基準法の**用途規制**なのです。

> 都市計画法 → 用途地域 ＝ 土地利用の計画
> 建築基準法 → 用途規制 ＝ 計画にあわせた建築規制

　では、どの用途地域にどの建築物が建てられるか具体的にみていきましょう。

	住 居 系								商業系		工 業 系		
	1低	2低	1中高	2中高	1住	2住	準住居	田園住居	近隣商業	商業	準工業	工業	工業専用
神社・教会・保育所・診療所・巡査派出所・公衆電話所・銭湯	●	●	●	●	●	●	●	●	●	●	●	●	●

　これらは、すべての用途地域で建築することができます。

44

ゴロ合わせで覚えよう

終	電	走る	先	進	保育
宗教施設	公衆電話所	派出所	銭湯	診療所	保育所

	住居系								商業系		工業系		
	1低	2低	1中高	2中高	1住	2住	準住居	田園住居	近隣商業	商業	準工業	工業	工業専用
住宅・図書館・老人ホーム	●	●	●	●	●	●	●	●	●	●	●	●	×

　住宅や老人ホームなど、24時間いることが前提の場所や、図書館・博物館・美術館などは、工業専用地域には建てられません。

前提知識
病院はベッド数20以上、診療所はベッド数19以下。つまり、病院は大きな病院、診療所は町医者を想像しましょう。

	住居系								商業系		工業系		
	1低	2低	1中高	2中高	1住	2住	準住居	田園住居	近隣商業	商業	準工業	工業	工業専用
小中高	●	●	●	●	●	●	●	●	●	●	●	×	×
高専・大学・病院	×	×	●	●	●	●	●	×	●	●	●	×	×

　学校系に関しては、地元の人が通う小中高と、全国から人が集まる大学で規制がわかれています。

		住居系								商業系		工業系		
		1低	2低	1中高	2中高	1住	2住	準住居	田園住居	近隣商業	商業	準工業	工業	工業専用
飲食・物販	2F以下 150㎡以内	×	●	●	●	●	●	●	●	●	●	●	●	×
	2F以下 500㎡以内	×	×	●	●	●	●	●	●	●	●	●	●	×
	1,500㎡以内	×	×	×	●	●	●	●	×	●	●	●	●	×

　150㎡以内というのはコンビニのようなもの、500㎡以内というのは近所のスーパーマーケットあたりを想像すればよいと思います。1,500㎡というのは郊外にある少し広めの駐車場付きのドラッグストアあたりを想像してみてください。

　なお、田園住居地域では、2階以下かつ500㎡以内の物品販売店舗は、農業の利便を増進するもの（農産物直売所、農家レストラン等）であれば建築可能です。

	住居系								商業系		工業系		
	1低	2低	1中高	2中高	1住	2住	準住居	田園住居	近隣商業	商業	準工業	工業	工業専用
ボーリング・スケート・水泳	×	×	×	×	●	●	●	×	●	●	●	●	×
カラオケ	×	×	×	×	×	×	●	×	●	●	●	●	●
マージャン・パチンコ	×	×	×	×	×	●	●	×	●	●	●	●	×

　いわゆる娯楽系の施設です。

> **アドバイス**
>
> 田園住居地域は、第2種低層住居専用地域に近い規制がかけられています。

暗記ポイント 総まとめ

		住居系							商業系		工業系		
		1低	2低	1中高	2中高	1住	2住	準住居	田園住居	近隣商業	商業	準工業	工業	工業専用
神社・教会・保育所・診療所・巡査派出所		●	●	●	●	●	●	●	●	●	●	●	●	●
住宅・図書館・老人ホーム		●	●	●	●	●	●	●	●	●	●	●	●	×
小中高		●	●	●	●	●	●	●	●	●	●	●	×	×
高専・大学・病院		×	×	●	●	●	●	●	×	●	●	●	×	×
飲食・物販	2F以下150㎡以内	×	●	●	●	●	●	●	●	●	●	●	●	×
	2F以下500㎡以内	×	×	●	●	●	●	●	●	●	●	●	●	×
	1,500㎡以内	×	×	×	●	●	●	●	×	●	●	●	●	×
車庫	2F以下300㎡以内	×	×	●	●	●	●	●	×	●	●	●	●	●
	3F以上300㎡超	×	×	×	×	×	●	●	×	●	●	●	●	●
営業用倉庫		×	×	×	×	×	×	●	×	●	●	●	●	●
自動車教習所		×	×	×	×	×	●	●	×	●	●	●	●	●
ボーリング・スケート・水泳		×	×	×	×	×	●	●	×	●	●	●	●	×
カラオケ		×	×	×	×	×	×	●	×	●	●	●	●	●
マージャン・パチンコ		×	×	×	×	×	●	●	×	●	●	●	●	×
ホテル(3,000㎡以内)・旅館		×	×	×	×	●	●	●	×	●	●	●	×	×
自動車修理工場(150㎡以内)		×	×	×	×	×	×	●	×	●	●	●	●	●
劇場映画館	200㎡未満	×	×	×	×	×	×	●	×	●	●	●	×	×
	200㎡以上	×	×	×	×	×	×	×	×	●	●	●	×	×
料理店・キャバレー		×	×	×	×	×	×	×	×	×	●	●	×	×
個室付浴場		×	×	×	×	×	×	×	×	×	●	×	×	×

●：自由に建築可
×：建築には特定行政庁の許可（特例許可）必要

　なお、都市計画区域内では、火葬場やごみ焼却場などの建築物は、原則として都市計画においてその敷地の位置が決定しているものでなければ建築することができません。

2 複数の地域にまたがる場合

建築物の敷地が複数の地域にまたがる場合には、敷地の**過半の属する用途規制**に合わせます。

例

| 第一種住居地域 100㎡ | 商業地域 150㎡ |

上記の場合、商業地域の規制に合わせます。つまり、この敷地にカラオケボックスをつくることも可能です。

ちょこっとトレーニング　本試験過去問に挑戦！

問 第一種低層住居専用地域内においては、高等学校を建築することはできるが、高等専門学校を建築することはできない。
(2010-19-4)

解答 ○：高専は大学と同じ扱いとなる。

第❸ポイント 建蔽率

重要度 A

> **攻略メモ**
> ● 第一種低層などは30%という場合もあります。その際には、広い庭をつくるなりして土地を活用します。

1 建蔽率とは

建蔽率とは、建築物の建築面積の敷地面積に対する割合のことです。敷地に適度な空地を確保することにより日照や風通しを確保するとともに、火災の延焼を防ぐことを目的とする規制です。

覚えよう！

$$建蔽率 = \frac{建築面積}{敷地面積}$$

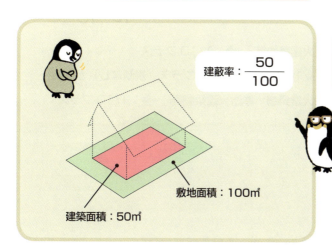

建蔽率：$\dfrac{50}{100}$

敷地面積：100㎡
建築面積：50㎡

> 100㎡の敷地で建蔽率が5/10であれば、50㎡まで建物を建てられます。

49

2 建蔽率の最高限度

　都市計画区域や準都市計画区域では、用途地域ごとに、建蔽率の最高限度が指定されていて、その数値の中から都市計画で定めることにしています。なお、**商業地域は8/10**で決まっています。

3 建蔽率の緩和

　以下の場合に、建蔽率の規制は緩和されます。

覚えよう！

1　特定行政庁が指定する角地　→　1/10 プラス

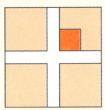

2　防火地域内で耐火建築物等　→　1/10 プラス
　→　もともと 8/10 の地域は 2/10 プラス（規制なし）となる
3　準防火地域で耐火建築物・準耐火建築物等　→　1/10 プラス

4 建蔽率が複数にわたる場合

　建築物の敷地が、建蔽率の規制数値の異なる複数の地域・区域にわたる場合は、地域の建蔽率の最高限度の数値にその地域に係る敷地の敷地全体に占める割合を乗じた数値の合計が、その敷地全体の建蔽率の最高限度になります。

例

建蔽率80%　120㎡　　建蔽率60%　80㎡

（120 × 8/10）＋（80 × 6/10）＝ 144
→ つまり、この敷地には144㎡まで建物を建てることができる。
144/（120 ＋ 80）＝ 144/200 ＝ 72/100
→ つまり、ここの建蔽率は72%である。

ちょこっとトレーニング　本試験過去問に挑戦！

問 建蔽率の限度が10分の8とされている地域内で、かつ、防火地域内にある耐火建築物については、建蔽率の制限は適用されない。(2013-18-2)

解答 ○：2/10プラスされるので10/10となる。

第 4 ポイント 容積率

重要度 A

攻略メモ
● 都市計画で定められた値を使わないケースがあることに注意してください。前面道路のことは常に念頭においておきましょう。

1 容積率とは

　容積率とは、建築物の延べ面積（＝各階の床面積の合計）の敷地面積に対する割合のことです。延べ面積を抑えることで前面道路の混雑防止を目的としています。

覚えよう！

$$容積率 = \frac{延べ面積}{敷地面積}$$

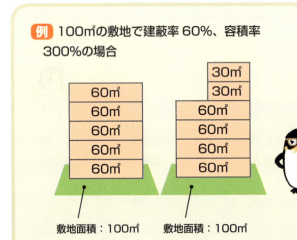

例 100㎡の敷地で建蔽率60％、容積率300％の場合

100㎡の敷地、建蔽率が60％で容積率が300％であれば、5階建てまで建てられます。右のような建て方であれば6階建ても可能です（他の高さなどの制限はないものとして考えています）。

2 容積率の制限の緩和

以下の場合には、容積率の制限が緩和されます。

> **覚えよう！**
>
> 1. 共同住宅・老人ホーム等の共用廊下・階段は延べ面積に算入しない。
> 2. エレベーターの部分の床面積は延べ面積に算入しない。
> 3. 建物の地階にある住居部分の床面積は、その建物の住宅部分の床面積の 1/3 までは延べ面積に算入しない（老人ホームにも適用）。
>
> （例）100㎡の敷地
> 　　　（建蔽率 50%・容積率 100%）
>
> | 2 階 | 50㎡ |
> | 1 階 | 50㎡ |
> | 地下 1 階 | 50㎡ | ← ここが認められる！

関連知識　宅配ボックス設置部分について、100分の1を限度として容積率算定の延べ面積に算入しません。

関連知識　地階の住居部分のルールは、店舗兼用住宅のような、住宅以外の用途に供する部分を有する建築物にも適用されます。

3 前面道路による容積率制限

容積率の規制は、前面道路の混雑防止のためなので、前面道路が狭い場合、規制はより厳しいものとなります。**前面道路の幅員が 12 m 未満**であれば、次の計算式にあてはめて、出た数字と都市計画で決められた数字とを比較して、**厳しいほう**がこの場所の容積率となります。

もうひとふんばりだ！

53

> **覚えよう！**
> ・前面道路の幅員 × 4/10 （住居系用途地域）
> ・前面道路の幅員 × 6/10 （その他の地域）

なお、複数の道路に接している場合、**広いほう**の道路の幅員で計算します。

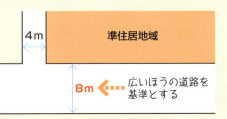

例 準住居地域
（都市計画で定められた容積率 400％）

前面道路が 12ｍ未満なので、計算が必要。
広いほう（8ｍ）を使って計算する。
　　8ｍ × 4/10 ＝ **320％**
都市計画では 400％だが、前面道路の幅員を基準に計算すると 320％なので、厳しいほうである 320％を適用する。

4 容積率が複数にわたる場合

　建築物の敷地が、容積率の規制数値の異なる複数の地域・区域にわたる場合は、それぞれの地域の容積率の最高限度の数値にその地域に係る敷地の敷地全体に占める割合を乗じた数値の合計が、その敷地全体の容積率の最

高限度になります。

例

1. 前面道路と都市計画の厳しいほうを選ぶ
   ①準住居　（前面道路）　8(m) × 4/10 = 32/10（320%）
   　　　　　（都市計画）　400%
   ②近隣商業（前面道路）　8(m) × 6/10 = 48/10（480%）
   　　　　　（都市計画）　400%
2. 地域ごとに、1の数値と面積をかけ算し、それを合計する
   （120㎡ × 32/10）+（80㎡ × 40/10）= 704㎡
3. これを敷地面積で割る
   704㎡ ÷ 200㎡ = 352/100 = 352%

ちょこっとトレーニング　本試験過去問に挑戦！

問　容積率を算定する上では、共同住宅の共用の廊下及び階段部分は、当該共同住宅の延べ面積の3分の1を限度として、当該共同住宅の延べ面積に算入しない。（2008-20-3）

解答　×：3分の1ではなく、すべて延べ面積に算入しない。

第 5 ポイント 高さ制限

重要度 A

攻略メモ

● 斜線制限に関しては、細かい部分よりも、どこで適用されるのかを中心に学習してください。

1 斜線制限

斜線制限とは、建築物の各部分の高さを、前面道路の反対側の境界線や隣地境界線からの水平距離に一定数値を乗じて得られた数値以下にする規制です。以下の3つがあります。

1 道路斜線制限

道路が暗くならないように、道路の日照や通風を確保するための制限です。

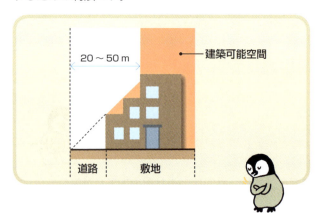

2 隣地斜線制限

隣地の日照や通風を確保するための制限です。

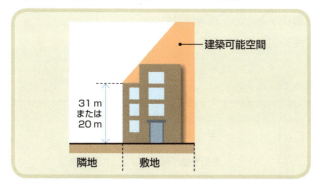

3 北側斜線制限

北隣の建物の南側に日が当たるようにするための制限です。

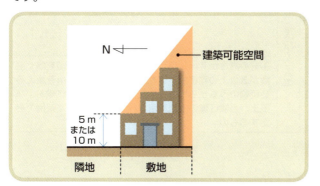

●対象区域	道路斜線制限	隣地斜線制限	北側斜線制限
第一種低層 第二種低層 田園住居	●	×	●
第一種中高層 第二種中高層	●	●	●
その他	●	●	×
用途地域指定のない区域	●	●	×

●：適用あり　×：適用なし

> **ライバルに差をつける 関連知識**
>
> 建築物が斜線制限の異なる2以上の区域にわたる場合、建築物は各区域の部分ごとに斜線制限の適用を受けます。

第❸コース 建築基準法①

第❺ポイント 高さ制限

2 日影規制

　日影規制とは、日照を確保するため、長時間にわたって日影とならないように建築物の高さを制限するものです。

　次のようなルールになっています。

対象区域		対象建築物
第一種低層住居専用地域	地方公共団体の条例で指定する区域	軒の高さが **7m** を超える建築物 または 地階を除く **階数が3以上** の建築物
第二種低層住居専用地域		
田園住居地域		
第一種中高層住居専用地域		高さが **10m** を超える建築物
第二種中高層住居専用地域		
第一種住居地域		
第二種住居地域		
準住居地域		
近隣商業地域		
準工業地域		
用途地域の指定のない区域		①軒の高さが7mを超える建築物もしくは地階を除く階数が3以上の建築物、または、②高さが10mを超える建築物のうちから地方公共団体がその地方の気候および風土、当該区域の土地利用の状況等を勘案して条例で指定するもの

　ただし、例外もあります。

> **覚えよう！**
>
> **商業地域・工業地域・工業専用地域**においては、日影規制の対象区域として指定することができない。

 ちょこっとトレーニング　本試験過去問に挑戦！

問1 第一種低層住居専用地域及び第二種低層住居専用地域内における建築物については、建築基準法第56条第1項第2号の規定による隣地斜線制限が適用される。(2006-22-2)

問2 建築基準法第56条の2第1項の規定による日影規制の対象区域は地方公共団体が条例で指定することとされているが、商業地域、工業地域及び工業専用地域においては、日影規制の対象区域として指定することができない。(2006-22-4)

解答 1　×：低層住居専用地域と田園住居地域で隣地斜線制限は適用されない。
2　○：商業・工業・工業専用には指定できない。

 いい調子！

① ② ③ ④ ⑤ ⑥ ⑦ ⑧

第❻ポイント 道路規制

重要度 A

攻略メモ
● 道路の下（地下）も道路の上（空中）も、「道路」として扱っています。注意してください。

1 接道義務

建築基準法上の「道路」とは、幅員4m以上をいいます。建築物の敷地は、**幅員4m以上の道路に2m以上接していなければならない**としています。これを接道義務といいます。

ちなみに、自動車専用道路に接していても、接道義務を満たしたことになりません。

つまずき注意の前提知識
道路法による道路というだけで、建築基準法上の道路に該当するわけではありません。

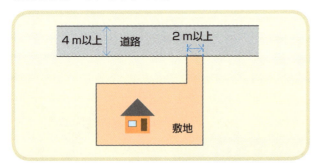

接道義務は、火災などの際に消火活動や避難の便のために設定されました。よって、周囲に広い空地がある場合で、特定行政庁が支障がないと認めて、建築審査会の同意を得て許可したものについては、2m以上接していなくてもかまいません。

また、地方公共団体は、特殊建築物、3階建て以上の

建築物、延べ面積1,000㎡を超える建築物、袋路状にのみ接する建築物で延べ面積が150㎡を超えるもの（一戸建て住宅を除く）の敷地は、この規制よりも**条例により付加することはできます**が、緩和することはできません。

2　2項道路とセットバック

　古い街などでは、幅員4m未満の道も多く存在します。「幅員4m以上の道路に接していないから違法です」といって建物を再築できなくしてしまうわけにもいきません。そこで、幅員4m未満の道であっても、建築基準法が適用される際にすでにあったもので、特定行政庁が指定したものについては、「道路」とみなすことにしました。これを「2項道路」といいます。

　2項道路の場合、将来的には幅員4m以上の道路にしたいため、道路の中心線より2m後退した線を道路と敷地との境界線と設定しました。建替えをする際には、その線よりも下がって建てなければなりません。これを**セットバック**といいます。

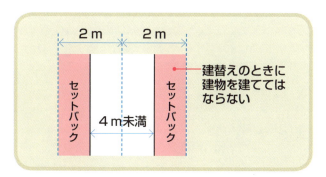

3 道路内の建築制限

通行の妨げになるので、道路内に建物を建ててはいけません。しかし、以下の建築物については道路内に建築することができます。

覚えよう！

1. 地盤面下に設ける建築物
   （例）地下商店街・地下駐車場
2. 公衆便所や巡査派出所などで建築審査会の同意を得て許可されたもの
3. 公共用歩廊（ほろう）などで建築審査会の同意を得て許可されたもの
   （例）歩道橋

ちょこっとトレーニング 本試験過去問に挑戦！

問 地盤面下に設ける建築物については、道路内に建築することができる。(2015-18-3)

解答 ○：地盤面下であれば建築可能。

第7ポイント 防火・準防火地域

重要度 A

攻略メモ
- 人が集まる場所で火災が起こると大変です。ですから、そういった場所は防火地域に指定しておきます。

1 防火地域・準防火地域

　建物が密集している場所では、火災が起こったときに延焼しやすくなってしまい危険です。このような地域を防火地域や準防火地域に指定して、建築物に一定の制限をかけています。

　なお、**防火地域・準防火地域では、外壁が耐火構造の建築物は、その外壁を隣地境界線に接して設けることができます。**

2 防火地域の制限

　防火地域に建築物を建てる際には、次のような原則があります。

覚えよう！

- 「地階を含む階数が3以上」または「延べ面積100㎡超」の建物は、耐火建築物等にしなければならない。
- それ以外の建築物は、耐火もしくは準耐火建築物等にしなければならない。

ライバルに差をつける 関連知識
延べ面積が50㎡以内の平家建ての付属建築物で、外壁と軒裏が防火構造であれば、耐火建築物や準耐火建築物にする必要はありません。

また、**防火地域内**にある看板・広告塔で、次の場合には、その主要部分を**不燃材料**でつくり、または覆わなければなりません。

> 覚えよう！
> ・建築物の屋上に設けるもの
> ・高さが3mを超えるもの

> つまずき注意の
> **前提知識**
>
> 不燃材料とは、建築材料のうち、不燃性能の持続時間が20分間のものです。それに対して難燃材料は、持続時間が5分間のものです。

3 準防火地域の制限

　準防火地域に建築物を建てる際には、次のような原則があります。

> 覚えよう！
> ・「地階を除く階数が4以上」または「延べ面積1,500㎡超」の建築物は耐火建築物等にしなければならない。
> ・それ以外で延べ面積が500㎡超 1,500㎡以下の建築物は耐火もしくは準耐火建築物等にしなければならない。

> ライバルに差をつける
> **関連知識**
>
> 木造建築物は、外壁と軒裏で延焼のおそれがある部分を防火構造にしなければなりません。

4 複数の地域にまたがる場合

　建築物が複数の地域にまたがる場合、**厳しいほう**の規制が適用されます。

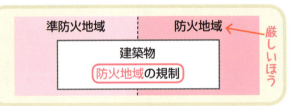

ただし、防火壁によって区画されている場合、以下のように扱われます。

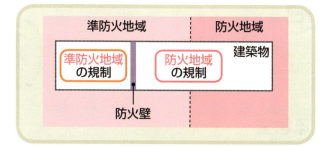

ゴロ合わせで覚えよう

● 耐火建築物にしなければならないもの

坊 さん 100 人、巡 視 する イチゴ
防火　3階以上　100㎡超　準防火　4階以上　1,500㎡超

ちょこっとトレーニング　本試験過去問に挑戦！

問1 準防火地域内において建築物の屋上に看板を設ける場合は、その主要な部分を不燃材料で造り、又は覆わなければならない。
（2014-17-4）

問2 防火地域内においては、3階建て、延べ面積が200㎡の住宅は耐火建築物又は準耐火建築物としなければならない。
（2011-18-2）

解答
1　×：これは防火地域のみ。
2　×：耐火建築物のみ。準耐火建築物ではダメ。

第 8 ポイント 重要度 A

単体規定

攻略メモ
- 都市計画区域外であっても、日本全国どこでも適用されるものです。単体規定は覚えるだけなので暗記してしまいましょう。

1 地階における居室

住宅の居室・病院の病室・学校の教室などで地階に設ける場合、壁や床に防湿の処理をして、**衛生上必要な処置**をしなければなりません。

2 採光・換気

外の明るさを部屋の中に入れるために、窓などについても決まりがあります。居室・病院の病室・学校の教室などには採光のため、窓その他の開口部を設けなければなりません。

関連知識
この開口部は日照を受けることができるものである必要はありません。

> **覚えよう！**
> **採光**に有効な部分の面積 ＝ 居室の床面積 × 1/7 以上

新鮮な空気を中に入れるために、窓などについても決まりがあります。居室には換気のため、窓その他の開口部を設けなければなりません。

> **覚えよう！**
> **換気**に有効な部分の面積 ＝ 居室の床面積 × 1/20 以上

また、建築物の自然換気設備は、次のような構造でなければなりません。
　給気口は、居室の高さの 1/2 以下の位置に設け、常時外気に開放された構造にする必要があります。
　排気口は、給気口より高い位置に設け、常時開放された構造にする必要があります。

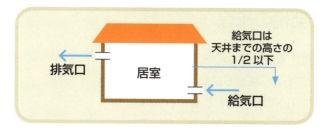

3 避雷設備

　高さ **20 mを超える** 建築物には、原則として、有効な避雷設備を設けなければなりません。

4 昇降機

　高さ **31 mを超える** 建築物には、原則として、非常用の昇降機を設けなければなりません。

5 便所

　便所には、原則として直接外気に接する窓を設けなければなりません。ただし、水洗便所で、これに代わる設備をした場合においては、この限りではありません。

6 居室の高さ

居室の天井の高さは 2.1m 以上でなければなりません。1室で天井の高さが異なる部分がある場合は、その平均の高さによります。

7 防火上の安全性の確保

延べ面積 1,000 ㎡を超える建築物は、防火上有効な防火壁又は防火床によって有効に区画し、かつ各区画の床面積の合計をそれぞれ 1,000 ㎡以内としなければなりません。ただし、**耐火建築物または準耐火建築物はこの限りではありません。**

8 建築物に使用できないもの

建築材料に石綿（アスベスト）を使用してはなりません。また、居室を有する建築物では、それに加え、クロルピリホスを添加・使用しないこと、ホルムアルデヒドの発散による衛生上の支障がないように、建築材料および換気設備について一定の技術的基準に適合することなどが定められています。

> **つまずき注意の 前提知識**
> クロルピリホスは、シロアリを駆除するために使われていた有機リン酸化物。ホルムアルデヒドは接着剤や塗料などに含まれているものです。

ちょこっとトレーニング　本試験過去問に挑戦！

問 高さが 20 mを超える建築物には原則として非常用の昇降機を設けなければならない。（2013-17-エ）

解答 ×：昇降機は 31 mを超える場合。

第4コース 建築基準法②

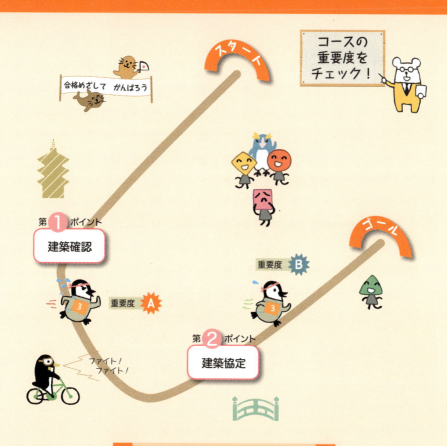

このコースの特徴

- ここは「建築確認が必要か否か」が問われるときの中心となる部分なので、そこは問題を解くことでしっかり定着させていきましょう。一見複雑にみえるかもしれませんが、得点源にもしやすい分野です。

第❶ポイント 建築確認

重要度 A

攻略メモ
● まずは「建築確認が必要か否か」をちゃんと判定できるようになってください。細かいので注意が必要です。

1 建築確認とは

　これまでみてきたように、建築基準法はさまざまな規制があるので、このすべての基準に適合している建築物かどうかを判断するのは難しいです。ですから、建築する前にプロがチェックしてから建築するようにしました。このチェックを<u>建築確認</u>といいます。

2 建築確認が必要な場合

　次の場合には建築確認が必要となります。

		新築	増改築・移転	大規模修繕 大規模模様替え
都市計画区域 準都市計画区域		●	▲	×
防火地域 準防火地域		●	●	×
全国	特殊建築物 （200㎡超）	●	▲	●
	大規模建築物	●	▲	●

●：必要　×：不要　▲：10㎡超なら必要

1 特殊建築物

特殊建築物とは、以下のものをいいます。

> 学校・病院・共同住宅・自動車車庫

> 「ここで火事が起こったら多くの犠牲がでるだろうな」という場所です。

ちなみに、事務所は特殊建築物ではありません。

2 大規模建築物

大規模建築物とは、以下のものをいいます。

> ＜木造＞
> 　3階以上・延べ面積500㎡超・高さ13m超・
> 　軒の高さ9m超
> 　のいずれかを満たす建築物
> ＜木造以外＞
> 　2階以上・延べ面積200㎡超
> 　のいずれかを満たす建築物

3 用途変更

用途を変更し、特殊建築物（200㎡超）にする場合にも建築確認が必要です。

特殊建築物	→	特殊建築物以外	：確認不要
特殊建築物以外	→	特殊建築物	：確認必要
特殊建築物	→	特殊建築物	：原則、確認必要

特殊建築物から特殊建築物（200㎡超）にする際には、原則として建築確認が必要ですが、**類似の用途の場合には建築確認は不要**です。

<類似の用途変更の例>

- 劇場 → 映画館
- 旅館 → ホテル
- 博物館 → 美術館

3 建築確認の手順

建築確認が必要な建築物を建築しようとする建築主は、確認の申請書を提出して、建築確認を受けなければなりません。

建築確認は以下の手順で行われます。

最初と最後にチェックをして、チェックが終わったら検査済証をもらうという流れです。チェックは建築主事や指定確認検査機関が行います。建築主事というのは公務員で公的機関、指定確認検査機関というのは、指定を受けた民間の会社や財団法人です。そのどちらで建築確認を行ってもよいことになっています。

また、ある程度大規模な工事の場合、工事途中でもチェックを入れます。それを中間検査といいます。

ライバルに差をつける 関連知識

建築主事や指定確認検査機関は、建築確認をする場合、原則としてその確認する建築物の工事施工地または所在地を管轄する消防長または消防署長の同意を得なければなりません。

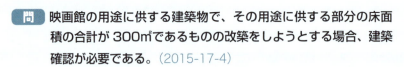

問 映画館の用途に供する建築物で、その用途に供する部分の床面積の合計が300㎡であるものの改築をしようとする場合、建築確認が必要である。(2015-17-4)

解答 ○：特殊建築物は200㎡を超えた場合、建築確認が必要。

申請から建築主事／指定確認検査機関が審査
7日以内（大規模建築物・特殊建築物は35日以内）

申請者に確認済証を交付
申請者　確認済証　建築主事／指定確認検査機関

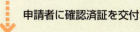 大規模な工事（3階以上の共同住宅等）

中間検査

申請者に中間検査合格証を交付
中間検査合格証

工事完了

完了検査　建築主事／指定確認検査機関が審査（7日以内）

申請者に検査済証を交付
検査済証

使用開始
- 特殊建築物・大規模建築物は検査済証交付まで使用不可
- 仮使用の承認
  ①特定行政庁・建築主事・指定確認検査機関の承認
  ②完了検査の申請が受理された日から7日経過したとき

第❹コース　建築基準法②

第❶ポイント　建築確認

73

第2ポイント 建築協定

重要度 B

攻略メモ
- 魅力ある街づくりをするために、役所だけでなく、そこに住む住民にも決める権利を与えようというのが趣旨です。

1 建築協定とは

建築協定とは、住民が自主的に決めるルールです。市町村が条例で定めた一定区域内で締結することができます。

「建物は木造だけにしましょう！」
「外壁に原色を使用しないようにしましょう！」

ライバルに差をつける 関連知識
建築協定は、建築物の敷地、位置、構造、用途、形態、意匠または建築設備に関する基準について定めることができます。

まず、建築協定の締結・変更・廃止には、一定数の合意が必要となります。

覚えよう！
- 締結：住民（土地の所有者など）**全員の合意**
- 変更：住民（土地の所有者など）**全員の合意**
- 廃止：住民（土地の所有者など）の**過半数の合意**

住民（土地の所有者など）の合意が得られたら、次のような手順で手続きを行います。

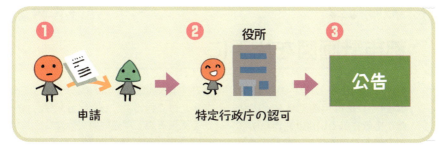

また、1人協定というのをつくることができます。

覚えよう！

土地の所有者が1人の場合でも建築協定を定めることは可能
→ 効力の発生時期は、認可の日から3年以内に協定区域内の土地に2以上の土地所有者・借地権者が存することになった場合

宅地分譲の事業者（デベロッパー）が、「こういう街にしよう」というイメージをもって売り出す場合に使われます。

ちょこっとトレーニング　本試験過去問に挑戦！

問 建築協定区域内の土地の所有者等は、特定行政庁から認可を受けた建築協定を変更又は廃止しようとする場合においては、土地所有者等の過半数の合意をもってその旨を定め、特定行政庁の認可を受けなければならない。(2012-19-4)

解答 ×：変更の場合は全員の合意が必要。

都市計画図を片手に

都市計画図というものがあり、それには用途地域などの情報が掲載されています。市役所などで購入できますが、今ではインターネットで見ることができます。「○○市　都市計画図」で検索してみてください。都市計画法で「用途地域」を学びましたが、文字だけで見るよりも、自分が今いる風景を見て用途地域を確認したほうが印象に残ると思います。ご自分の住んでいる地域や、ふらっと出かけた地域の都市計画図を見てみると、面白いと思います。

第5コース 国土利用計画法

このコースの特徴

● 国土利用計画法は、ほぼ事後届出制からの出題です。まれに事前届出制が出題されるという程度です。許可制については出題されることはほぼないと思いますので省略しました。まずは事後届出制を最優先にして、事前届出制も学習しておきましょう。

第 ❶ ポイント
国土利用計画法

攻略メモ
● 国土利用計画法は、それほど厳しい規制ではないというイメージをもって学習すると楽だと思います。

1 国土利用計画法とは

　国土利用計画法（国土法）は、一定面積以上の土地取引について知事へ届出をさせることによって、地価の上昇を抑制して土地の有効利用をはかることを目的とした法律です。

2 国土法の届出

　地価の高騰が予想される地域は「規制区域」に指定し、許可制をとることにしています。それほどでもないが上昇することが予想される地域は「注視区域」「監視区域」に指定し、事前に届出させることにしています（P85参照）。その他の地域では取引の後に事後届出をすることになっています。しかし、現在の日本でそんなに地価の高騰が予想される地域は存在していないため、ほとんどが事後届出制（ P80参照）となっています。

つまずき注意の 前提知識

監視区域は現在、東京都の小笠原村のみ。規制区域に関しては、今まで一度も指定されたことはありません。注視区域も平成10年の法改正で創設されてから今まで指定された区域はありません。よって、試験問題もほとんどが事後届出制で、まれに事前届出制が出題される程度です。

ちょこっとトレーニング　本試験過去問に挑戦！

問 Aが所有する監視区域内の土地（面積 10,000㎡）をBが購入する契約を締結した場合、A及びBは事後届出を行わなければならない。(2016-15-2)

解答 ×：監視区域内は、事後届出ではなく事前届出。

第2ポイント 事後届出制

重要度 A

攻略メモ
● 届出が必要かどうかをしっかり判別できるようにしましょう。どういうときに届出が必要ないのでしょうか。

1 届出が必要となるケース

土地の売買契約などを行った場合には、届出をしなければなりません。契約の後に届出を行うので、事後届出といいます。

国土利用計画法は、「土地に関する権利を、対価を得て、移転・設定する契約を締結した際に届出をすること」としています。つまり、届出が必要かどうかは、「土地に関する権利かどうか」「対価を得ているかどうか」「契約といえるか」という点を全て満たしているかどうかで決まります。

① 土地に関する権利

土地に関する権利というのは、所有権・地上権・賃借権等をいいます。ただし、次に述べるように「対価を得て」という条件もあるので、所有権の場合であっても贈与であれば届出は不要となります。また、賃借権や地上権の設定契約の場合、設定の対価（権利金などの授受）がある場合のみ届出が必要となります。

該当する	該当しない
所有権 地上権 賃借権	**抵当権** 地役権 永小作権 質権

2 対価を得て

対価を得るというのは、お金等のやりとりがあるということです。したがって、贈与や相続などではこれに該当しません。

該当する	該当しない
売買 交換	贈与 遺産分割 法人の合併 時効取得

3 契約を締結

ここでいう契約には、予約なども含みます。

2 届出が不要となる場合

事後届出が必要なケースであっても、次の場合には届出が不要となります。

1 一定面積に満たない場合

市街化区域	2,000㎡未満
市街化調整区域	5,000㎡未満
非線引き区域	5,000㎡未満
準都市計画区域	10,000㎡未満
都市計画区域外	10,000㎡未満

一つ一つの土地の面積は一定面積に満たなくても、買い集めた結果、事後届出が必要な面積に達した場合、それをまとめて（＝一団の土地として）考えることとなります。ちなみに、この面積は権利取得者（＝売買では買主）を基準として行います。つまり、売主がどの程度の面積を売ったかではなく、買主がどの程度の面積を買ったかで判断することになります。

例 市街化区域の場合

1 Aが、Bから1,000㎡、Cから1,000㎡購入

> B所有：1,000㎡
> C所有：1,000㎡　Aが購入

→Aは合計2,000㎡購入しているので事後届出が必要

2 Dが、2,000㎡の土地を、Eに1,000㎡、Fに1,000㎡売却

> D所有：1,000㎡　Eが購入
> D所有：1,000㎡　Fが購入

→EもFも1,000㎡しか購入していないため事後届出不要

3 Gが、Hから1,000㎡購入、Iから1,000㎡贈与

> H所有：1,000㎡　Gが購入
> I所有：1,000㎡　Gが贈与を受けた

→Gは1,000㎡しか購入していないため事後届出不要

2 届出不要の例外

以下の場合には、事後届出は不要となります。

> 1　民事調停法による調停に基づく場合
> 2　国・地方公共団体がからんだ場合
> 3　農地法3条1項の許可を受けた場合

3 事後届出の手順

事後届出の届出義務者は、**買主などの権利取得者**です。
売主には義務はありません。権利取得者は、土地の利用

目的や額などについて、**契約締結から2週間以内**に、市町村長を経由して**都道府県知事に届出**をします。この届出をしない場合には、罰則がありますが、契約自体は有効となります。なお、義務者は買主なので、この場合に罰せられるのは買主のみであり、売主は罰せられません。

　利用目的について審査され、問題がある場合には、届出の日から3週間以内に、土地の利用目的を変更するように勧告することができます。なお、**額については審査されない**ため、額で勧告されることはありません。

　買主がこの勧告に従った場合、都道府県知事は、当該土地に関する権利の処分について、あっせん等の措置を講じるように努めなければなりません。

　買主がこの勧告に従わない場合、都道府県知事は、勧告の内容と勧告に従わなかった旨を**公表することができます**。しかし、**罰則の適用はなく**、契約も有効となります。

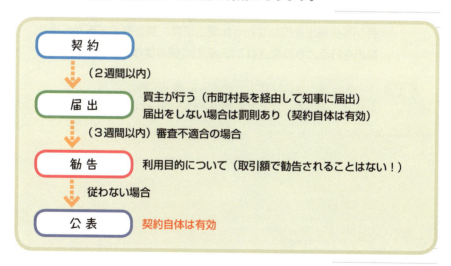

暗記ポイント 総まとめ

	罰則	契約
届出をしない場合	●	▲
勧告に従わない場合	×	▲

●：あり　×：なし　▲：有効

ちょこっとトレーニング　本試験過去問に挑戦！

問1 市街化区域においてAが所有する面積 3,000㎡の土地について、Bが購入した場合、A及びBは事後届出を行わなければならない。(2015-21-2)

問2 事後届出が必要な土地売買等の契約により権利取得者となった者が事後届出を行わなかった場合には、都道府県知事から当該届出を行うよう勧告されるが、罰則の適用はない。(2007-17-3)

解答
1　×：届出義務は買主。売主Aに届出義務はない。
2　×：届出をしなくても勧告されることはないが、罰則あり。

第❸ポイント 事前届出制

重要度 C

攻略メモ
- 事後届出制と似ているのに違う部分がありますので、事後届出をしっかりと理解してから学習しないと混乱するかもしれません。

1 事前届出制

　注視区域と監視区域では、事前届出制がとられています。届出が必要となる契約は、事後届出の場合と同じです。また、届出が必要となる土地の面積も、注視区域では、事後届出と同じです。監視区域では、より狭い面積でも届出が必要となります。事後届出と事前届出の違いについては、以下のとおりです。

事後届出	事前届出
買主に届出義務	売主・買主双方に義務
買主の取得面積が規定面積以上で届出必要	売主・買主どちらかが規定面積以上で届出必要
額については審査されない	額についても審査される

売主にも義務があるということは、届出をしなければ売主にも罰則はあるし、額についても審査されるということは、額について勧告されることもあるということです。

> **例** 市街化区域、かつ注視区域の場合

1 Aが、Bから1,000㎡、Cから1,000㎡購入

B所有：1,000㎡	
C所有：1,000㎡	Aが購入

→ Aは合計2,000㎡購入しているのでABCが事前届出必要

2 Dが、2,000㎡の土地を、Eに1,000㎡、Fに1,000㎡売却

D所有：1,000㎡	Eが購入
D所有：1,000㎡	Fが購入

→ Dが2,000㎡売却しているのでDEFが事前届出必要

ちょこっとトレーニング　本試験過去問に挑戦！

問 監視区域内において一定規模以上の面積の土地売買等の契約を締結した場合には、契約締結後2週間以内に届出をしなければならない。(2001-16-1)

解答 ×：監視区域内は事前届出をしなければならない。

第6コース 農地法

このコースの特徴

●農地法は狭い範囲から1問出題されるので、得点源にしやすい分野です。過去問を解きながら出題のポイントをおさえて確実に得点できるようにしておきましょう。そろそろバテてしまうころかもしれませんが、がんばって!

第 ❶ ポイント

重要度 A

攻略メモ
● 国民の衣食住の「食」を担う重要な法律です。農地法違反の罪は重いというイメージをもって学習しましょう。

農地法

1 農地法の全体像

農地法の目的は、農地を守ることです。農地が減ってしまうと、お米も野菜もとれなくなって、食糧危機が起こるかもしれません。なお、農地法でいう「農地」とは、現在、田や畑として使われている土地のことです。登記簿上の地目は何であっても、実際に農地として使用されていれば農地として判断します。

農地を使う人や農地の使い方がかわる場合には、許可を受けなければなりません。その許可は以下のようなものです。

つまずき注意の前提知識
休耕地（遊休化している農地）も、原則として農地ですが、家庭菜園は農地ではありません。

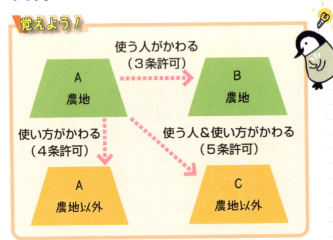

覚えよう！

- 使う人がかわる（3条許可）： A農地 → B農地
- 使い方がかわる（4条許可）： A農地 → A農地以外
- 使う人＆使い方がかわる（5条許可）： A農地 → C農地以外

あせらず着実にいこう！

国や都道府県は、農地の取得について3条許可は不要です。しかし、4条許可と5条許可の場合、農業のための施設として転用するなら不要ですが、その他であれば許可が必要です。その場合、国または都道府県等と都道府県知事等との協議が成立すれば許可とみなされます。

市町村は許可が必要なので注意してください。

2 権利移動（3条）

＜使う人がかわる＞

抵当権を設定する場合などでは許可は必要ありません。また、相続・遺産分割によって取得する場合、許可は不要ですが、取得した後に農業委員会への届出が必要です。

3 転用（4条）

＜使い方がかわる＞

4条の場合、採草放牧地を転用する場合には規制はありません。

農家が2アール（200㎡）未満の農地を農業用施設用地に転用する場合には許可不要です。

> **アドバイス**
> 農家の方の自宅は、開発許可では農林漁業用建築物扱いをしていましたが、農地法では農業用施設として扱いませんので気をつけましょう。

4 転用目的の権利移動（5条）

＜使う人&使い方がかわる＞

　一時的に農地を借りて資材置場にするような場合でも、5条許可が必要です。

　なお、4条許可を得た農地を転用目的で権利移動する場合、改めて5条許可を受ける必要があります。

5 市街化区域内の特則

　市街化区域は農地よりも建築物を建ててほしい場所です。ですから、**4条許可と5条許可は不要**となります。ただし、その場合もあらかじめ**農業委員会への届出は必要**となります。また、3条許可については市街化区域でも許可が必要なので、注意が必要です。

6 許可・届出がない場合

　3条許可や5条許可を受けずに契約をしたとしても、その効力は生じません。また、4条許可や5条許可を受けずに工事などを行った場合、工事停止命令や原状回復命令を受けることがあります。

7 農地の賃貸借

農地賃借権の対抗要件は、農地の引渡しで足ります。

暗記ポイント 総まとめ

	3条	4条	5条
許可主体	農業委員会	都道府県知事等 （農業委員会経由）	都道府県知事等 （農業委員会経由）
条件	条件をつけることができる		
許可不要	・国または都道府県が権利を取得する場合 ・遺産分割・相続による取得（農業委員会への届出は必要） ・民事調停法による農事調停による取得	国または都道府県等が道路、農業用用排水施設等の地域振興上または農業振興上の必要性が高いと認められる施設の用に供するために転用（取得）する場合	
		①採草放牧地の転用 ②耕作の事業を行う者（農家）がその農地（2アール未満のものに限る）をその者の農作物の育成もしくは養畜の事業のための農業用施設に供する場合	採草放牧地を農地にする場合（ただし、3条で規制される）
市街化区域内の特則		あらかじめ農業委員会へ届出 （許可不要）	
許可・届出がない場合	効力を生じない		効力を生じない
		工事停止命令、原状回復命令等ができる	

ちょこっとトレーニング　本試験過去問に挑戦！

問 市街化調整区域内の農地を宅地に転用する目的で所有権を取得する場合、あらかじめ農業委員会に届け出れば農地法第5条の許可を得る必要はない。(2003-23-2)

解答 ×：この特則は市街化区域のみ。

第7コース
土地区画整理法

このコースの特徴

● 近年「合否を分ける」といわれている分野です。合格者と不合格者の正解率の開きが大きい分野です。言葉が難しいのでとっつきにくいですが、イメージをつかんで学習すれば攻略することも可能です。

攻略メモ
● 言葉が難しくてついつい敬遠してしまいがちなのですが、イメージをしっかりとつかんで学習しましょう。

第❶ポイント 土地区画整理

重要度 A

1 土地区画整理とは

　道路が曲がりくねっていたり、家を建てるのも不便な形の土地では、土地の利用もしにくいです。そこで、この土地を住みやすい整理された街にかえようというのが土地区画整理です。

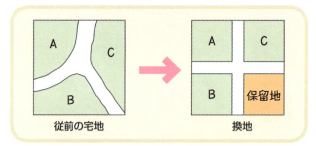

従前の宅地　　　　　　換地

　土地区画整理工事の間、ＡＢＣは別の場所を仮に使っていくことになります。その仮に使う場所を「仮換地」といいます。
　土地区画整理が終わると各所有者に土地が交付されます。この土地のことを「換地」といいます。
　また、工事が終わった後に、工事費用とするため、区画整理事業を担当する者が土地を取得することがあります。それを「保留地」といいます。

つまずき注意の
前提知識
土地区画整理事業は都市計画区域内の土地において行うことができます。

つまずき注意の
前提知識
土地は減っても、区画整理により土地の価格が上がれば損はしません。

2 施行者

土地区画整理の施行者は以下のとおりです。

【民間施行】

1 個人

1人で行うこともできるし、数人で行うこともできます。

2 土地区画整理組合（7人以上）

8人が住んでいるエリアで1人だけ反対しています。組合をつくれば、反対者も組合員にしてしまうことができるので、土地区画整理事業ができることになります。

組合を設立するには**7人以上**のメンバーが必要です。そして、組合の設立には定款と事業計画を定めたうえで知事の認可が必要です。なお、組合設立には一定数の同意が必要です（全員ではありません）。そして認可されると、**区画整理をする土地の所有者や借地権者全員が組合員となります。**

また、解散する際にも知事の認可が必要です。

3 区画整理会社

区画整理会社が街並みをつくりかえて、保留地を取得し、そこに分譲マンションなどを建てるケースです。

【公的施行】

4 地方公共団体・国土交通大臣など

公的施行の場合は必ず都市計画事業として施行されます。なお、地方公共団体が施行する場合、都道府県又は市町村が施行する土地区画整理事業については、事業ごとに土地区画整理審議会が置かれます。

> **つまずき注意の 前提知識**
>
> 土地区画整理組合には、組合員の他に、市町村や都市再生機構がサポートしてくれることがあります。その者たちを「参加組合員」といいます。組合が、工事費用を必要とした場合、組合員からは徴収できますが、参加組合員からは徴収できません。

ちょこっとトレーニング 本試験過去問に挑戦！

問 土地区画整理組合が施行する土地区画整理事業に係る施行地区内の宅地について所有権又は借地権を有する者は、すべてその組合の組合員とする。(2012-21-4)

解答 ○：その土地の所有者と借地権者はみな組合員となる。

いい調子！

第❷ポイント 土地区画整理事業

重要度 A

攻略メモ
● 仮換地に関しては、携帯の代替機みたいなものです。自分のものではないけれど自分が使用できます。

1 換地計画

　換地計画とは、換地処分（土地の割当て）を行うための計画です。施行者は、換地処分を行うための換地計画を定めなければなりません。また、施行者が個人施行者、土地区画整理組合、区画整理会社、市町村または機構等であるときは、その換地計画について、都道府県知事の認可を受けなければなりません。

　従前の宅地について換地を定めなかったり、換地を定めた場合でも不均衡が生ずるときには金銭により清算します。この金銭のことを清算金といいます。

2 事業の施行

　区画整理の実施中は基本的には工事中なので、さまざまな規制があります。

```
認可                              換地処分
 ┆                                    ┆
 ●以下のものには 知事等 の許可
   ①土地の形質の変更
   ②建築物・工作物の建築
   ③5t超の物件
```

基本的には知事等の許可ですが、大臣施行の場合には大臣の許可になります。

97

3 仮換地の指定

Bの敷地の一部が、Aの仮換地に指定されました。

所有権は元のままです。なので、Aは工事中のAの土地を、売ることも抵当に入れることも登記することもできます。

仮換地が指定されると、従前の宅地について権原に基づき使用し収益できる者（＝A）は、仮換地指定の効力発生の日から換地処分の公告のある日まで、仮換地について、従前の宅地と同様の使用・収益をすることができます。

仮換地の効力発生の日から使用・収益を開始できるのが原則ですが、施行者は、**効力発生の日と使用収益の開始日を別に定めることもできます。**

換地処分は、原則として換地処分に係る区域の全部について土地区画整理事業の工事が完了した後に行うことになっていますが、最初に規約や定款などで定めておけば、全部の工事が完了する前でも行うことができます。

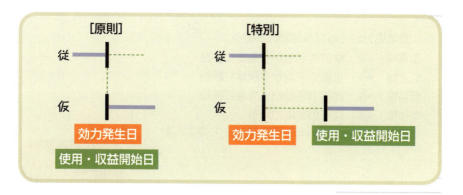

4 換地処分

　換地処分とは、換地を法律上、従前の宅地とみなすことをいいます。

　換地処分は、施行者が関係権利者に換地計画において定められた事項を**通知**して行います。そして、国土交通大臣や都道府県知事は、換地処分があった旨を**公告**しなければなりません。そして、公告のあったその日の終了時と翌日に、次のような効果が生じます。

覚えよう！

換地処分にかかる公告の日の終了時
・仮換地指定の効力が消滅
・建築行為等の制限が消滅
・換地を定めなかった従前の宅地に存する権利が消滅
・事業の施行により行使の利益がなくなった地役権が消滅

換地処分にかかる公告の日の翌日
・換地が従前の宅地とみなされる
・清算金が確定
・施行者が保留地を取得
・事業の施行により設置された公共施設が、原則としてその所在する市町村の管理に属する

<換地処分にともなう権利の移動>
所有権 → 従前の宅地から換地に移動
地上権 → 従前の宅地から換地に移動
抵当権 → 従前の宅地から換地に移動
地役権 → 従前の宅地に残る
　　　　（行使の利益がなくなったものは消滅）

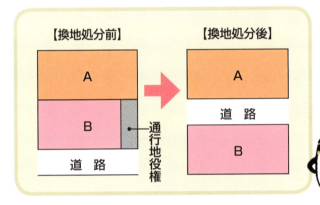

地役権とは、簡単にいうと、他人の土地を通行などのために利用できる権利です。換地処分によって、AはBの土地を通行しなくても道路に出られるようになりましたので、地役権は不要になります。

5 換地処分に伴う登記

　施行者は、施行地区内の土地等について変動があった場合、遅滞なく、その変動にかかる登記を申請しなければなりません。この登記がされるまでの間は、原則として他の登記をすることはできません。

ちょこっとトレーニング 本試験過去問に挑戦！

問 換地処分に係る公告後、従前の宅地について存した抵当権は消滅するので、換地に移行することはない。(2003-22-3)

解答 ×：抵当権は消滅せず、換地に移行する。

「勉強に向いていない」と嘆いている人へ

理解が遅かったり、覚えるのに時間がかかったり…。でも、嘆く必要はありません。ご飯と同じで、よく噛んで食べたほうが、ちゃんと消化されます。栄養になります！ あせらないで、自分のペースで理解しないと、栄養にはなりません。理解していないままでわかったふりをしても、問題は解けるようになりません。ちゃんと理解した知識だけが試験会場であなたを助けてくれます。一歩ずつ、歩いていきましょう！

まもなく
「法令上の制限」編から
「税・その他」編に
切り替わります！

第8コース
その他の法令上の制限

このコースの特徴

● 宅地造成等規制法は、細かい部分が出題される場合もありますが、基本的には点数をとりやすい分野です。その他の法令上の制限については、「知事の許可」以外のものをおさえておきましょう。

第 **1** ポイント 重要度 **A**

宅地造成等規制法

攻略メモ
● 盛土と切土で違いがあります。混乱しないように注意しましょう。なお、高さだけではなく面積でも許可が必要となりますので注意。

1 宅地造成等規制法とは

宅地造成等規制法は、**宅地造成に伴う**崖崩れや土砂の流出による災害を防止する目的で制定されました。

崖崩れや土砂の流出が起こりやすそうな場所を「宅地造成工事規制区域」に指定して、その区域内で宅地造成工事を行おうとする者に許可や届出を求めることで、災害の発生を防止しようとするものです。

2 許可制

宅地造成工事規制区域内で宅地造成に関する工事を行うときには、**造成主**は、**工事着手前**に**都道府県知事の許可**を受けなければなりません。ただし、都市計画法の開発許可を受けて行われる工事については、宅地造成等規制法による許可は必要ありません。また、知事は**災害防止のために**必要な条件をつけて許可することもできます。

そして、宅地造成工事の許可を受けた者が工事の計画の変更をしようとするときは、原則として都道府県知事の許可を受けなければなりません。

ライバルに差をつける 関連知識

軽微な変更（造成主・設計者・工事施行者の変更や、工事着手予定日・完了予定日の変更）をしたときは、遅滞なく知事に届け出なければなりません。

宅地造成とは、次の目的と規模を両方満たすものをいいます。

1 目的

土地の区画形質の変更後が宅地かどうかです。

> **ライバルに差をつける 関連知識**
> ここでの宅地とは「農地」「採草放牧地」「森林」「公共施設用地」以外の土地のことをいいます。宅建業法の「宅地」と定義が違うので気をつけてください。

2 規模

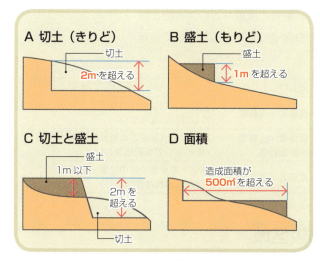

> **ライバルに差をつける 関連知識**
> 高さ5mを超える擁壁の設置をするときは、有資格者が設計をしなければなりません。

知事の許可を受けて行った宅地造成工事が完了したら、造成主は知事の検査を受けなければなりません。

3 届出制

宅地造成工事規制区域内で一定の行為を行おうとする場合には、都道府県知事に届出をしなければなりません。

宅地造成工事規制区域指定の際、すでに工事が行われている場合	指定があった日から 21 日以内
高さが2mを超える擁壁または排水施設の全部または一部の除却工事を行おうとする場合	工事着手の 14 日前まで
宅地以外の土地を宅地に転用した場合	転用した日から 14 日以内

4 勧告・命令等

宅地造成工事規制区域内の宅地において、知事はその宅地の所有者等に対して、擁壁の設置などの災害防止措置をとるように勧告したり命令したりすることができます。

	誰に対して	何を
宅地保全義務	所有者・管理者・占有者	常時安全な状態に維持するよう努めなければならない
勧告	所有者・管理者・占有者造主・工事施行者	擁壁・排水施設等の設置を勧告（従わなくても罰則無し）
改善命令	所有者・管理者・占有者	擁壁・排水施設等の設置を命じる（従わなければ罰則あり）

5 造成宅地防災区域

造成宅地防災区域は、すでに造成されている宅地で、災害により危険性の高い地域について、安全確保のために指定されるものです。なお、**造成宅地防災区域は、宅地造成等規制区域内に指定することはできません。**

ちょこっとトレーニング　本試験過去問に挑戦！

問 宅地造成工事規制区域内において、宅地を宅地以外の土地にするために行われる切土であって、当該切土をする土地の面積が600㎡で、かつ、高さ3mの崖を生ずることとなるものに関する工事については、都道府県知事の許可は必要ない。
(2014-19-1)

解答 ○：宅地以外の土地にするのだから許可は不要。

第 ❷ ポイント
その他の法令上の制限

 重要度 B

攻略メモ
● 数が多く、きりがないので、ここに掲載されていないものは「知事の許可」と割り切ることも大事です。

1 その他の法令

基本的には工事などを行うときには知事の許可が必要なのですが、以下のものは知事の許可ではないので覚えておきましょう。

覚えよう！

- 自然公園法（国立公園）→ 環境大臣
- 文化財保護法 → 文化庁長官
- 道路法 → 道路管理者
- 河川法 → 河川管理者
- 海岸法 → 海岸管理者
- 港湾法 → 港湾管理者
- 生産緑地法 → 市町村長

ちょこっとトレーニング 本試験過去問に挑戦！

問 河川法によれば、河川保全区域内において工作物の新築又は改築をしようとする者は、原則として河川管理者の許可を受けなければならない。(2001-24-3)

解答 ○：河川管理者の許可が必要。

ここからが本当の勝負です！

まだ合格できる可能性があります。試験日までとにかく突っ走りましょう。1％でも可能性があるなら諦めないでがんばりましょう。もしかしたら、わからなくて適当にマークした問題が数問正解していて合格ラインを超えるかもしれません。でも、それだって、みなさんが諦めてしまって試験に行くのをやめてしまったり、マークを塗るのをやめてしまったら、起こらないことですよね。「どの分野も完璧だ！」と言って試験会場に行く人はいません。みんなどこかに弱点があったり不安になっていたりするもの。不安に負けないようにしてください！　今は自分のできるすべてをすることが大事です。

第4編
税・その他

第4編 税・その他 目次

第1コース　税……113

第❶ポイント　税の基礎知識……114
第❷ポイント　不動産取得税……116
第❸ポイント　固定資産税……120
第❹ポイント　所得税（譲渡所得）……124
第❺ポイント　印紙税……129
第❻ポイント　登録免許税……132
第❼ポイント　贈与税……134

第2コース　価格の評定……137

第❶ポイント　地価公示法……138
第❷ポイント　不動産鑑定評価基準……141

第3コース　免除科目……147

第❶ポイント　住宅金融支援機構法……148
第❷ポイント　景品表示法……150
第❸ポイント　土地……157
第❹ポイント　建物……160

索引……163

第1コース 税

このコースの特徴

●例年、地方税（2・3）から1問、国税（4～7）から1問出題されています。計算よりも制度的なものが中心です。国税はまれに贈与税などの細かいものが出題されることがありますが、地方税はしっかり1問とりたいところです。

第 1 ポイント 税の基礎知識

重要度 B

攻略メモ
● 税の分野は苦手にしている人も多いのですが、捨てるのは非常にもったいないので、しっかり基本事項を確認しておきましょう。

1 不動産に関する税金

不動産に関する税金としては、次のようなものがあります。

	国税	地方税
取得時にかかる税金	登録免許税 印紙税	不動産取得税
保有しているとかかる税金	—	固定資産税 都市計画税
売却したときにかかる税金	所得税（譲渡所得）	—

2 課税主体

課税主体とは、誰が税金を課すのかということです。国税は国が課税主体となります。地方税については、**1** の不動産に関する税金でいうと、**不動産取得税が都道府県、固定資産税が市町村**となります。

不動産取得税 → 都道府県
固定資産税 → 市町村

「ふどうさんしゅとくぜい」は「とどうふけん」、「こていしさんぜい」は「しちょうそん」と、音で覚えると忘れにくいです！

3 税の仕組み

　100円のお菓子にかかる消費税相当額は本来は100円×10％=10円です（軽減税率で8％）。この「100円」のように、税額を計算するもとになる金額を「**課税標準**」といいます。課税標準に税率をかけて税額を計算します。

　税金が安くなる優遇措置がありますが、その計算の仕方として、課税標準を下げるのか、税率を下げるのか、税額を下げるのかによって、呼び方が違います。

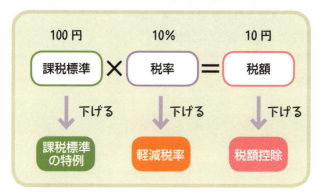

ちょこっとトレーニング　本試験過去問に挑戦！

問 不動産取得税は、不動産の取得に対し、当該不動産の所在する市町村において、当該不動産の取得者に課される。(2004-26-1)

解答 ×：不動産取得税は市町村ではなく都道府県が課税主体。

第❷ポイント 不動産取得税

重要度 A

攻略メモ
● 不動産を取得したらかかる税金です。ですので、取得した1回のみ課税されます。免税点・特例などの条件をしっかりと！

1 不動産取得税とは

　不動産取得税は、土地を購入したり、家屋を新築したりするなど、不動産を取得した場合に課される税金です。したがって、不動産を取得した際に一度だけ不動産取得税を納めることになります。

2 課税主体

　不動産取得税の課税主体は、**不動産が所在する都道府県**です。

例 神奈川県に住む人が北海道の土地を購入

神奈川県 → 購入 → 北海道

➡不動産取得税は北海道に納める！

住んでいる都道府県ではなく、不動産が所在する都道府県です。ということは、日本の法律なので海外の不動産を購入しても不動産取得税は課税されません。

3 課税客体

不動産の取得に対して税金がかかります。有償・無償を問わず、不動産を売買や交換、贈与、新築、改築などにより取得した際に税金がかかります。ただし、改築については、家屋の価格が増加した場合のみ、その増加分に対して課税されます。

ライバルに差をつける 関連知識
家屋の新築後6カ月を経過しても最初の使用または譲渡が行われない場合、6カ月経過後に当該家屋の所有者を取得者とみなして、これに対して不増産取得税が課されます。

4 非課税

次の場合には不動産取得税は非課税になります。

1 取得者が国・地方公共団体の場合
2 相続や法人の合併によって取得したとき

5 課税標準

固定資産課税台帳の登録価格（固定資産税評価額）となります。売買代金ではありません。なお、評価額は地目の変換などの特別な事情や市町村の統廃合などがない限り、基準年度の価格を3年度分据え置くこととされています。

つまずき注意の 前提知識
固定資産課税台帳は、市町村に所在している固定資産の状況や価格を明らかにするため備えられています。また、納税義務者や賃借人等の請求があった場合、台帳に記載されている一定の事項についての証明書を交付しなければなりません。

6 税額の計算

不動産取得税の税額は以下のように計算します。

117

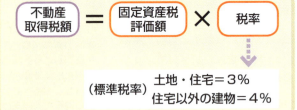

7 免税点

不動産取得税の課税標準となるべき額が以下の場合、不動産取得税は免税されます。

土地		10万円未満
建物	新築・増改築	1戸につき23万円未満
	その他（中古住宅の売買など）	1戸につき12万円未満

8 納付方法

不動産取得税の納付方法は普通徴収によります。普通徴収とは、納税通知書の交付を受けた納税者が納付するという方法です。

9 課税標準の特例

新築住宅や既存住宅を取得した場合、適用要件を満たせば、課税標準から一定額が控除されます。また、令和3年3月末までに宅地を取得した場合、課税標準額が1/2に引き下げられます。

関連知識
納税通知書は遅くともその納期限の10日前までに納税者に交付しなければなりません。

1 住宅の課税標準の特例

★新築住宅［個人・法人ともに適用可］

不動産取得税＝（固定資産税評価額 － 1,200万円）× 3%

要件 ・床面積 50㎡～ 240㎡（賃貸住宅は 40㎡～ 240㎡）
　　　・自己居住用も賃貸住宅も適用可能

★中古住宅［個人のみ］

不動産取得税＝（固定資産税評価額 － 控除額）× 3%

※控除額：最大 1,200万円（新築の時期により異なる）

要件 ・床面積 50㎡～ 240㎡
　　　・自己居住用のみ

2 宅地の課税標準の特例

不動産取得税＝固定資産税評価額 × 1/2 × 3%

ちょこっとトレーニング　本試験過去問に挑戦！

問1 不動産取得税は、相続、贈与、交換及び法人の合併により不動産を取得した場合には課せられない。（1996-30-3）

問2 不動産取得税は、不動産の取得に対して、当該不動産の所在する都道府県が課する税であるが、その徴収は特別徴収の方法がとられている。（2006-28-3）

問3 令和2年4月に取得した床面積250㎡である新築住宅に係る不動産取得税の課税標準の算定については、当該新築住宅の価格から1,200万円が控除される。（2012-24-2改題）

解答 1　×：贈与と交換は課税される。
　　　　2　×：特別徴収ではなく普通徴収。
　　　　3　×：控除は床面積 50㎡～ 240㎡まで。

第3ポイント 固定資産税

重要度 A

攻略メモ
- 不動産を所有していると毎年かかる税金です。数字などが不動産取得税と似ているけれども違うので混乱しないように注意！

1 固定資産税とは

固定資産税は、「固定資産を持っていること」に対してかかる税金です。固定資産とは、土地・家屋・償却資産（事業用機械など）のことです。取得した翌年度から、所有している限り毎年課税されます。

2 課税主体

固定資産税の課税主体は、**不動産が所在する市町村**です。

3 納税義務者

固定資産税の納税義務者は、1月1日現在、固定資産課税台帳に所有者として登録されている者です。**1月1日の所有者が1年分負担**します。

アドバイス
「年度の途中で譲渡があった場合、売主と買主が日割りで負担する」とあったら答えは×。○にしてしまう人が多いので注意。1月1日の所有者が1年分負担するのが税のルール。

ちなみに、基本的には所有者が納税義務者なのですが、質権が設定されている場合には質権者が、100年より永い期間の地上権（　→ 第1編P71参照）が設定されている場合には地上権者が納税義務者となります。

4　税率

　固定資産税の標準税率は **1.4%** です。しかし、あくまで「標準」であり、1.4%でなければならないというわけではありません。この数値を基準にして、各市町村でそれぞれ設定します。

5　免税点

　固定資産税の課税標準が以下の場合、固定資産税は免税されます。

土地	30万円未満
建物	20万円未満

6　課税標準の特例

　住宅用地では、以下の課税標準の特例が認められています。

つまずき注意の前提知識

質権とは、債権の担保として債務者などから受けとった物を占有し、その物について他の債権者に優先して自己の債権の弁済を受ける権利のことです。

- 小規模住宅用地（200㎡以下）

  200㎡以下 → 評価額 × 1/6

- 一般の住宅用地（200㎡超）

  200㎡ → 評価額 × 1/6
  200㎡を超える部分 → 評価額 × 1/3

7 税額控除

新築住宅では、以下の税額控除が認められています。

新築住宅 ＋ 床面積 50㎡～280㎡の場合（貸家用は 40㎡～280㎡）
→ 3年度分 or 5年度分、120㎡までの部分について税額が 1/2 減額
　　　　　　　　中高層耐火建築物の場合

8 納税方法

固定資産税の納付方法は普通徴収によります。なお、**市街化区域では、固定資産税とあわせて都市計画税も徴収されます。**

ちょこっとトレーニング　本試験過去問に挑戦！

問1 今年1月15日に新築された家屋に対する今年度分の固定資産税は、新築住宅に係る特例措置により税額の2分の1が減額される。(2015-24-1)

問2 住宅用地のうち小規模住宅用地に対して課する固定資産税の課税標準は、当該小規模住宅用地に係る固定資産税の課税標準となるべき価格の3分の1の額である。(2013-24-3)

解答
1　×：1月1日の所有者ではないので、当年度は課税されない。
2　×：3分の1ではなく6分の1。

第4ポイント 所得税（譲渡所得）

重要度 A

攻略メモ
● 所得税は特例が多いので、それを1つ1つきちんとおさえましょう。そして、特例の重複適用ができるかどうかもチェックしておきましょう。

1 所得税（譲渡所得）とは

　所得税は、「個人の所得」に課される税金です。給与所得や事業所得、雑所得など10種類ありますが、宅建士試験に出題されるのは、不動産などを譲渡した際に生じる譲渡所得です。

　譲渡所得は、以下のように計算していきます。

譲渡所得 ＝ 収入価格（不動産を売却した価格） － 取得費（売却した不動産の購入代金など） － 譲渡費用（売るためにかかった費用。仲介手数料・印紙代など）

2 譲渡所得の特例

4,000万円で買った土地を5,000万円で売り、そのために費用が200万円かかった場合、譲渡所得は800万円となります。この金額から次に述べる特別控除をして課税標準とします。

★譲渡所得の特例一覧

課税標準	税率	税額
① 3,000万円控除 ② 5,000万円控除 ③ 買換え特例 ④ 課税の繰延べ ⑧⑨ 譲渡損失の繰越控除	⑤ 居住用財産の軽減税率 ⑥ 優良住宅地の軽減税率	⑦ 住宅ローン控除

前ページの表では特例を略称で表示していますが、本試験では正式名称で出題されることが多いので、おさえておきましょう。

	略称	試験に出る名称
①	3,000万円控除	「居住用財産を譲渡した場合の3,000万円特別控除」「居住用財産の譲渡所得の特別控除」
②	5,000万円控除	「収用交換等の場合の5,000万円特別控除」
③	特定の買換え特例	「特定の居住用財産の買換えの場合の長期譲渡所得の課税の特例」
④	課税の繰延べ	「収用等に伴い代替資産を取得した場合の課税の特例（課税の繰延べ）」
⑤	居住用財産の軽減税率	「居住用財産を譲渡した場合の軽減税率の特例」
⑥	優良住宅地の軽減税率	「優良住宅地の造成等のために土地等を譲渡した場合の軽減税率の特例」
⑦	住宅ローン控除	「住宅借入金等を有する場合の所得税額の特別控除」
⑧	買換え等の譲渡損失の損益通算	「居住用財産の買換え等の場合の譲渡損失の損益通算および繰越控除」
⑨	特定の譲渡損失の損益通算	「特定居住用財産の譲渡損失の損益通算および繰越控除」

3　3,000万円控除

個人が、一定の財産を譲渡した場合、その譲渡益から3,000万円の特別控除額を控除することができます。適用要件は次のとおりです。

1 居住用財産であること
　※ 居住しなくなって3年目の年末までに譲渡するもの
2 親族等への譲渡ではないこと
3 3年に1度だけ
　※ 3,000万円控除のほか、買換え特例も受けていないこと

なお、3,000万円控除は**所有期間を問わずに適用できる**ことに注意してください。

アドバイス

3,000万円控除は、試験問題では「居住用財産の譲渡所得の特別控除」といういい方で出題されることもあります。この表現をみたら「3,000万控除のことだ」と思えるようにしてください。

4 5,000万円控除

収用交換等の場合の5,000万円特別控除とは、個人の資産が収用交換などによって譲渡された場合、公共事業の施行者から申出があった日から6カ月以内に譲渡したときに、その譲渡金額が5,000万円の範囲内で控除されます。5,000万円控除は所有期間を問わずに適用できます。

5 買換え特例

今まで住んでいた家を売り、新しい家に住む場合、古い家を売った金額（譲渡資産）よりも買った新しい家の金額（買換資産）が高い場合、もうけは全くありません。その場合には課税されないことになっています。また、新しい家の金額（買換資産）が安い場合は、差額部分をもうけとして課税することになりました。これを買換え特例といいます。

```
譲渡資産        買換資産
4,000万円  <  6,000万円  →課税されない
6,000万円  >  4,000万円  →差額が課税
```

適用要件は以下のとおりです。

譲渡資産

1. 所有期間 10 年超
2. 居住期間 10 年以上
3. 親族等への譲渡ではないこと
4. 居住しなくなって3年目の年末までに譲渡
5. 譲渡による対価の額が1億円以下

買換資産

1. 家屋の居住用床面積 50㎡以上
2. 家屋の敷地面積が 500㎡以下
3. 譲渡した年の前年1月1日から翌年 12 月 31 日に取得

6 重複適用

重複適用とは、複数の特例の適用をあわせて受けることができることです。

以下の組合せの場合、重複適用ができます。

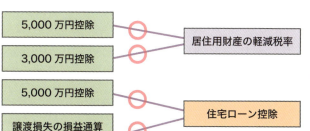

127

7 税率

譲渡所得の税率は、不動産を譲渡した年の1月1日における所有期間によって変わります。

```
［所有期間5年以内］　5年　［所有期間5年超］
　短期譲渡所得　　　　　　　長期譲渡所得
　　　30％　　　　　　　　　　15％
```

居住用財産の軽減税率の特例は、所有期間が10年超の場合に使えます。

また、優良住宅地の軽減税率の特例は所有期間が5年超の場合に使えます。

ちょこっとトレーニング　本試験過去問に挑戦！

問 譲渡した年の1月1日において所有期間が10年以下の居住用財産を譲渡した場合には、居住用財産の譲渡所得の特別控除を適用することはできない。(2003-26-1)

解答 ×：3,000万円控除は所有期間を問わない。

第5ポイント 印紙税

重要度 A

攻略メモ
- 1624年オランダで戦費調達のために考案されました。重税感を与えずお金を余裕ある人から徴税できるものです。

1 印紙税とは

印紙税とは、契約書や領収書などの課税文書の作成者に国が課す税金です。収入印紙をはりつけて消印することによって納税します。

関連知識
印紙税の納税義務者は文書の作成者です。つまり、代理人が文書を作成した場合、その代理人が納税義務者となります。また、1つの課税文書を2人以上の者が共同して作成した場合には、当該2人以上の者は、連携して印紙税を納める義務があります。

2 課税文書

では、課税文書・非課税文書はどのようなものなのでしょうか。

課税文書	非課税文書
<u>土地</u>の賃貸借契約書 売買・交換契約書 贈与契約書 予約契約書 金銭の受取書（5万円以上） 　→敷金の領収証	<u>建物</u>の賃貸借契約書 委任状 抵当権設定契約書 使用貸借の契約書 営業に関しない金銭の受取書

関連知識
仮契約書にも印紙税が課されます。

3 課税標準

印紙税の課税標準は、文書の記載金額になります。売買契約書であれば、売買代金が課税標準となります。では、それ以外はどうでしょうか。

> **覚えよう！**
>
> 1. 交換契約書　双方の金額が記載 → 高いほうが記載金額
>   　　　　　　交換差金のみ記載　→ 交換差金が記載金額
> 2. 贈与契約書 → 記載金額なしとして扱う（印紙税額は 200 円）
> 3. 契約金額を増加させる契約書 → 増加金額が記載金額
> 4. 契約金額を減少させる契約書 → 記載金額なしとして扱う
>   　　　　　　　　　　　　　　　（印紙税額は 200 円）

　なお、契約書に消費税額が区分記載されている場合には、消費税額は記載金額に含めません。

4 納付方法

　課税文書に印紙をはり、印鑑や署名によって消印することによって印紙税を納付したことになります。**代理人や使用人の印鑑や署名でもかまいません。**

5 過怠税

関連知識
1つの契約書が不動産の譲渡契約書と請負契約書の両方に該当する場合、原則として総額が記載金額となりますが、記載金額が譲渡と請負のそれぞれに区分できる場合には、いずれか大きい額が記載金額となります。

　印紙税の納付を忘れた場合、以下の過怠税（かたいぜい）が課されます。

1 印紙をはっていなかった場合

　印紙税額の実質3倍が過怠税として課されます（未納分とその2倍の合計額のため、実質3倍となります）。しかし、自己申告の場合は1.1倍です。

2 消印をしなかった場合

　消印をしていない印紙の額面金額分の過怠税が徴収されます。

6 非課税

国・地方公共団体が作成した文書は、非課税文書となります。

国と私人で契約した場合、私人が保存している文書は相手方である国が作成した文書となりますから、私人が保存する文書は非課税文書となります。

ちょこっとトレーニング　本試験過去問に挑戦！

問1 「Aの所有する甲土地（価額3,000万円）をBに贈与する」旨の贈与契約書を作成した場合、印紙税の課税標準となる当該契約書の記載金額は、3,000万円である。(2016-23-3)

問2 国とD社とが共同で土地の売買契約書（記載金額5,000万円）を2通作成し、双方で各1通保存する場合、D社が保存するものには、印紙税は課税されない。(1997-28-2)

解答 1　×：贈与契約書は金額記載がないものとして扱う（印紙税額は200円）。
2　○：私人が保存する文書は国の作成であり非課税。

第6ポイント 登録免許税

重要度 B

> **攻略メモ**
> ● 頻度はそれほど高くありませんが、出題されたらとりやすい問題が多いです。ここに書いてある程度は最低限学習しておきましょう。

1 登録免許税とは

　登録免許税とは、土地や建物を取得して、所有権を第三者に主張できるように登記所で登記を受けるときなどに課される税です。ただし、表示に関する登記には基本的には課税されません。

2 納税義務者

　納税義務者は登記を受ける者です。不動産の売買によって所有権移転登記をする場合、**売主と買主が連帯して**納付する義務を負います。

3 課税標準

　売買などの場合、売買金額ではなく、固定資産課税台帳の価格を基準にして課税標準が決まります。ただし、抵当権設定登記は債権金額を課税標準にします。
　また、課税標準が1,000円未満のときは、その課税標準は1,000円として計算されます。

4 税率

所有権保存登記・所有権移転登記・抵当権設定登記など、登記によって、登録免許税の税率は異なります。

5 住宅用家屋の軽減税率

以下の場合に、住宅用家屋の軽減税率が適用されます。

【適用要件】
1. 家屋の床面積が50㎡以上であること
2. 自己の居住用に供すること
3. 新築（取得）後1年以内に登記を受けること

- 所有権保存登記　＝　新築のみ
- 所有権移転登記　＝　売買・競落のみ
- 抵当権設定登記

つまずき注意の前提知識
この軽減税率の特例が適用されるのは建物（住宅用家屋）のみで、土地には適用されません。

6 納付方法

基本的には現金納付ですが、税額が3万円以下の場合には印紙納付も認められています。

ちょこっとトレーニング　本試験過去問に挑戦！

問 土地の売買に係る登録免許税の納税義務は、土地を取得した者にはなく、土地を譲渡した者にある。(2002-27-4)

解答 ×：売主と買主が連帯して義務を負う。

第7ポイント 贈与税

攻略メモ
● 相続税を免れるために財産を生前に贈与する人がいます。したがって、相続税を納める人との公平を図る観点から贈与税は設けられました。

1 贈与税とは

個人から贈与によりもらった場合に、そのもらった個人に対して課される税金です。なお、受け取りが法人であれば法人税、法人から個人であれば所得税が課されます。

2 課税方法

暦年課税か相続時精算課税か受贈者（受け取る側）が選択できます。

1 暦年課税
［1年間にもらった財産の合計］―
　　　　　［基礎控除額（110万円）］が課税標準

2 相続時精算課税
2,500万円までの贈与額が非課税で、2,500万円を超えた部分について20％が課税される（相続時に贈与財産と相続財産を合算した額に10〜55％で課税）

3 非課税と特例の適用要件

	贈与税の非課税	相続時精算課税の特例
贈与の内容	住宅取得等資金の贈与 （家屋の贈与はNG！）	住宅取得等資金の贈与 （家屋の贈与はNG！）
贈与者	直系尊属（父母・祖父母等） 年齢は問わない	祖父母・父母 年齢は問わない
受贈者	20歳以上の子・孫等	20歳以上の子・孫等
受贈者の適用要件	所得金額 2,000万円以下	所得金額を問わない
非課税額 特別控除額	非課税額 800万円※	特別控除額 2,500万円
基礎控除（110万） との併用	併用OK	併用NG
家屋の要件	50㎡〜240㎡ （1/2以上が居住用）	50㎡以上 （1/2以上が居住用）

※住宅用家屋の種類や取得の契約締結日によって額が異なる。

　贈与を受けた資金による家屋の増改築等や既存住宅の取得にも適用されます。また、住宅用家屋の新築に先行してするその敷地の用に供されることになる土地等の取得のための対価となる資金の贈与を受けた場合も適用があります。

模試を受けよう！

2時間集中力を持続させるというのは難しいものです。ぜひ、会場でその訓練をしてほしいと思います。自宅受験ですと、ついつい休憩しながら解いてしまったりして、2時間集中するという練習はしにくいものです。できれば会場で受験してもらいたいと思います。模試は時間制限の中で解くスピードを考えたり、解く順番を考えたり、いろいろなシミュレーションをすることができます。「自分の弱点を発見する」という目的のみならず、さまざまなことが学べるので、ぜひ積極的に受けるようにしてください。

第2コース 価格の評定

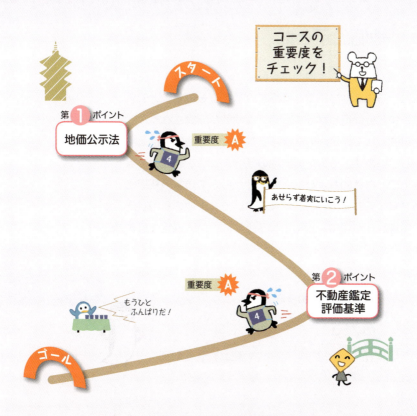

このコースの特徴

●例年、地価公示法と不動産鑑定評価基準のどちらかから1問出題されます。深追いは禁物の分野ですが、しっかりと対策をしていれば得点できる年も多いので、基本問題には対応できるようにしておきましょう。

第 ❶ ポイント

地価公示法

重要度 A

攻略メモ
● 地価公示法については、都道府県知事が登場しないということは意識しておきましょう。

1 地価公示とは

　地価公示とは、土地鑑定委員会が、毎年1月1日時点における標準地の正常な価格を公示するものです。公示は毎年3月に行われます。適正な地価が形成されることを目的として、全国のさまざまな場所の土地の価格を公示しています。そのため土地の価格を公示するための標準地は、自然的および社会的条件からみて類似の利用価値を有すると認められる地域において、土地の利用状況や環境などが通常と認められる土地について選定されます。

土地の値段というのは、なかなかわからないものです。

この土地の値段っていくらくらい？

2 地価公示の手続き

　次のような流れで手続きを進めていきます。

国土交通大臣	土地鑑定委員を任命 「公示区域」を指定
土地鑑定委員会	「標準地」を選定 公示区域内で、土地の利用状況・環境等が通常と認められる一団の土地
	２人以上の不動産鑑定士が鑑定 標準地上に建物が存在したり、地上権などが設定されている場合、それらが**存しない**ものとして鑑定評価
	「正常な価格」の判定
	年１回、官報にて公示
	書面と図面を関係市町村長に送付
市町村長	書面と図面を市町村の事務所に置き、閲覧に供する

公示区域は都市計画区域その他の土地取引が相当程度見込まれるものとして国土交通省令で定める区域です。そのため、必要があれば都市計画区域外にも指定できます。

標準地の鑑定評価は、地価公示法では、「近傍類地の取引価格から算定される推定の価格、近傍類地の地代等から算定される推定の価格及び同等の効用を有する土地の造成に要する推定の費用の額を勘案してこれを行わなければならない」としています。

3 官報の公示内容

官報には、以下の内容などを公示します。

1. 標準地の所在地
2. 標準地の単位面積あたりの価格・価格判定の基準日
3. 標準地の地積（面積）・形状（土地の形）

前回からの変化率を公示する必要はありません。

4 　標準地及びその周辺の土地の利用の現況
5 　標準地についての水道・ガス供給施設及び下水道の整備の状況

4 公示価格の効力

1 一般の土地取引に対する効力

土地の取引をする者は、取引しようとする土地に類似する利用価値を有する標準地の公示価格を指標として取引を行うように努めなければなりません。

あくまで努力目標です。

2 公示価格が規準となる場合

- 不動産鑑定士の鑑定評価
- 公共事業用に供する土地取得価格の算定

左の2つを行う際には、公示価格を規準としなければなりません。

 本試験過去問に挑戦！

問 公示区域とは、土地鑑定委員会が都市計画法第4条第2項に規定する都市計画区域内において定める区域である。
(2011-25-1)

解答 ×：公示区域を定めるのは国土交通大臣。都市計画区域内に限らない。

140

第②ポイント 不動産鑑定評価基準

重要度 A

攻略メモ
● 難しい年は本当に難しいので、基本問題のみをとれれば大丈夫。ややこしい言葉が多いので、そのあたりをおさえておきましょう。

1 不動産鑑定評価基準とは

　不動産鑑定評価基準とは、不動産の適正な鑑定評価を行うために用いる指針をいいます。

2 最有効使用の原則

　駅前のビルが立ちならぶ土地に、木造の建物が建っている場合、この土地は最も有効な土地利用をしているとはいえません。本来であれば、大きなビルが建てられる土地ですので、それが最も有効な利用の仕方（最有効使用）ということになります。土地の価格は、最有効使用のときの価格を標準として決まります。これを「最有効使用の原則」といいます。

3 価格の種類

　不動産の価格はどのような価格を求めるかによって考えるべき点が違ってきます。「不動産鑑定評価基準」には、4つの価格があります。

1 正常価格

> 市場性を有する不動産について、現実の社会経済情勢の下で合理的と考えられる条件を満たす市場で形成されるであろう市場価値を表示する適正な価格

「売り急ぎや買い急ぎをしないで冷静に判断して売買するとしたらこの程度ですね」という価格です。

2 限定価格

> 市場性を有する不動産について、不動産と取得する他の不動産との併合または不動産の一部を取得する際の分割等に基づき正常価格と同一の市場概念の下において形成されるであろう市場価値と乖離することにより、市場が相対的に限定される場合における取得部分の当該市場限定に基づく市場価値を適正に表示する価格

隣接している土地を所有している人にとっては、隣の土地を購入することによって、自分の土地の敷地面積が広がり、各階の床面積の広いビル建築が可能となるなど利用価値も高まるという場合の、隣の人が購入する際の適正な価格です。

3 特定価格

> 市場性を有する不動産について、法令等による社会的要請を背景とする鑑定評価目的の下で、正常価格の前提となる諸条件を満たさないことにより正常価格と同一の市場概念の下において形成されるであろう市場価値と乖離することとなる場合における不動産の経済価値を適正に表示する価格

「数年後には２億円で売れるだろうけど、すぐにお金が欲しいから今１億円で売りたい」といった事情がある場合などの価格です。

4 特殊価格

> 文化財等の一般的に市場性を有しない不動産について、その利用現況等を前提とした不動産の経済価値を適正に表示する価格

売買されることがないであろう重要文化財や宗教建築物などの保存等に主眼をおいた価格です。

4 鑑定評価の手法

鑑定評価の手法は次の３つがあります。そして、鑑定評価をする際には複数の鑑定評価の手法を適用すべきとされています。

1 原価法

原価法は、まず、価格時点における対象不動産の再調達原価を求めます。それから、この再調達原価について減価修正を行って対象不動産の試算価格（積算価格）を求める手法です。

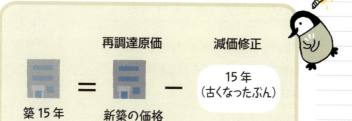

143

対象不動産が土地のみである場合でも、再調達原価を適切に求めることができるときは、この手法を適用することができます。

2 取引事例比較法

　取引事例比較法とは、まず、多数の取引事例を収集して適切な事例の選択を行います。そして、これらに係る取引価格に必要に応じて事情補正および時点修正を行い、かつ地域要因の比較および個別的要因の比較を行って求められた価格を比較考量していきます。このようにして対象不動産の試算価格（比準価格）を求める手法です。つまり、似たような他の不動産の取引価格から、対象不動産の価格を求める手法です。

投機的取引と認められる事例などは用いてはなりません。

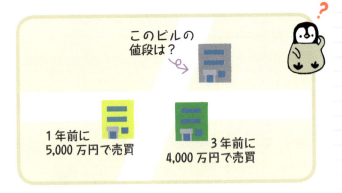

　多数の取引事例を収集して適切な事例の選択を行います。

3 収益還元法

　収益還元法は、対象不動産が将来生み出すであろうと期待される純収益の現在価値の総和を求めることにより価格を求める手法です（自己居住用でもOK）。

収益価格を求める方法
- 直接還元法 ➡ 一期間のもうけ
- DCF 法 ➡ 連続する複数の期間のもうけ

（証券化対象不動産は DCF 法による。併せて直接還元法も適用するのが適切）

ちょこっとトレーニング 本試験過去問に挑戦！

問 特殊価格とは、市場性を有する不動産について、法令等による社会的要請を背景とする評価目的の下で、正常価格の前提となる諸条件を満たさない場合における不動産の経済価値を適正に表示する価格をいう。(2008-29-3)

解答 ×：特殊価格ではなく特定価格の説明になっている。

給水コラム

免除科目攻略法

免除科目は全部で5問出題されます。「住宅金融支援機構法」と「景品表示法」については、しっかり学習して得点できるようにしておきましょう。「統計」については、直前期にデータを覚えるだけでとれます。試験数日前には、忘れずに勉強しておきましょう。直前期の勉強で1点とれることが多いです。「土地」については、重要テーマをおさえておくようにしておいてください。ただ「建物」に関しては、範囲も広く、対策がたてにくい分野ですので、あまり深入りしないようにしましょう。満点をねらって細かいところまで勉強するよりも、確実に点数のとれる部分のみを勉強して3点から4点を確保することを目標にしましょう。

わわっ！もうここまで来れたんだ！

もうちょっとだねあと一息だ！

もうひとふんばりだ！

第3コース 免除科目

このコースの特徴

●不動産業界にお勤めで「宅建登録講習」を受講し修了した人は、この分野は学習する必要はありません。この5問のうち、統計は直前期にデータを覚えれば対応できます。土地と建物は範囲が広いので、最低限をおさえることを目標にしましょう。

①・・・②・・・③・・・④

第 1 ポイント 住宅金融支援機構法

重要度 A

攻略メモ
● 銀行が安心してマイホーム購入者にお金を貸せるように、陰でサポートしてくれています。複雑そうにみえますが仕組みを理解しましょう。

1 住宅金融支援機構法とは

住宅金融支援機構（以下「機構」といいます）は、従来の住宅金融公庫の業務を引き継いで設立された独立行政法人です。銀行などの民間金融機関が、住宅購入者に対して資金を融資するのを支援することを主な業務としています。

2 証券化支援

機構の業務は、あくまで民間の金融機関の融資のサポートです。直接住宅取得者に貸し付けるのではなく、次のような支援をしています。これが証券化支援事業です。

1 買取型

> 金融機関とは銀行・保険会社・農協・信用金庫などです。なお、金利は金融機関ごとに異なっています。

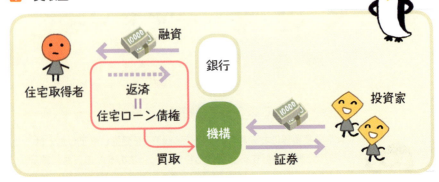

民間の金融機関の住宅ローン債権を、機構が買い取って証券化し、それを投資家に売ります。これは、将来の金利変動のリスクを投資家に引き受けてもらうことが主な目的です。

2 保証型

　住宅ローン利用者が返済不能になった場合に民間の金融機関に保険金を支払う住宅融資保険（保証型用）の引受けを行います。また、民間金融機関が証券化した住宅ローン債権を機構が保証します。

3 直接融資

　基本的には機構は直接融資を行いません。しかし、一定の災害復興建築物の建設や購入・子育て家庭や高齢者家庭向け賃貸住宅の建設や改良などのためには直接貸付を行う場合もあります。なお、災害などで支払いが困難になった場合、貸付条件の変更をしたり、元利金（元金と利息）の支払方法の変更をしたりはできますが、元利金の支払免除はできません。

第❷ポイント 景品表示法

重要度 A

攻略メモ
● 宅建業法の「誇大広告」の分野と似た問題が出題される年もあります。覚えるというより、見ながら問題を解くほうが習得は早いかもしれません。

1 景品表示法とは

景品や広告に何も規制がないと、業者は自社の利益のため、必要以上のサービスや表現をしてしまうかもしれません。これを防止するのが、不当景品類及び不当表示防止法（以下、「景品表示法」）の趣旨です。

2 景品類の提供

業者が一般消費者に景品類を提供する場合、以下の額を超えてはいけません。

1 抽選による場合

取引価額の20倍または10万円のいずれか低い額の範囲内（取引予定総額の2％以内）

2 抽選によらない場合（全員にプレゼントなど）

宅地建物の取引価額の10分の1または100万円のいずれか低い額の範囲内

3 特定事項の表示義務

広告などに掲載するときには、以下の事項について明示しなければなりません。

<市街化調整区域内の土地>

市街化調整区域に所在する土地については、「市街化調整区域。宅地の造成および建物の建築はできません」と 16 ポイント以上の文字で明示しなければならない。ただし、開発許可を受けているもの等についてはこの限りではない。

<接道義務を満たさない土地>

建築基準法 42 条に規定する道路に 2m 以上接していない土地については、原則として、「再建築不可」または「建築不可」と明示しなければならない。

<路地状部分のみで道路に接する土地>

路地状部分のみで道路に接する土地であって、その路地状部分の面積が当該土地面積のおおむね 30%以上を占めるときは、路地状部分を含む旨および路地状部分の割合または面積を明示しなければならない。

<高圧電線>

土地の全部または一部が高圧電線路下にあるときは、その旨およびそのおおむねの面積を表示しなければならない。この場合において、建物その他の工作物の建築が禁止されているときは、その旨も併せて明示しなければならない。

＜傾斜地＞

傾斜地を含む土地であり、傾斜地の割合が当該土地面積のおおむね**30％以上**を占める場合（**マンションおよび別荘地等を除く**）は、傾斜地を含む旨および傾斜地の割合または面積を表示しなければならない。ただし、傾斜地の割合が30％以上を占めるか否かにかかわらず、傾斜地を含むことにより当該土地の有効な利用が著しく阻害される場合（マンションを除く）は、その旨および傾斜地の割合または面積を明示しなければならない。

4 特定用語の使用基準

次のような用語は基本的に使用できません。ただし、合理的な根拠を示す資料がある場合には使用することができます。

1 全く欠けるところがないことを意味する用語

物件の形質その他の内容または役務の内容について、「完全」、「完ぺき」、「絶対」、「万全」等、全く欠けるところがないことまたは全く落ち度がないことを意味する用語

2 競争事業者の供給するものまたは競争事業者よりも優位にたつことを意味する用語

物件の形質その他の内容、価格その他の取引条件または事業者の属性に関する事項について、「日本一」、「日本初」、「業界一」、「超」、「当社だけ」、「他に類を見ない」、「抜群」等、競争事業者の供給するものまたは競争事業者よりも優位にたつことを意味する用語

3　一定の基準により選別されたことを意味する用語

物件について、「特選」、「厳選」等、一定の基準により選別されたことを意味する用語

4　最上級を意味する用語

物件の形質その他の内容または価格その他の取引条件に関する事項について、「最高」、「最高級」、「極」、「特級」等、最上級を意味する用語

5　価格が著しく安いという印象を与える用語

物件の価格または賃料等について、「買得」、「掘出」、「土地値」、「格安」、「投売り」、「破格」、「特安」、「激安」、「バーゲンセール」、「安値」等、著しく安いという印象を与える用語

6　売行きがよいという印象を与える用語

物件について、「完売」等、著しく人気が高く、売行きがよいという印象を与える用語

　4 5 は、根拠となる事実を併せて表示することが必要です。

5 一般事項の表示義務

　物件の内容や取引条件等、一般事項の表示義務には、以下のものがあります。

＜交通機関＞

> 新設予定の鉄道の駅等またはバスの停留所は、当該路線の運行主体が公表したものに限り、その新設予定時期を明示して表示することができる。

＜各種施設までの距離または所要時間＞

> 徒歩による所要時間は、道路距離80mにつき1分間を要するものとして算出した数値を表示すること。この場合において、1分未満の端数が生じたときは、1分として算出すること。

＜新築・新発売＞

> ❶ 新築という用語は、建築後1年未満であって、かつ、居住の用に供されたことがないものをいう。
> ❷ 新発売という用語は、新たに造成された宅地または新築の住宅（造成工事または建築工事完了前のものを含む）について、一般消費者に対し、はじめて購入の申込の勧誘を行うこと（一団の宅地または建物を数期に区分して販売する場合は、期ごとの勧誘）をいう。また、その申込を受けるに際して一定の期間を設ける場合においては、その期間内における勧誘をいう。

＜写真・絵図＞

> 宅地または建物の写真は、取引するものの写真を用いること。ただし、

取引しようとする建物が建築工事の完了前である等その建物の写真を用いることができない事情がある場合においては、次に掲げるものに限り、他の建物の写真を用いることができる。この場合においては、当該写真が他の建物のものである旨を写真に接する位置に明示しなければならない。

❶ 取引しようとする建物と規模、形質および外観が同一の他の建物の外観写真。この場合において、門塀、植栽、庭等が異なる場合にはその旨を明示すること。

❷ 建物の内部写真であって、写真に写される部分の規模、形質等が同一のもの。

＜価格・賃料・管理費＞

❶ 分譲宅地等について、取引しようとするすべての物件の価格を表示することが困難であるときは、1区画あたりの最低価格、最高価格および最多価格帯ならびにその価格帯に属する販売区画数を表示すること。この場合において、販売区画数が10未満であるときは、最多価格帯の表示を省略することができる。なお、新築分譲マンションの価格についても同様である。

❷ 新築賃貸マンションまたは新築賃貸アパートの賃料について、すべての住戸の賃料を表示することが困難である場合は、1住戸あたりの最低賃料および最高賃料を表示しなければならない。

❸ マンションの管理費については1戸あたりの月額を表示しなければならない。ただし、住戸により管理費の額が異なる場合において、そのすべての住宅の管理費を示すことが困難であるときは、最低額および最高額のみで表示することができる。マンションの修繕積立金についても同様である。

ちょこっとトレーニング　本試験過去問に挑戦！

問 完成後8カ月しか経過していない分譲住宅については、入居の有無にかかわらず新築分譲住宅と表示してもよい。

（2013-47-4）

解答 ×：一度誰かが入居したら「新築」という語は使えない。

第❸ポイント
土地

重要度 B

攻略メモ
● 宅地に適しているかどうかを問う問題が多いです。しかし、いきなり予想もしない部分から出題されることもあります。

1 宅地としての適否

　その土地は宅地として適しているかどうかが問題となります。宅地として適している場所は、「地盤が固い」「土砂崩れ・崖崩れなどが起こらない」という点があげられます。

　地盤が固いというのは、土地に水分が含まれていないということが大事になります。

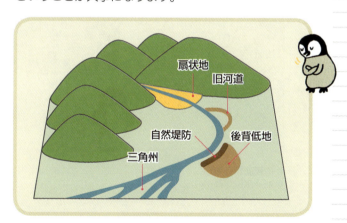

　扇状地は、河川が運んだ土砂が扇状に堆積した土地で、水はけがよいのが特徴です。旧河道は過去に河川の流路であった土地です。後背低地は軟弱な地盤で、周囲より低い土地です。

157

■宅地としての適否

場所		適否
山地		●
	急傾斜地	×
	崖錐・谷の出口	×
	地すべり地・崩落跡地	×
	断層	×
丘陵地・台地		●
	縁辺部	×
	台地上の浅い谷	×
	段丘	●

場所		適否
低地		×
	旧河道	×
	天井川の廃川敷	●
	自然堤防	●
	後背低地・後背湿地	×
	扇状地	●
	干拓地	×
	埋立地	●*

＊十分な工事がされているものに限る。

　また、地下水位に関しては、次のようないい方で試験に出ます。

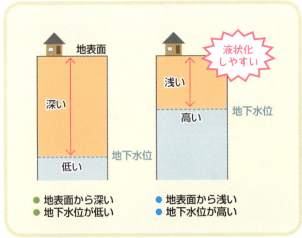

左のほうが宅地に適していて、右のほうが宅地には不適です。

　地盤が固い台地であっても、土砂崩れ・崖崩れなどが起こる場所などは宅地としては適しません。

2 地図

等高線は以下のような形で示されます。

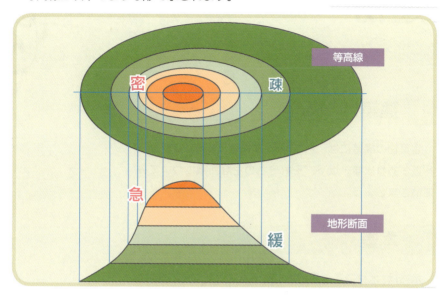

ちょこっとトレーニング　本試験過去問に挑戦！

問1 台地や丘陵の縁辺部は、豪雨などによる崖崩れに対しては、安全である。(2014-49-4)

問2 台地上の池沼を埋め立てた地盤は、液状化に対して安全である。(2015-49-3)

解答 ×：台地は安全だが、縁辺部は崩れるかもしれず危険。
　　　×：池沼を埋め立てたということは地盤は固くない。

第4ポイント 建物

重要度 C

攻略メモ
● 範囲が広すぎて、正直この1点のために労力を費やすのは賢明とはいえません。基本のみを学習しておき、あとは深入りしないことが大事です。

1 建築物の構造

　建築物の構造には、主に木造、鉄骨造、鉄筋コンクリート造があります。以下、それぞれの主な特徴についてみていきましょう。

2 木造

　木造は、木材でその骨組みを造った建造物をいいます。
　木材は、水が含まれているほど弱くなります。また、心材のほうが腐りにくいという性質があります。

3 鉄骨造

　骨組みに鉄の鋼材を使って組み立てた構造を鉄骨造（てっこつぞう）と

いいます。鉄骨造は、地震に強いが、腐食しやすく、耐火性が低いため、耐火材料などで覆う必要があります。

4 鉄筋コンクリート造

引っ張りに弱いコンクリートと、引っ張りに強く圧縮に弱い鉄筋を合わせた構造が鉄筋コンクリート造です。

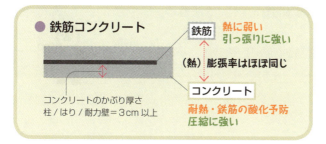

5 地震対策

地震に強い建物にするため、次の3つの構造があります。

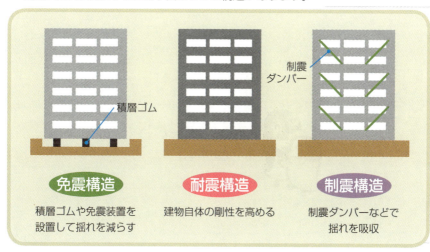

ちょこっとトレーニング　本試験過去問に挑戦！

問1 木材の強度は、含水率が大きい状態のほうが小さくなる。(2010-50-3)

問2 コンクリートの引張強度は、圧縮強度より大きい。(2010-50-2)

問3 免震構造は、建物の下部構造と上部構造との間に積層ゴムなどを設置し、揺れを減らす構造である。(2013-50-2)

解答
1　○：木材は水分があるほど弱くなる。
2　×：コンクリートは引っ張りに弱い。
3　○：免震構造の説明と合致。

索引

ア行

印紙税	129

カ行

買換資産	126
買換え特例	126
海岸法	108
開発許可	30
開発許可の申請	34
開発行為	31
課税客体	117
課税主体	114,116
課税標準	115,117
課税標準の特例	118,121
河川法	108
過怠税	130
仮換地	94,98
監視区域	78
干拓地	158
換地	94
換地計画	97
換地処分	99
規制区域	78
北側斜線制限	57
居住用財産の譲渡所得の特別控除	126
切土	105
近隣商業地域	13
景観地区	19
景品表示法	150
減価修正	143
原価法	143
建築確認	70
建築基準法	42
建築協定	74
建築主事	72

限定価格	142
建蔽率	49
建蔽率の緩和	50
建蔽率の最高限度	50
工業専用地域	15
工業地域	14
高層住居誘導地区	17
高度地区	18
高度利用地区	18
港湾法	108
国土利用計画法	78
固定資産課税台帳	120
固定資産税	114,114

サ行

再調達原価	143
最有効使用の原則	141
市街化区域	5
市街化調整区域	5
事後届出制	80
自然公園法	108
事前届出制	85
斜線制限	56
収益還元法	144
住宅金融支援機構	148
住宅ローン控除	124,127
準工業地域	14
準住居地域	12
準耐火建築物	63
準都市計画区域	6
準防火地域	19,63
準防火地域の制限	64
商業地域	13
譲渡資産	126
譲渡所得	124
生産緑地法	108
正常価格	142

163

接道義務	60
セットバック	61
扇状地	157,158
造成宅地防災区域	106

タ行

第一種住居地域	11
第一種中高層住居専用地域	10
第一種低層住居専用地域	9
耐火建築物	63
第二種住居地域	11
第二種中高層住居専用地域	10
第二種低層住居専用地域	9
宅地造成工事規制区域	106
宅地造成等規制法	104
単体規定	42,66
地価公示法	138
地区計画	23
注視区域	78
鉄筋コンクリート造	161
鉄骨造	160
田園住居地域	12,46
道路	21,60
登録免許税	132
道路斜線制限	56
道路法	108
特殊価格	143
特定街区	19
特定価格	142
特定用語の使用基準	152
特定用途制限地域	20
特別用途地区	17
特例容積率適用地区	18
都市計画区域	2,4
都市計画事業制限	3,38
都市計画の決定手続き	26

都市計画法	2
都市施設	21
土地鑑定委員会	138
土地区画整理	94
土地区画整理組合	95,96
取引事例比較法	144

ナ行

2項道路	61
日影規制	58
農業委員会	89,91
農地法	88

ハ行

標準地	138
風致地区	19
不動産鑑定評価基準	141
不動産取得税	114,116
文化財保護法	108
防火地域	19,63
補助的地域地区	17
保留地	94

マ行

免税点	118
木造	160
盛土	105

ヤ行

容積率	52,53
用途規制	44
用途地域	8,16

ラ行

隣地斜線制限	57

〈執筆者〉

友次 正浩(ともつぐ まさひろ)

國學院大學文学部日本文学科卒業・國學院大學大学院文学研究科修了(修士)。
元大学受験予備校の国語科講師という異色の経歴を持つ。
法律学習の経験もなく、不動産の実務経験もない状態で、
宅地建物取引主任者試験(現・宅地建物取引士試験)に合格。
その後、ＬＥＣ東京リーガルマインド講師としてデビューし、現在に至る。
大学受験予備校講師時代に培った過去問分析力と講義テクニックを武器に、
多くの合格者を輩出している。
(ブログ)http://ameblo.jp/tomotsugu331

2021年版 宅建士 合格のトリセツ 基本テキスト

2017年10月30日 第1版 第1刷発行
2020年10月30日 第4版 第1刷発行

執　筆●友次 正浩
編著者●株式会社　東京リーガルマインド
　　　　LEC総合研究所　宅建士試験部

発行所●株式会社　東京リーガルマインド
　　　　〒164-0001　東京都中野区中野4-11-10
　　　　　　　　　　アーバンネット中野ビル
　　　　　　　　　　☎03(5913)5011　（代　表）
　　　　　　　　　　☎03(5913)6336　（出版部）
　　　　　　　　　　☎048(999)7581　（書店様用受注センター）
　　　　振　替　00160-8-86652
　　　　www.lec-jp.com/

カバー・本文イラスト●矢寿 ひろお
本文デザイン●株式会社 桂樹社グループ
本文組版●株式会社 桂樹社グループ・ナルシマデザインオフィス
印刷・製本●日本プロセス秀英堂株式会社

©2020 TOKYO LEGAL MIND K.K., Printed in Japan　　ISBN978-4-8449-9702-3
複製・頒布を禁じます。

本書の全部または一部を無断で複製・転載等することは、法律で認められた場合を除き、著作者及び出版者の権利侵害になりますので、その場合はあらかじめ弊社あてに許諾をお求めください。
なお、本書は個人の方々の学習目的で使用していただくために販売するものです。弊社と競合する営利目的での使用等は固くお断りいたしております。
落丁・乱丁本は、送料弊社負担にてお取替えいたします。出版部までご連絡ください。

勉強スタイル×試験までの期間で選べる！
2021年版 LECの宅建士本ラインナップ

勉強初期

とらの巻シリーズ

合格のトリセツシリーズ
⑦基本テキスト

出る順シリーズ
①合格テキスト（全3巻）

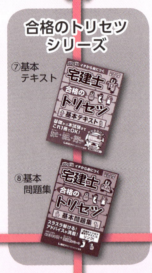

⑨とらの巻

⑧基本問題集

②ウォーク問過去問題集（全3巻）

← **サワッと要点だけ！**　　　　　　　　　　　　　　**しっかり万全に！** →

⑤一問一答○×1000肢問題集

④逆解き式！最重要ポイント555

⑥当たる！直前予想模試

③過去30年良問厳選問題集

試験直前！

※画像はイメージです。

気になる商品の単品買いも、シリーズ揃えての活用もオススメです。

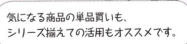

最新の法改正に対応しています！

テキスト ↔ 問題集の反復に便利！
該当ページへのリンクを掲載！*

* ● ▲ ■ ◆ ★ の中で、同じマークがついた商品が対象です。
※商品間のリンクの詳細は、各書籍をご確認ください。
※記載された情報は、2020年9月現在のものです。予告なく変更となる可能性がございますので、ご了承ください。

【出る順宅建士シリーズ】			基礎知識の習得から条文内容の理解、試験攻略法まで！試験範囲の知識がもれなく身につく定番シリーズ。	
● ▲ ■		①	2021年版　出る順宅建士 **in** **合格テキスト**（全3巻）　2020年12月発刊予定 宅建士の試験範囲を網羅した、詳細解説の基本テキスト。	
●	◆	②	2021年版　出る順宅建士 **out** **ウォーク問　過去問題集**（全3巻）　2020年12月発刊予定 コンパクトで持ち運び便利！重要問題のみを収録した精選過去問集。	
		③	2021年版　出る順宅建士 **out** **過去30年良問厳選問題集**　2021年4月発刊予定 30年間の過去問から選り抜いた良問を6回分の模試形式に凝縮。最新過去問付き。	
▲		④	2021年版　出る順宅建士 **in** **逆解き式！最重要ポイント555**　2021年4月発刊予定 重要ポイントを「読んで」「聴いて」覚えられる、直前期おすすめの総まとめ本。	
	■	⑤	2021年版　出る順宅建士 **out** **一問一答○×1000肢問題集**（アプリ付）　2021年1月発刊予定 スマホで解けるアプリ付き！一問一答○×タイプのオリジナル問題集。	
		⑥	2021年版　出る順宅建士 **out** **当たる！直前予想模試**　2021年6月発刊予定 本試験と同形式のオリジナル予想模試をたっぷり4回分収録！	
【合格のトリセツシリーズ】			イチから合格のチカラをつける！試験攻略の重要知識を、やさしく、効率的に身につけるシリーズです。	
★		⑦	2021年版　宅建士　合格のトリセツ **in** **基本テキスト**（フルカラー）（分冊可） フルカラー＆図表たっぷりで、とことん丁寧に解説したテキストです。	
★		⑧	2021年版　宅建士　合格のトリセツ **out** **基本問題集**（分冊可） 重要問題300問を収録し、問題の解き方がわかるように解説した問題集です。	
【とらの巻シリーズ】			短期集中で学びたい方にぴったり！合格のエッセンスを凝縮した、法改正完全対応の直前期向けシリーズです。	
▲	◆	⑨	2021年版　どこでも宅建士 **in** **とらの巻**　2021年5月発刊予定 短時間でもポイントをおさえて覚えられる工夫が満載のテキストです。	

in テキスト・インプット系書籍　　**out** 問題集（過去問またはオリジナル問題）
※お買い求めは、書店／インターネット／LECオンラインショップや各本校まで！

LEC宅建登録講習（5問免除）のご案内

登録講習実施機関登録番号(6)第002号

宅建士試験で5問が免除!?宅建士合格があなたの価値を創る!

宅建登録講習（5問免除）とは

宅建登録講習（5問免除講習）とは、宅建業従事者が受講・修了することにより、宅建試験を法定5分野（45問）のみで受験できるようになる講習のことです。

宅建登録講習から宅建試験合格までの流れ

5問免除受験のメリット

★圧倒的に高い合格率〈2019年度宅建試験実績〉

受験者中の5問免除者の割合 約 **23.4**% 合格者中の5問免除者の割合 約 **31.6**%

★有利な合格基準点（率）〈2019年度宅建試験実績〉

一般受験：50問中35問以上 **70**% 5問免除者：45問中30問以上約 **66.7**%

★早期受講により試験直前期は重要科目の学習に注力

登録講習受講・修了後は5問免除対象範囲の学習は不要 早めに受講・修了すればするほど、業法や権利関係等**中心分野の勉強に集中**できます!

91,557人 (※)

2020年LEC登録講習修了率
約96.2%!

LEC宅建登録講習（5問免除）の特長

LECでは皆様の多様なニーズにお応えすべく多彩な講習をご用意しています！

★ 利用しやすい豊富なクラス設定

◎ 9月～願書提出期限直前の **7月末** までの長期開催

◎ 全国26拠点で **約500** のクラス設定（2020年度）

★ 修了証即日発行クラス

宅建試験願書提出期限直前の **7月末に修了証即日発行クラス** を
一部設定（札幌・仙台・中野・横浜・静岡・名古屋・京都・梅田・広島・福岡で実施予定）

働く受験者必見のスクーリングクラスバリエーション

働く受験者が会社を休まず、休日を使わず受講できるLECならではのスクーリング！

★ 短期集中1日クラス（実施校限定）

多忙な宅建業従事者が会社を休まず受講できるクラス！

★ 全日2日間クラス（通常クラス）

全国26拠点で **約500** のクラス設定（2020年度）

［参考価格］ **18,000円**（税込）／ 2020年登録講習（2019.12.4 ～ 2020.5.30申込受付分）

Web・LEC本校・郵送・FAXにて申込受付中！

［LEC宅建登録講習ホームページ］ **www.lec-jp.com/takken/kouza/menjo/**　　LEC宅建登録講習 ◀検索

［LEC宅建講習専用ダイヤル］ **0120-092-556**（携帯・PHSからは）**03-5913-6310**

※ 2005年度～ 2020年度 LEC登録講習（5問免除）／延べ申込者数91,557名 ◎左記数値は、以下を合計したものです。2005年度：4101名／2006年度：4979名／2007年度：5255名／2008年度：7075名／2009年度：4270名／2010年度：3819名／2011年度：3962名／2012年度：2925名／2013年度：3554名／2014年度：4780名／2015年度：5881名／2016年度：7283名／2017年度：8034名／2018年度：9629名／2019年度：8596名／2020年度：7414名 ◎複数の年度で、重複してお申込みの方が含まれます。
◎上記数値の集計期間は、2004年12月1日～ 2020年7月31日です。

LEC宅建登録実務講習のご案内

登録実務講習実施機関登録番号(5)第2号

宅建士は士業! 宅建の価値を上げるのはあなたの宅建士登録!

宅建登録実務講習とは

宅建登録実務講習とは、直近10年以内の実務経験が2年未満の方が宅地建物取引士登録をするために受講・修了が必要となる講習のことです。

試験合格から宅地建物取引士証交付までの流れ

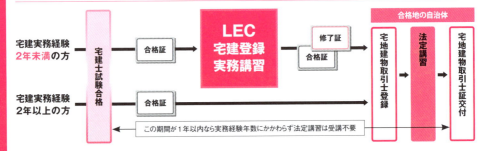

【LEC宅建登録実務講習の流れ】

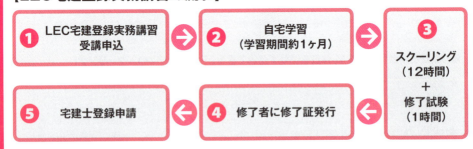

【申込書入手方法】

申込書は下記の方法で入手可能です!
① https://personal.lec-jp.com/request/ より資料請求。
② お近くのLEC本校へ来校。
③ LEC宅建登録実務講習ホームページよりPDFをプリントアウト。
④ 宅建講習専用ダイヤルへ問合せ。

スクーリングクラスには定員がございますので、お早めのお申込みをオススメします!

法定講習免除ルートで宅建士登録申請したい…

就職前の年度末までに修了証が欲しい…今から間に合う!?

ひとまずLECをあたってみる!

2020年LEC登録実務講習修了率 99.9%以上!

※申込者数ではなく受講者数を基に算出しています。
また、不合格となった場合は1回のみ再受験が可能であり、再受験された方については、2回目の結果のみ反映しています。

LEC宅建登録実務講習の特長

★ 無料再受講制度
万一修了試験が不合格でも、無料再受講制度（1回）により救済!（LEC登録実務講習**修了率は例年99%**を超えています）

★ Web申込で一歩も外出せず申込完了
Web申込であれば、本来郵送が必要な提出物もデータ添付すれば申込完了。さらに希望日の座席が確保されます。

圧倒的なスクーリングクラスバリエーション

働く合格者が会社を休まず、休日を使わず受講できるLECならではのスクーリング!

★ 2日間〈週またぎ〉クラス （実施校限定） 連休が取れない方、週1日はオフを取りたい方に!

★ 2日間〈連日〉クラス （通常クラス） 全国25拠点で**約400**クラス実施予定

★ 短期集中1日クラス （実施校限定） 多忙な社会人の方でも**会社を休まず**受講できる短期集中クラス!

★ 修了証即日発行クラス 札幌・仙台・中野・横浜・静岡・名古屋・京都・梅田・広島・福岡 一部日程で実施予定

［参考価格］ **21,000**円（税込） ／ 2020年登録実務講習（2019.10.20〜2020.10.14申込受付分）

Web・LEC本校・郵送にて申込受付中!
◎合格発表前に申込まれる場合、合格証書コピーの提出は合格発表日以降で結構です

［LEC宅建講習専用ダイヤル］ **0120-092-556** （携帯・PHSからは）**03-5913-6310**
（受付時間／10:00〜17:00）

［LEC宅建登録実務講習ホームページ］ www.lec-jp.com/takken/kouza/jitsumu/

LEC　登録実務　◀検索

LEC Webサイト ▷▷▷ www.lec-jp.com/

情報盛りだくさん！

資格を選ぶときも、
講座を選ぶときも、
最新情報でサポートします！

▷ **最**新情報
各試験の試験日程や法改正情報、対策講座、模擬試験の最新情報を日々更新しています。

▷ **資**料請求
講座案内など無料でお届けいたします。

▷ **受**講・受験相談
メールでのご質問を随時受付けております。

▷ **よ**くある質問
LECのシステムから、資格試験についてまで、よくある質問をまとめました。疑問を今すぐ解決したいなら、まずチェック！

▷ **書**籍・問題集（LEC書籍部）
LECが出版している書籍・問題集・レジュメをこちらで紹介しています。

充実の動画コンテンツ！

ガイダンスや講演会動画、
講義の無料試聴まで
Webで今すぐCheck！

▷ **動**画視聴OK
パンフレットやWebサイトを見てもわかりづらいところを動画で説明。いつでもすぐに問題解決！

▷ **W**eb無料試聴
講座の第1回目を動画で無料試聴！気になる講義内容をすぐに確認できます。

スマートフォン・タブレットからはQRコードでのアクセスが便利です。▷▷▷

自慢のメールマガジン配信中！（登録無料）

LEC講師陣が毎週配信！ 最新情報やワンポイントアドバイス、改正ポイントなど合格に必要な知識をメールにて毎週配信。

www.lec-jp.com/mailmaga/

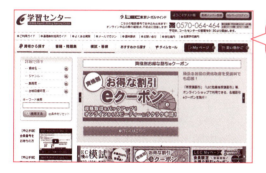

LEC E学習センター

新しい学習メディアの導入や、Ｗｅｂ学習の新機軸を発信し続けています。また、ＬＥＣで販売している講座・書籍などのご注文も、いつでも可能です。

online.lec-jp.com/

LEC 電子書籍シリーズ

LECの書籍が電子書籍に！ お使いのスマートフォンやタブレットで、いつでもどこでも学習できます。

※動作環境・機能につきましては、各電子書籍ストアにてご確認ください。

www.lec-jp.com/ipad/

LEC書籍・問題集・レジュメの紹介サイト **LEC書籍部** www.lec-jp.com/system/book/

- LECが出版している書籍・問題集・レジュメをご紹介
- 当サイトから書籍などの直接購入が可能（＊）
- 書籍の内容を確認できる「チラ読み」サービス
- 発行後に判明した誤字等の訂正情報を公開

＊商品をご購入いただく際は、事前に会員登録（無料）が必要です。
＊購入金額の合計・発送する地域によって、別途送料がかかる場合がございます。

※資格試験によっては実施していないサービスがありますので、ご了承ください。

LEC 全国学校案内

*講座のお問合せ、受講相談は最寄りのLEC各校へ

LEC本校

■ 北海道・東北

札　幌本校　　☎011(210)5002
〒060-0004 北海道札幌市中央区北4条西5-1　アスティ45ビル

仙　台本校　　☎022(380)7001
〒980-0021 宮城県仙台市青葉区中央3-4-12
仙台ＳＳスチールビルⅡ

■ 関東

渋谷駅前本校　　☎03(3464)5001
〒150-0043 東京都渋谷区道玄坂2-6-17　渋東シネタワー

池　袋本校　　☎03(3984)5001
〒171-0022 東京都豊島区南池袋1-25-11　第15野萩ビル

水道橋本校　　☎03(3265)5001
〒101-0061 東京都千代田区神田三崎町2-2-15　Daiwa三崎町ビル

新宿エルタワー本校　　☎03(5325)6001
〒163-1518 東京都新宿区西新宿1-6-1　新宿エルタワー

早稲田本校　　☎03(5155)5501
〒162-0045 東京都新宿区馬場下町62　三朝庵ビル

中　野本校　　☎03(5913)6005
〒164-0001 東京都中野区中野4-11-10　アーバンネット中野ビル

新　橋本校　　☎03(5510)9611
〒105-0004 東京都港区新橋2-14-4　マルイト新橋レンガ通りビル

立　川本校　　☎042(524)5001
〒190-0012 東京都立川市曙町1-14-13　立川MKビル

町　田本校　　☎042(709)0581
〒194-0013 東京都町田市原町田4-5-8　町田イーストビル

横　浜本校　　☎045(311)5001
〒220-0004 神奈川県横浜市西区北幸2-4-3　北幸GM21ビル

千　葉本校　　☎043(222)5009
〒260-0015 千葉県千葉市中央区富士見2-3-1　塚本大千葉ビル

大　宮本校　　☎048(740)5501
〒330-0802 埼玉県さいたま市大宮区宮町1-24　大宮GSビル

■ 東海

名古屋駅前本校　　☎052(586)5001
〒450-0002 愛知県名古屋市中村区名駅3-26-8
ＫＤＸ名古屋駅前ビル

静　岡本校　　☎054(255)5001
〒420-0857 静岡県静岡市葵区御幸町3-21　ペガサート

■ 北陸

富　山本校　　☎076(443)5810
〒930-0002 富山県富山市新富町2-4-25　カーニープレイス富山

■ 関西

梅田駅前本校　　☎06(6374)5001
〒530-0013 大阪府大阪市北区茶屋町1-27　ABC-MART梅田ビル

難波駅前本校　　☎06(6646)6911
〒542-0076 大阪府大阪市中央区難波4-7-14　難波フロントビル

京都駅前本校　　☎075(353)9531
〒600-8216 京都府京都市下京区東洞院通七条下ル2丁目
東塩小路町680-2　木村食品ビル

京　都本校　　☎075(353)2531
〒600-8413 京都府京都市下京区烏丸通仏光寺下ル
大政所町680-1 第八長谷ビル

神　戸本校　　☎078(325)0511
〒650-0021 兵庫県神戸市中央区三宮町1-1-2　三宮セントラルビル

■ 中国・四国

岡　山本校　　☎086(227)5001
〒700-0901 岡山県岡山市北区本町10-22　本町ビル

広　島本校　　☎082(511)7001
〒730-0011 広島県広島市中区基町11-13　合人社広島紙屋町アネクス

山　口本校　　☎083(921)8911
〒753-0814 山口県山口市吉敷下東 3-4-7　リアライズⅢ

高　松本校　　☎087(851)3411
〒760-0023 香川県高松市寿町2-4-20　高松センタービル

松　山本校　　☎089(947)7011
〒790-0012 愛媛県松山市湊町3-4-6　松山銀天街GET！

■ 九州・沖縄

福　岡本校　　☎092(715)5001
〒810-0001 福岡県福岡市中央区天神4-4-11　天神ショッパーズ
福岡

那　覇本校　　☎098(867)5001
〒902-0067 沖縄県那覇市安里2-9-10　丸姫産業第2ビル

■ EYE関西

EYE 大阪本校　　☎06(7222)3655
〒530-0013　大阪府大阪市北区茶屋町1-27　ABC-MART梅田ビル

EYE 京都本校　　☎075(353)2531
〒600-8413　京都府京都市下京区烏丸通仏光寺下ル
大政所町680-1 第八長谷ビル

【LEC公式サイト】www.lec-jp.com/

QRコードから
かんたんアクセス！

LEC提携校

＊提携校はLECとは別の経営母体が運営をしております。
＊提携校は実施講座およびサービスにおいてLECと異なる部分がございます。

■ 北海道・東北

北見駅前校【提携校】　☎0157(22)6666
〒090-0041　北海道北見市北1条西1-8-1　一燈ビル　志学会内

八戸中央校【提携校】　☎0178(47)5011
〒031-0035　青森県八戸市寺横町13　第1朋友ビル　新教育センター内

弘前校【提携校】　☎0172(55)8831
〒036-8093　青森県弘前市城東中央1-5-2
まなびの森　弘前城東予備校内

秋田校【提携校】　☎018(863)9341
〒010-0964　秋田県秋田市八橋鯲沼町1-60
株式会社アキタシステムマネジメント内

■ 関東

水戸見川校【提携校】　☎029(297)6611
〒310-0912　茨城県水戸市見川2-3092-3

熊谷筑波校【提携校】　☎048(525)7978
〒360-0037　埼玉県熊谷市筑波1-180　ケイシン内

所沢校【提携校】　☎050(6865)6996
〒359-0037　埼玉県所沢市くすのき台3-18-4　所沢K・Sビル
合同会社LPエデュケーション内

東京駅八重洲口校【提携校】　☎03(3527)9304
〒103-0027　東京都中央区日本橋3-7-7　日本橋アーバンビル
グランデスク内

日本橋校【提携校】　☎03(6661)1188
〒103-0025　東京都中央区日本橋茅場町2-5-6　日本橋大江戸ビル
株式会社大江戸コンサルタント内

新宿三丁目駅前校【提携校】　☎03(3527)9304
〒160-0022　東京都新宿区新宿2-6-4　KNビル　グランデスク内

■ 東海

沼津校【提携校】　☎055(928)4621
〒410-0048　静岡県沼津市新宿町3-15　萩原ビル
M-netパソコンスクール沼津校内

■ 北陸

新潟校【提携校】　☎025(240)7781
〒950-0901　新潟県新潟市中央区弁天3-2-20　弁天501ビル
株式会社大江戸コンサルタント内

金沢校【提携校】　☎076(237)3925
〒920-8217　石川県金沢市近岡町845-1　株式会社アイ・アイ・ピー金沢内

福井南校【提携校】　☎0776(35)8230
〒918-8114　福井県福井市羽水2-701　株式会社ヒューマン・デザイン内

■ 関西

和歌山駅前校【提携校】　☎073(402)2888
〒640-8342　和歌山県和歌山市友田町2-145
KEG教育センタービル　株式会社KEGキャリア・アカデミー内

■ 中国・四国

松江殿町校【提携校】　☎0852(31)1661
〒690-0887　島根県松江市殿町517　アルファステイツ殿町
山路イングリッシュスクール内

岩国駅前校【提携校】　☎0827(23)7424
〒740-0018　山口県岩国市麻里布町1-3-3　岡村ビル　英光学院内

新居浜駅前校【提携校】　☎0897(32)5356
〒792-0812　愛媛県新居浜市坂井町2-3-8　パルティフジ新居浜駅前店内

■ 九州・沖縄

佐世保駅前校【提携校】　☎0956(22)8623
〒857-0862　長崎県佐世保市白南風町5-15　智翔館内

日野校【提携校】　☎0956(48)5935
〒858-0925　長崎県佐世保市椎木町336-1　智翔館日野校内

長崎駅前校【提携校】　☎095(895)5917
〒850-0057　長崎県長崎市大黒町10-10　KoKoRoビル
minatoコワーキングスペース内

鹿児島中央駅前校【提携校】　☎099(206)3161
〒890-0053　鹿児島県鹿児島市中央町3-36　西駅MNビル
株式会社KEGキャリア・アカデミー内

沖縄プラザハウス校【提携校】　☎098(989)5909
〒904-0023　沖縄県沖縄市久保田3-1-11
プラザハウス　フェアモール　有限会社スキップヒューマンワーク内

※上記は2020年9月1日現在のものです。

お問合せ窓口

書籍・講座・資料のお問合せ・お申込み

○ **LECコールセンター** （通学講座のお申込みは、最寄りの各本校にて承ります）

0570-064-464

受付時間　平日 9:30～20:00　土・祝 10:00～19:00　日 10:00～18:00

※このナビダイヤルは通話料お客様ご負担となります。
※固定電話・携帯電話共通（一部のPHS・IP電話からのご利用可能）。
※LECの講座は全国有名書店や、大学内生協、書籍部でも受付しております。受付店舗についてはLECコールセンターへお問合せください。
※書店様のご注文・お問合せは、下記の**(書店様専用)受注センター**で承ります。

知りたい！
聞きたい！

○ **LEC公式サイト**

www.lec-jp.com/

※書籍・講座のお申込みについてはLEC公式サイトにある「書籍・レジュメ購入」および「オンライン申込」から承ります。

QRコードから
かんたんアクセス！

○ **LEC各本校** （「LEC全国学校案内」をご覧ください）
○ **(書店様専用)受注センター** （読者の方からのお問合せは受け付けておりませんので、ご了承ください）

☎ **048-999-7581**　Fax **048-999-7591**

受付時間　月～金　9:00～17:00　土・日・祝休み

書籍の誤字・誤植等の訂正情報について

○ **LEC書籍の訂正情報WEBサイト** （発行後に判明した誤字・誤植等の訂正情報を順次掲載しております）

www.lec-jp.com/system/correct/

※同ページに掲載のない場合は、「お問い合わせ」（www.lec-jp.com/system/soudan/）の各種フォームよりお問い合わせください。

なお、訂正情報に関するお問い合わせ以外の書籍内容に関する解説や受験指導等は一切行っておりません。また、お電話でのお問い合わせはお受けしておりませんので、予めご了承ください。

LECの取扱資格・検定一覧

法律系　司法試験／予備試験／法科大学院／司法書士／行政書士／弁理士／知的財産管理技能検定®／米国司法試験

公務員系　国家総合職・一般職／地方上級／外務専門職／国税専門官／財務専門官／労働基準監督官／裁判所事務官／家庭裁判所調査官補／市役所職員／理系（技術職）公務員／心理・福祉系公務員／警察官・消防官／経験者採用／高卒程度公務員

簿記・会計系　公認会計士／税理士／日商簿記／ビジネス会計検定試験®／給与計算検定

労務・キャリア系　社会保険労務士／FP（ファイナンシャルプランナー）／キャリアコンサルタント／貸金業務取扱主任者／年金アドバイザー／人事総務検定／労働時間適正管理者検定／特定社労士／マイナンバー管理アドバイザー

不動産系　宅地建物取引士（旧・宅地建物取引主任者）／不動産鑑定士／マンション管理士／管理業務主任者／土地家屋調査士／測量士補／民泊適正管理主任者／ADR調停人研修／住宅ローン診断士／土地活用プランナー／競売不動産取扱主任者／ホームインスペクター

福祉・医療系　保育士／社会福祉士／精神保健福祉士／公認心理師／心理カウンセラー／ケアマネジャー／登録販売者

ビジネス実務系　通関士／中小企業診断士／ビジネスマネジャー検定試験®／秘書検定／ビジネス実務法務検定試験®

IT・情報・パソコン系　ITパスポート／MOS試験

電気・技術系　QC検定

※上記に掲載されていない資格・検定等でも、LECで取り扱っている場合があります。詳細はLEC公式サイトをご覧ください。

企業研修

■人材開発・キャリア開発サポート
企業内での集合研修や
eラーニング・通信教育の
企画提案・提供
partner.lec-jp.com/

人材サービス

■プロキャリア事業部
資格や学習知識を活かした
就職・転職をサポート
東京オフィス
☎03-5913-6081
大阪オフィス
☎06-6374-5912
lec-procareer.jp/

LECグループ

■子育て支援
株式会社プロケア
保育所「ちゃいれっく」の
経営や、学童クラブ・児
童館・一時預かり保育施
設の受託運営
procare.co.jp/

■事務所作りをトータル
サポート　**株式会社輪法**
合格後の独立開業を
バックアップ
☎03-5913-5801
rinpou.com/

■専門士業のワンストップサービス
士業法人グループ
新たな士業ネットワーク構築と
独立支援・実務能力の養成をめざす
社会保険労務士法人LEC（エル・イー・シー）
司法書士法人法思
税理士法人LEC（エル・イー・シー）
弁護士法人LEC（エル・イー・シー）